Umwelterziehung

Band 9

Umwelterziehung

Herausgegeben von

Prof. Dr. Martin Hoebel-Mävers

Prof. Dr. Helmut Gärtner

Band 9

Hans Baier/Erich Renner (Hrsg.)

Umwelterziehung in der frühen Kindheit

1996

KRÄMER

Gedruckt mit Unterstützung der Pädagogischen Hochschule Erfurt.

Die Deutsche Bibliothek - CIP-Einheitsaufnahme

Umwelterziehung in der frühen Kindheit / Hans Baier/Erich Renner
(Hrsg.).- Hamburg: Krämer, 1996
Umwelterziehung; Band 9
ISBN 3-89622-004-7
NE: Baier, Hans; GT

Druck: Rosch-Buch, Hallstadt
Printed in Germany
ISBN 3-89622-004-7

Inhalt

Einleitung

von Hans Baier, Helmut Gärtner, Erich Renner

In der Diskussion über Umwelterziehung trifft man häufig auf Begriffe, die den Charakter von Konstrukten haben, deren Konkretisierung schwierig ist und deshalb auch oft unterlassen wird.

Umweltsensibilität, Umweltbewußtsein, Umweltverantwortung gehören dazu. Konkretisierung hieße zum Beispiel, diese Konstrukte in Handlungskompetenzen zu beschreiben, um sie für die Erziehungspraxis handhabbar zu machen. Das Problem besteht insgesamt darin, daß, wie bei allen Erziehungsprozessen, eine Notwendigkeit differenzierter und intensiver umweltpädagogischer Maßnahmen besteht, die auch dann, wenn ihre didaktische Konkretisierung und praktische Verwirklichung gelingt, nicht ohne weiteres das entsprechende Verhalten zur Folge haben. Die mit erzieherischen Prozessen angestrebten Einstellungen und Verhaltensweisen bedürfen eigenständiger Verinnerlichung durch die Erzogenen - das bekannte pädagogische Paradoxon. Konsequenterweise ist Umwelterziehung ein langwieriges Unterfangen, muß eigentlich ein lebenslanger Prozeß sein. "Die Entwicklung von Umweltbewußtsein und entsprechenden Verhaltensweisen ist ein lebensbegleitender Prozeß. Umwelterziehung und -bildung müssen deshalb vom Vorschulalter über die Schulzeit bis ins hohe Alter integraler Bestandteil von Bildung sein" (Aldefeld 1994, S. 250).

Die Bedeutung von Umwelterziehung in der frühen Kindheit hat man auch bildungspolitisch erkannt, wenn im Rahmen humanistischer, an Gegenwart und Zukunft orientierter Umweltpolitik gefordert wird, daß die Vermittlung entsprechender Voraussetzungen vordringlich Aufgabe von Bildung und Erziehung auf allen Stufen sein müsse: "Umweltbildung und Umwelterziehung im Kindergarten, in der Schule und Hochschule, in der Berufsausbildung und im Rahmen der Erwachsenenbildung sind daher wichtige umweltpolitische Instrumente. Ihr Ziel ist die Förderung der Mündigkeit des Menschen im Hinblick auf Einstellung und Verhalten zur Umwelt und Natur" (Bundesministerium für Umwelt, Naturschutz und Reaktorsicherheit 1990a, S. 112).

Obwohl in der bildungspolitischen und der pädagogischen Diskussion in dieser Hinsicht offenbar Übereinstimmung herrscht, wurden bisher die frühen Lebensabschnitte in der umweltpädagogischen Forschung und Theoriebildung nicht ausreichend beachtet, während für die späteren Altersstufen eine Häufung von Veröffentlichungen beobachtet werden kann. Zu den vernachlässigten Bereichen gehört das Vorschul- und das jüngere Schulalter. In diesem Zusammenhang sind folgende Fragen interessant:

- Welche umwelterzieherischen Aspekte sind in den verschiedenen Altersstufen bedeutsam?
- In welchem Alter kann Umwelterziehung gezielt einsetzen?
- Welche umwelterzieherischen Ansätze existieren für die verschiedenen Entwicklungsstufen bis zum Ende der Grundschule?

In den letzten Jahren ist eine Vielzahl an theoretischen Ansätzen, empirischen Analysen und didaktischen Handreichungen zur Umwelterziehung erschienen (Gärtner 1991; Klenk 1987).

Im Mittelpunkt der vorliegenden Publikation steht das jüngere Kind, das Kind im Kindergarten, in der Kinderkrippe und in der Grundschule, sein Lebensraum, sein Spielplatz und für das Schulkind die Schule als ein möglicher ökologischer Lernort (vgl. Renner / Gärtner 1994, S. 213).

Beiträge und Untersuchungen dieses Bandes stammen aus Thüringen, wo in Erfurt am Institut für Grundschulpädagogik und Kindheitsforschung der Pädagogischen Hochschule diese Problematik ein Forschungsschwerpunkt ist.

Der aufgestellten Forderung, mit Umwelterziehung frühzeitig zu beginnen, entsprechen nur selten tiefgründige Untersuchungen. Umwelterziehung im weitesten Sinne beginnt intuitiv im Elternhaus, institutionalisiert auch schon in der Kinderkrippe und erfährt im Kindergarten eine deutliche Akzentuierung, wo Kinder gegenüber der Natur zum Bewußtsein eigener Handlungsfähigkeit geführt werden sollen (vgl. Kirchhöfer 1988, S. 183).

Die Wahrnehmung lebensweltlicher und lokaler Umweltereignisse bei Vor- und Grundschulkindern führt im Zusammensein mit ihren Bezugspersonen und Sozialisationsinstanzen offenbar in späteren Jahren zur Ausprägung eines bestimmten Umweltbewußtseins (Angeheien/ Lehmann).

Auch andere Autoren sehen Einstellungen und Haltungen zur natürlichen und sozialen Umwelt bereits im frühen Kindesalter angelegt und ausgebildet. Kinder seien in dieser Phase außerordentlich sensibel für Umweltprobleme und reagierten häufig mit Angst. Deshalb sollte der "...frühkindlichen Umwelterziehung -, sei es im Elternhaus, Kindergarten oder der Grundschule -, mehr Aufmerksamkeit gewidmet werden" (Jürgens/Döbler 1992, S.120; vgl. Baier 1990, S.7; Metzinger 1989, S. 16f).

Umwelterziehung im Zusammenhang mit Enkulturations- und Sozialisationsprozessen erfolgt notwendigerweise in frühester Kindheit durch die Übernahme von Werten, Normen und Handlungsmustern aus dem Sozialisationsraum, in der Regel aus dem Elternhaus, denn das dort erlebte Verhalten wirkt in vorbildhafter Weise. Das Erleben der Schönheiten der Natur, das Entstehen starker emotionaler Bindungen zur Natur, aber auch

Kenntnisse schließen daran an und können wichtige Elemente für die beginnende Entwicklung eines verantwortungsbewußten Verhaltens gegenüber der heimatlichen Natur sein, was den Schutz und die Erhaltung ebenso einschließt wie deren Nutzung und Pflege (vgl. Baier 1989, S. 187).

Schließlich, wenn aktives Handeln beginnt, sind es die intensiven inneren Beziehungen zu einem Sachverhalt, die Bereitschaft und Fähigkeit dabeizusein und mitmachen zu wollen, die eine aktive Lebenshaltung ermöglichen und auch das kindliche Verhältnis zur Natur prägen.

In den folgenden Beiträgen wird unter verschiedenen Blickwinkeln diesen Fragen nachgegangen.

Nach Aldefeld kann Umwelterziehung und -bildung in den neuen Bundesländern auf alte Traditionen und Erfahrungen zurückblicken. "Am weitesten läßt sie sich im Schulgartenunterricht zurückverfolgen. Wenn auch anfangs Schulgärten vor allem als Orte für die Erziehung zur Arbeit und zur Vermittlung gartenbaulich-landwirtschaftlichen Wissens gedacht waren, so enthielt der dort erteilte Unterricht - bedingt durch seinen Inhalt - doch von Anfang an Bereiche, die heute fester und aktueller Bestandteil der Umweltbildung sind" (Aldefeld 1994, S. 250).

Vor 1989 war Umwelterziehung vor allem eine Domäne einiger weniger Fächer. In der Grundschule war sie in erster Linie an den Heimatkundeunterricht gekoppelt. Auf Umweltakzente wurde nur in den Lehrplanvorworten verwiesen. Umwelterziehung als Lehrplanprinzip führt aber, wie die Erfahrung mit anderen pädagogischen Prinzipien lehrt, häufig zu unterrichtspraktischer Negierung. Da in politischen Verlautbarungen die Vorschulerziehung zu zentralen Zielen und Aufgaben des Bildungssystems gerechnet wurde, kann über deren Dokumentation und Analyse den dort vorhandenen umwelterzieherischen Ansätze nachgegangen werden.

Der vorliegende Band befaßt sich mit verschiedenen Aspekten und Zugängen zur Umwelterziehung im Vorschul- und Grundschulalter.

Der Beitrag "Verhaltensweisen von Vorschulkindern im Umweltbereich - eine empirische Untersuchung" zielt auf ein handlungstheoretisches Konzept zur Entwicklung des Verhaltens, das, die entwicklungspsychologischen Voraussetzungen des Kindergartenalters berücksichtigend, sachlogisches Ableiten von richtigem, normgerechtem Verhalten und Urteilen von Vorschulkindern als Voraussetzung richtigen umweltgerechten Handelns annimmt. Die theoretischen Konstrukte werden durch die Ergebnisse praktischer Untersuchungen gestützt.

Im Beitrag "Grundschule als ökologischer Lernort - eine pädagogische Konzeption" geht es um ein Beispiel der Ausdifferenzierung von Lehrplänen unter ökologischen Gesichtspunkten. Auf der Grundlage ökologischer

Bausteine werden Möglichkeiten einer lebensweltverbundenen Umsetzung von Lehrplaninhalten schulpraxisnah entworfen.

Ein Konzept zur Gestaltung kindergerechter und naturnaher Spielplätze wird im abschließenden Kapitel vorgestellt. In diesem Beitrag werden psychologische, spielwissenschaftliche und ökologische Orientierungsgrundlagen berücksichtigt.

Literatur

Aldefeld, D: Umweltbildung in Mecklenburg-Vorpommern Realisierungswege- und wünsche.- In: K. Schleicher (Hrsg.): Umweltbildung von Lehrern.- Umwelterziehung Band 8.- Hamburg: Krämer, 1994

Baier, H.: Zur Entwicklung einer aktiven Haltung gegenüber der heimatlichen Natur.- In: Neue Erziehung im Kindergarten.- Berlin, 42 (1989) 9.

Baier, H.: Umwelterziehung in der Vorschule - Untersuchungen an älteren Vorschulkindern.- Diss. B.- PH Erfurt/Mühlhausen, 1990.

Bundesministerium für Umwelt, Naturschutz und Reaktorsicherheit (Hrsg.): Umweltpolitik Ziele und Lösungen.- Reihe Umwelt 90: Bonn, März 1990.

Deutsches Jugendinstitut (Hrsg.): Arbeitsgruppe Vorschulerziehung / Anregung III.- Didaktische Einheiten im Kindergarten.- München, 1973.

Gärtner, H.: Umweltpädagogische Sachkompetenz durch ökologisch orientierte Umweltvorsorge. - In: H. Gärtner und M. Hoebel-Mävers (Hrsg.): Umwelterziehung und ökologisches Handeln in Ballungsräumen.- Hamburg: Krämer 1991.

Internationale Strategie für Maßnahmen auf dem Gebiet der Umwelterziehung und -bildung in den neunziger Jahren: UNESCO/UNEP-Kongreß.- Moskau, 1987.

Jürgens, A. / M. Döbler: Integrative Unterrichtsführung in der Umwelterziehung.- In: K. Schleicher (Hrsg.): Lernorte in der Umwelterziehung: Beiträge zur Schul- und Erwachsenenbildung.- Hamburg: Krämer, 1992.

Kirchhöfer, D.: Die Herausbildung der Individualität des Vorschulkindes - lebensverbunden und entwicklungsgemäß auf der Grundlage des neuen Programms.- In: Neue Erziehung im Kindergarten.- Berlin, 41 (1988) 9.

Klenk, G: Umwelterziehung in den allgemeinbildenden Schulen. Entwicklung, Stand, Probleme - aufgezeigt am Beispiel Bayerns. - Frankfurt/M: Haag u. Herchen 1987.

Metzinger, A.: Umwelterziehung - so früh wie möglich beginnen.- In: D. Engelhard / G. Ortner (Hrsg.): Kinderzeit: - Paderborn: B. u. B. Verlags GmbH, 4. Dez. 1989.

Programm für die Bildungs- und Erziehungsarbeit im Kindergarten.- Ministerium für Volksbildung (Hrsg.): 1. Auflage.- Berlin: VWV, 1985.

Programm für die Erziehungsarbeit in Kinderkrippen.- Ministerrat der DDR; Ministerium für Gesundheitswesen (Hrsg.): 2. Auflage.- Berlin: Verlag Volk und Gesundheit, 1986.

Renner, E. /. H. Gärtner: Lebenswelt - Umwelt - Lernort.- In: Umweltbildung von Lehrern.- Umwelterziehung, Band 8.- K. Schleicher (Hrsg.): - Hamburg: Krämer, 1994.

Schleicher, K: Einleitung.- In: K. Schleicher (Hrsg.): Umweltbildung von Lehrern.- Umwelterziehung Band 8.- Hamburg: Krämer, 1994.

Verhaltensweisen von Vorschulkindern im Umweltbereich
- eine empirische Untersuchung -

von Hans Baier

Vorbemerkungen

Kindern Handlungskompetenz zu vermitteln ist das Ziel pädagogischen Wirkens. Geht es um Verhalten in natürlicher und sozialer Umwelt, so ist hierfür Handlungskompetenz Voraussetzung, die zu einem sachgerechten altersspezifischen umweltrelevanten Verhalten befähigt. Ihr Erwerb ist ein wesentliches Ziel von Umwelterziehung. Das gilt für alle Altersstufen in angemessener Weise, physische und psychische Besonderheiten berücksichtigend.

Soll Umwelterziehung so früh wie möglich beginnen, hat der Kindergarten die Aufgabe, familienergänzend, bereits im Vorschulalter Verhalten auf der Grundlage von Handlungskompetenz altersgerecht anbahnen zu helfen und den Kindern im Spannungsfeld von Selbstverfügung und dem Recht auf pädagogische Führung solches Verhalten zu ermöglichen.

Dem folgenden Beitrag liegen Untersuchungen und ein pädagogischer Versuch zugrunde, die noch in den letzten Jahren der DDR durchgeführt wurden.

1. Einleitung: Problematisierung und Zielstellung

Das bio-psycho-soziale Wesen Mensch bedarf der natürlichen Umwelt zur Sicherung seiner gegenwärtigen und zukünftigen Existenz. Als Teil der Natur konnte der Mensch nur durch ihre Veränderung und Nutzung zu seinem Wesen gelangen. Die Aufrechterhaltung der Existenzbedingung *natürliche Umwelt* und ihre schöpferische Gestaltung im nahen Lebensumfeld, im Wohnort, bis hin zur globalen Dimension *Erde* für den einzelnen, für das Gesamtsubjekt Mensch wie auch für alle anderen Lebewesen ist somit von jeher schon - ob erkannt oder unerkannt - Schlüsselfrage des Lebens für Individuum und Gesellschaft.

Mit zunehmender Fähigkeit, durch hochproduktive Methoden sich der natürlichen Umwelt zu bemächtigen, durch ungenügende Einsichten in global wirkende ökologische Zusammenhänge verheerend einzugreifen und schließlich sie durch höchsteffektive Verfahren (atomar, biologisch, chemisch) zu vernichten oder durch angehäufte Unterentwicklung nicht zu bewältigen, erscheint diese Frage jedoch in einer neuen Dimension.

"Und solange diese Zivilisation in ihrer Gesamtheit, mit ihrer gewaltigen technologischen Macht, einem Denkmuster folgt, das die Beherrschung und Ausbeutung der Natur für kurzfristigen Gewinn ermutigt, wird der Moloch fortfahren, die Erde zu verwüsten, was immer wir als einzelne auch tun mögen" (AL GORE 1992, S. 267). Es ist offensichtlich, daß der

Mensch mit seinem unbedachten, unbewußten, leichtfertigen oder bewußt falschen Handeln die Umweltprobleme selbst schafft.

Vielfach werden auch in den Medien, die Diskrepanz zwischen tendenzieller Problemdarstellung und dem tatsächlichen Kenntnisstand ihrer Zielgruppen nutzend, Pessimismus, Zukunftsangst und Panik über Fortbestand und Entwicklung der natürlichen Umwelt verbreitet, die demotivierend wirken können (vgl. auch AL GORE 1992, S. 167f und S. 179ff sowie HAUG-SCHNABEL 1993, S. 19ff) oder die nur bedingt aus dem Motiv einer apokalyptischen Vision heraus die Überzeugung vermitteln, die bisherige Lebenspraxis als verpaßte Chance des Überlebens nicht weiterführen zu können (vgl. BAHRO 1990, S. 77f).

All das führte und führt zu einer Sensibilität gegenüber Fragen, die unsere natürliche Umwelt betreffen, die alle Generationen, vor allem jedoch die Jugend ergriffen hat, geht es doch um **ihre** künftigen Existenzbedingungen (vgl. AGENDA 21 1992, S. 54ff).

Umweltsensibilität und Interesse sind zwar wichtige Voraussetzungen für eigenes Wirken im Sinne der natürlichen Umwelt, spiegeln jedoch nur mehr oder weniger richtig erkannte komplizierte Verhältnisse in verschiedenen Dimensionen wider, die sich aus dem Beziehungsgefüge Mensch-Umwelt ergeben, bzw. das Verlangen, sich mehr und intensiver mit ihnen zu beschäftigen. Es kommt aber darauf an, aktiv handelnd die natürliche Umwelt zu erhalten und zu gestalten.

Ob wir es wollen oder nicht, wir treten "...in ein Jahrhundert der Umwelt ein. In diesem wird jeder, der sich selbst Realist nennen möchte, gezwungen, seine Handlungsweise als Beitrag zum Erhalt der Umwelt zu rechtfertigen" (v. WEIZSÄCKER 1990, S. 9). So muß also der Mensch antizipatorisch und mit Verantwortung auf prognostisch-humanistischer Grundlage (vgl. DITTRICH 1989, S. 67) die Natur erhalten, schützen, nutzen und pflegen, und dies in globaler Dimension. Dabei geht es nicht um eine weitere perfektioniertere Beherrschung der Natur, sondern beim Erhalten und Schützen auch um die Respektierung ihres Eigenrechtes auf Existenz.

Die Verantwortung des einzelnen erweitert sich deshalb vom Verantwortlichsein für seine eigene Existenz, für die seiner näheren Umgebung hin zur Verantwortung für die Existenz des Gesamtsubjektes Mensch und allen anderen Lebens auf der Erde. Das Bewußtwerden dieser Verantwortung und die Fähigkeit des Individuums, diese wahrzunehmen, sind für den Bestand und die Entwicklung der Menschheit insgesamt und der Biosphäre maßgebend (vgl. WELTKOMMISSION FÜR UMWELT 1988).

Diese globale Betrachtung führt jedoch nicht zur Orientierung für eine konkrete Handlung in unmittelbarer Umgebung und in jeder alltäglichen

Situation. Hierzu ist eine **Verantwortungsethik** erforderlich, die sich aus minimalistischer Sicht (vgl. SÉVE 1985, S. 234; RÖSEBERG 1989, S. 1129f) am Überschaubaren orientiert und der Maxime folgt: "Ich bin in meinem persönlichen Umfeld für alles, worin ich tätig werden kann, zum Schutz, zum Erhalt und zur vorratspfleglichen Nutzung der natürlichen Umwelt voll verantwortlich" (BAIER 1990, S. 358).

In diesem Sinne zum aktiven Handeln fähig sein, als mündiges Subjekt an der Gestaltung der Beziehungen Mensch-Umwelt zu wirken, also **Handlungskompetenz** zu besitzen, setzt aber voraus, ein breites Spektrum von Kenntnissen über die Beziehungen in der Gesellschaft, der Gesellschaft und des einzelnen zur Umwelt, über die Zusammenhänge in der Umwelt sowie die Fähigkeit, die Auswirkungen menschlichen Handelns auf die Umwelt vorauszuberechnen.

Im Rahmen humanistischer, an Gegenwart und Zukunft orientierter Umweltpolitik muß die Vermittlung dieser Voraussetzungen vordringlich Aufgabe von Bildung und Erziehung auf allen Stufen sein. So wird vom BUNDESMINISTERIUM FÜR UMWELT, NATURSCHUTZ UND REAKTORSICHERHEIT gefordert: "Umweltbildung und Umwelterziehung im Kindergarten, in der Schule und Hochschule, in der Berufsausbildung und im Rahmen der Erwachsenenbildung sind daher wichtige umweltpolitische Instrumente. Ihr Ziel ist die Förderung der Mündigkeit des Menschen im Hinblick auf Einstellung und Verhalten zur Umwelt und Natur" (1990a, S. 112). Diesem Ziel ist auch der vorliegende Beitrag verpflichtet.

Das national widergespiegelte Anliegen leitet sich dabei aus internationalen Aufgaben ab. So wurde bereits auf der Konferenz der Vereinten Nationen über die menschliche Umwelt 1972 in Stockholm empfohlen, Schritte zu unternehmen, "... um ein internationales Programm für eine methodisch interdisziplinäre, inner- und außerschulische Umwelterziehung aufzustellen, die alle Bildungsstufen umfaßt und auf die allgemeine Öffentlichkeit gerichtet ist ..., um sie in den einfachen Schritten zu unterrichten, die sie im Rahmen ihrer Möglichkeiten zur Gestaltung und Kontrolle ihrer Umwelt tun können" (UNO-Konferenz 1972).

Nachdem internationale Programme zur Umwelterziehung in Angriff genommen waren, forderte dann die *Zwischenstaatliche Konferenz über Umwelterziehung* im Jahre 1977 in ihrem Abschlußbericht: "Die Verbreitung spezieller und allgemeiner Erkenntnisse über die Umwelt und die Aufklärung .... über die Notwendigkeit eines richtigen Herangehens an die Probleme der Umwelt sind von entscheidender Bedeutung ..." (ABSCHLUßBERICHT 1977, S. 37) für die weitere Entwicklung der Menschheit. "... die Einbeziehung der Umwelterziehung in die nationalen Bildungssysteme ..." (S. 23) ist erforderlich. "Die Verstärkung der Forschung und die verstärkte Durchführung von Experimenten zu den für die Umwelterziehung notwendigen Hauptlinien, Inhalten, Mitteln und Methoden verlangt besondere Aufmerksamkeit" (S. 38).

Die in vielen Ländern gesammelten Erfahrungen sind schließlich eingegangen in die *Internationale Strategie für Maßnahmen auf dem Gebiet der Umwelterziehung und -bildung in den neunziger Jahren*, die auf dem UNESCO/UNEP-Kongreß über Umwelterziehung und -bildung 1987 in Moskau von 94 Ländern verabschiedet wurde. Die darin erarbeitete Definition von Umwelterziehung ist auch Grundlage dieser Arbeit:

"Die Umwelterziehung wird als ein ständiger Prozeß angesehen, in dem die Umwelt den einzelnen Menschen und der Gesellschaft bewußt gemacht wird und in dem ihnen die Kenntnisse, Werte, Fähigkeiten, Erfahrungen und auch die Entschlossenheit vermittelt werden, die es ihnen ermöglichen, individuell und kollektiv zu handeln, um die gegenwärtigen und zukünftigen Umweltprobleme zu lösen" (INTERNATIONALE STRATEGIE 1987, S. 6).

Dabei geht es um die Vermittlung solchen Wissens, solcher Werte und Motivationen, die bewirken, daß Menschen so handeln und sich so verhalten, daß sie zum Schutz und zur positiven Gestaltung der Umwelt beitragen. Letztlich geht es hierbei um Handlungskompetenz beim Verhalten gegenüber der Umwelt. Es sollen bewußt positivere, die Selbstdisziplin fördernde Einstellungen gegenüber der Umwelt die Verhaltensmuster des Menschen prägen (vgl. a.a.O. S. 6). Solche Verhaltensänderungen verlangen eine "... bildende Atmosphäre sowohl innerhalb als auch außerhalb der Schule, von der Vorschulerziehung bis zur Hochschulbildung und darüber hinaus" (a.a.O. S.11), Forderungen, die auf der Konferenz von Rio fortgeschrieben wurden (vgl. AGENDA 21 1992, S. 68f).

Somit ergibt sich auch aus internationaler Verpflichtung für die Einrichtungen der Vorschule und Schule die Aufgabe, umwelterzieherisch zu wirken, die sich dann national und länderspezifisch in Empfehlungen, Richtlinien oder Plänen für die Bildung und Erziehung der Kinder in diesem Alter wiederfinden lassen sollten.

Im Rahmenplan für die Erziehungs- und Bildungsarbeit im Kindergarten in der *Schweiz* wird dafür unter anderem der *emotionale* Bereich als Erlebnisfähigkeit und innerer Anteilnahme, der *voluntative* Bereich als Willensbildung und Entscheidungsfähigkeit, der *kognitive* Bereich unter anderem als sprachlich-begriffliche Verarbeitung und altersgemäßes Denkvermögen und der *ethisch-soziale* Bereich als Verantwortlichkeit und Gemeinschaftsfähigkeit genannt. Sie unterstützen im Kindergarten als Daseins-, Erlebens-

und Handlungsraum die Reifung der kindlichen Persönlichkeit (vgl. SCHWEIZER KINDERGÄRTNERINNEN-VEREIN 1984, S. 5).

Danach wird im Kindergarten die Bewährung im Leben vorbereitet, wozu gehört, dem Kind zu einem "... optimalen stufengemäßen Umweltverständnis zu verhelfen" (a.a.O. S. 6). Ehrfurcht vor dem Leben wächst, indem das Kind durch steigende Entschlußkraft zu einer positiven Arbeitshaltung gelangt und sich darin übt, Verantwortung zu tragen. Über viele Erlebnisse in der Natur, dem Staunen und der Freude am Schönen, dem mitverantwortlichen Tätigwerden soll das Kind "... später als Erwachsener ein ursprüngliches Verständnis für die Belange des Umweltschutzes aufbringen" (a.a. O. S. 14).

In einer methodischen Anleitung zum Rahmenplan *Bildung und Erziehung im Kindergarten* in *Österreich* wird Umwelterziehung in enger Beziehung zum Sozial- und Wertverhalten gesehen und bereits für das Vorschulkind Verhaltensänderungen durch Sacheinsichten angenommen (vgl. NIEDERLE, MICHELIC, LENZEDER 1980). So sollen die Kinder "... über Sacheinsichten zum Staunen und zur Achtung vor den Dingen und der Natur, was sich im Abbau von falschen Verhaltensweisen und im Aufbau von wertschätzendem Verhalten äußert", kommen (FEINER, NIEDERLE, MICHELIC 1985, S. 11).

In den *deutschen Bundesländern* unterstützt und ergänzt der Kindergarten die familiäre Erziehung. Als vorschulische Erziehungsinstitution fällt ihm ein spezifischer Erziehungs- und Bildungsauftrag zu, in dem auch Umwelterziehung eingebunden sein muß, ohne jedoch eine einseitige Förderung oder Wissenschaftsorientierung zu betreiben (vgl. GRÜNEBERG, HAUSER 1988, S. 55). In den Kindergartengesetzen verschiedener Bundesländer wird gefordert: geistige Fähigkeiten zu entfalten, elementare Kenntnisse von der Umwelt zu vermitteln, unterschiedliche soziale Verhaltensweisen, Situationen und Probleme bewußt zu erleben und positive Wirkungsmöglichkeiten innerhalb einer demokratischen Gemeinschaft zu erkennen und zu üben (vgl. ENGEL, HOLFELDER, CZERAY 1983, S. 27f).

Der Minister für Soziales und Familie in Rheinland-Pfalz mahnte beispielsweise an, die Kinder zu einem verantwortlichen Umgang mit der Umwelt und zu umweltgerechtem Verhalten anzuleiten, und nennt den Kindergarten dafür einen sehr geeigneten Ort (vgl. HANSEN 1990, S. 3f). "Sozusagen spielerisch können sie sich hier mit der Schöpfung und mit Fragen des Umweltschutzes befassen" (a.a.O. S. 3).

Insgesamt fehlte der Umwelterziehung im Vorschulalter jedoch ein Gesamtkonzept, wie auch auf einem Symposium zum Thema *Zukunftsaufgabe Umweltbildung* deutlich wurde (vgl. BUNDESMINISTERIUM FÜR BILDUNG

UND WISSENSCHAFT 1986). Dieser Mangel und die Forderung nach positiver Veränderung spiegeln sich in zahlreichen Veröffentlichungen wider. So empfahl das Symposium, "Grundsätze und Modelle einer Umwelterziehung im Vorschulbereich" zu erarbeiten. Andere Autoren verweisen darauf, daß zwar Themenangebote zur Natur, Umwelt- und Sachbegegnung vorhanden sind, es aber an einer Weiterführung in Richtung Umwelterziehung fehlt (METZINGER 1989, S. 16f; MERZ 1984) .

Konsequenterweise mahnt Metzinger für das Vorschulkind unter anderem an:

- die Sensibilisierung für Umweltprobleme, um daraus Verständnis und Verantwortungsgefühl entstehen zu lassen,
- das Vermitteln von Kenntnissen, um die Möglichkeit zu eröffnen, sich in der Umwelt besser zurechtzufinden, und von Wertvorstellungen, um sich nicht an Vorurteilen, sondern an Wissen zu orientieren, und
- das Entwickeln von Fähigkeiten wie "divergentes Denken", um für erkannte Probleme möglichst selbständige Lösungen zu finden und sie auch praktisch umzusetzen (vgl. METZINGER 1989, S. 16f).

Den Vorschulbereich systematisch für die Umwelterziehung zu erschließen ist aber auch Gegenstand eines Forschungsvorhabens der UNESCO-Verbindungsstelle für Umwelterziehung beim Umweltbundesamt (vgl. UNESCO-VERBINDUNGSSTELLE 1987). In der Studie *Umwelterziehung im Vorschulbereich* wird diese Aufgabe mit dringender Notwendigkeit bedacht: "Es ist zwingend, die - weltweit und in spezifischer Form in den Industrienationen - herrschenden lebensbedrohlichen Umweltbedingungen bis in die kindlichen Lebensräume hinein zu verfolgen. Die Selbstverständlichkeiten der Bauplanung für Kitas, der Außen- und Innenarchitektur, der Verwaltung, der Arbeitsorganisation, der Tagesabläufe, der Ernährung, der Spielpraxis: Auch sie sind als Teil jener gesellschaftlichen Denknormen zu analysieren, gegenüber welchen ein Umdenken zur Überlebensfrage wird" (UNESCO-VERBINDUNGSSTELLE 1988, S. 3).

Es wird gefordert, Umwelterziehung zu einem Lernprinzip der alltäglichen und ganztägigen Erziehungspraxis werden zu lassen und nicht zu einem neuen Lernbereich, so daß dem Kindergarten als Lernort zur Gewinnung von Umwelterfahrung größte Bedeutung zukommt. Umwelterziehung soll schließlich zur Herausbildung eines Gestaltungsinteresses führen, das sich auf Lebensgrundlagen und -zusammenhänge bezieht. In der Studie wird die Auffassung vertreten, daß Umwelterziehung aber erst dann wirksam werden kann, wenn eine Veränderung der Alltagspraxis im Kindergarten, die Veränderung des Lern- und Erfahrungsfeldes - Umwelt Kindergarten - gegeben ist. Es wird davon ausgegangen, daß Forschung zur Altersadäquanz von Lernzielen oder zu Lernmodellen mit umweltrelevanten Inhalten nur Hilfsfunktionen besitzen (vgl. ebenda, S. 214). Die Vermittlung und Aneignung von Norm- und Sachkenntnissen, die verhaltenssteuernd sein können, spielen danach erst eine nachgeordnete Rolle, weil sie sich an der Beschaffenheit des Erfahrungsraumes, also Kindereinrichtung, brechen (vgl. auch KERBER-GANSE 1989, S. 9).

Sicher sind die Erfahrungen der Kinder in ihrer sie täglich umgebenden und im Sinne von Umwelterziehung negativ erlebten Umwelt wichtige, aber nicht nur ungünstige Voraussetzungen für die Gestaltung ihrer zukünftigen Beziehungen zur Umwelt. Der Widerspruch kann auch fördernd wirken. Man würde das intentionale Handeln der Erzieherinnen unterschätzen, könnten sie nicht zielgerichtet auf dieses Beziehungsgefüge Einfluß nehmen oder es pädagogisch nutzen.

Da sich die Entwicklung des Kindes in einem sozialen Bezugsrahmen vollzieht, übernimmt es ohnehin in seiner Sozialisierungsbedürftigkeit Wertgesichtspunkte vom Erzieher, so daß man, wie am Beispiel religiöser Erziehung deutlich, davon ausgehen muß, daß es "... Anspruch auf Hilfen zur Lebensorientierung von seiten der Menschen, die als Eltern oder Erzieher Verantwortung für das Kind übernommen haben", hat (LEBENSRAUM 1983, S. 87).

Mit Bezug zur Umwelterziehung im Kindergarten geht Hundertmarck noch weiter: "Mit aller Behutsamkeit, die der Pädagoge Kindern und ihren eigenständigen Gedanken und Handlungen entgegenbringt, sollen die Liebe zur Natur entwickelt und Normen vermittelt - und verinnerlicht - werden, die ein einsichtiges und verantwortliches Handeln der Umwelt gegenüber bestimmen" (HUNDERTMARCK 1989, S. 7).

Ein tieferes Eindringen in diesen pädagogischen Prozeß könnte weitere Ansatzpunkte liefern, um die Qualität der Bildungs- und Erziehungsarbeit auch schon im Kindergarten im Sinne einer effektiven und erfolgreichen Verhaltensbildung gegenüber der natürlichen Umwelt zu erhöhen, ähnlich wie sie für die Schule bereits vorliegen (vgl. HEINZEL 1980, S. 362; HEINZEL 1982, S. 22ff; HEINZEL 1988, S. 67f). Das ist das Ziel der vorliegenden Arbeit.

Eigene Untersuchungen machten deutlich, daß direkte Hilfen fehlen, die der Kindergärtnerin den schöpferischen Umgang mit Planungsvorgaben erleichtern und mit denen sie ihre Arbeit wirkungsvoller gestalten kann. Es ist daher erforderlich, solche Hilfen zu erarbeiten.

Geht man in diesem Sinne von einem Zusammenhang zwischen dem Verhalten von Kindern im Kindergarten gegenüber ihrer Umwelt auf der einen Seite sowie der Fähigkeit der Kindergärtnerin, Ziele und Inhalte von Umwelterziehung unter gegebenen räumlichen Bedingungen und anderen Determinanten aufzuschließen und umzusetzen, auf der anderen Seite aus, dann ergibt sich für ein der Umwelt verpflichtetes hohes Niveau des gesamten Erziehungsprozesses, daß alle, die Erfüllung determinierenden Elemente diesen Anforderungen gerecht werden müssen.

Bei den weitgefaßten Zielen und Inhalten für Umwelterziehung und dem nur langfristig veränderbaren Raum *Kindergarten* wird die Qualität der Ergebnisse der Bildungs- und Erziehungsarbeit hauptsächlich von der Qualität der Arbeit der Kindergärtnerin bestimmt. Aus diesem Grunde gilt es, die Arbeit der Kindergärtnerin theoretisch fundiert mit fachlichen, didaktischen und methodischen Hilfen zu unterstützen. Diese gibt es bisher in der Praxis nicht. In dieser Arbeit wollen wir solche Hilfen vorstellen.

Zur effektiveren Unterstützung ihrer Arbeit braucht die Erzieherin Materialien, in denen Norm- und dazu in Beziehung stehendes Sachwissen übersichtlich dargestellt wird, damit sie es den Kindern leicht den Situationen entsprechend während des Tagesablaufes anbieten kann. Ausgehend von handlungstheoretischen Überlegungen haben wir solche Materialien begründet und entwickelt und in ihrer Wirksamkeit in einem pädagogischen Experiment überprüft.

Für unsere Untersuchungen in den Jahren 1987 bis 1989 hatten wir folgende Zielstellungen:

1. Erarbeitung eines Kataloges für Normen zur Erhaltung, zum Schutz, zur Nutzung und zur Pflege der natürlichen Umwelt auf der Grundlage von Zielen für die Förderung eines richtigen und verantwortungsbewußten Verhaltens.

Dazu waren als Teilziele zu beachten:

1.1. Ausarbeitung einer Zielstruktur zur Verhaltenserziehung gegenüber der natürlichen Umwelt

1.2. Ableiten von Normwissen auf der Grundlage einer Zielhierarchie

1.3. Ausarbeitung und Überprüfung eines Normenkataloges

2. Erarbeitung einer methodischen Handreichung für die Kindergärtnerin, in der ausgewählte Normen mit zu Einsichten verknüpftem Sachwissen abgeleitet und begründet werden können

2.1. Auswahl geeigneten Sachwissens für die Ableitung und Begründung von Normen

2.2. Zusammenstellen des Sachwissens zu Einsichten in verschiedenen Verknüpfungsvarianten mit sprachlichen Mustern als Anregung für die Erzieherin

2.3. Überprüfung der methodischen Handreichung durch erfahrene Pädagogen.

3. Erprobung des erarbeiteten Materials in einem pädagogischen Experiment, für das sich an Teilzielen ergaben:

3.1. Ausarbeitung und Überprüfung geeigneter Analyseverfahren für Kindergartenkinder

3.2. Die Ermittlung des Standes der Norm- und Sachkenntnisse bzw. der Einsichten bei diesen Kindern *vor* der gezielten Förderung

3.3. Ermittlung des Maßes der Veränderungen der Norm- und Sachkenntnisse sowie der Einsichten *nach* dem Einsatz der Normenvorgabe und der methodischen Handreichung.

Diese Zielstellungen wurden auf der Grundlage folgender Arbeitsstandpunkte weiterverfolgt.

2. Arbeitsstandpunkte

Umwelterziehung muß bereits im Vorschulalter beginnen, ist eine vielfältig erhobene Forderung (INTERNATIONALE STRATEGIE 1987, S. 11; UNESCO-VERBINDUNGSSTELLE 1988, S. 2ff; BUNDESMINISTERIUM FÜR UMWELT 1990; HANSEN 1990, S. 3; METZINGER 1989, S. 3f; MERZ 1984; KERBER-GANSE 1989, S. 9; HUNDERTMARCK 1989, S. 4; WERWICK 1987, S. 233f und andere).

Wenn auch in diesem Alter im Elternhaus schon wichtige Entwicklungsschritte vollzogen, die ersten Einstellungen und Haltungen geprägt sind, so fällt doch dem Kindergarten eine familienergänzende und familienunterstützende Rolle zu. Diese auszufüllen, gewährleistet ein eigenständiger Erziehungs- und Bildungsauftrag (vgl. u. a. Kindergartengesetze von Bayern, Nordrhein-Westfalen, Saarland).In ihm wird die Förderung der gesamten Entwicklung des Kindes in ganzheitlicher Weise festgeschrieben (vgl. GRÜNEBERG U. HAUSER 1988, S. 55f).

Jede "lehrhafte Indoktrination" (ENGEL, HOLFELDER, CZERAY 1983, S. 27f) verbietet sich. Aufgabe der Kindergärtnerin ist es deshalb, die alterstypischen physischen und psychischen Besonderheiten im Vorschulalter zu berücksichtigen und den Bildungs- und Erziehungsprozeß so zu planen und zu gestalten, daß im Ergebnis eine optimale, jedes Kind in seiner Eigenheit fördernde Persönlichkeitsentfaltung möglich ist und Eigenschaften ausgeprägt werden, die als Grundlage für eine aktive Lebensgestaltung in dieser Lebensphase dienen. Da hierzu auch die Fähigkeit gehört, sich zunehmend bewußt zu verhalten, gilt es, der Entwicklung dieses bewußten

Verhaltens besondere Aufmerksamkeit zu schenken. Es muß eine Zielgröße von Umwelterziehung im Kindergarten sein. Um ein immer bewußteres, der Umwelt gerechter werdendes Verhalten beim Kind zu fördern, kommt es nun darauf an,

1. aus den Bildungs- und Erziehungszielen für die Vorschule und den allgemeinen Aufgaben für Umwelterziehung diejenigen Forderungen als Normen für das Verhalten festzuschreiben, die als gesellschaftlich determinierte Handlungsregulative in diesem Alter ausgeprägt werden müssen und der psychischen Entwicklung entsprechend ausgebildet werden können (vgl. KOROTOW 1973). Diese Normen wären dann Zielgrößen, die bei der Gestaltung des pädagogischen Prozesses zu beachten sind. Geht man weiter davon aus, daß die Herausbildung von Charaktereigenschaften und Verhaltensweisen mit dem Erwerb von Kenntnissen und Fähigkeiten sowie Fertigkeiten verbunden ist (vgl. JANTOS/LOMPSCHER 1971, S. 845ff) und somit die Normen als sprachlich formulierte gesellschaftliche Forderungen erst als *Wissen* vermittelt und dann als *Kenntnisse* erworben und bedeutsam gemacht werden, also erst verinnerlicht (vgl. KOSSAKOWSKI 1972, S. 60ff) sich als habituelle Handlungsdispositionen in der Tätigkeit des Kindes, d. h. in seinem Verhalten zeigen, dann ist es erforderlich,

2. Normen des Verhaltens entweder ableiten zu lassen oder als Normwissen bewußt zu vermitteln und entsprechend den Gesetzen des Aneignungsprozesses zu festigen, so daß das Kind weiß, wie es sich richtig verhalten soll (vgl. HEINZEL 1980, S. 362; JANTOS/LOMPSCHER 1971, S. 850).

   – Neben vielen Motiven, die die Verhaltensweisen im Vorschulalter stimulieren (z.B. Vorbild der Erzieherin), wird zunehmend die **Einsicht** in die Notwendigkeit des Verhaltens als **Motiv** bedeutsam. Das ist die Voraussetzung für ein bewußt normgerechtes Verhalten (ERLEBACH/IHLEFELD/ZEHNER 1979, S. 637ff).

   – Einsicht setzt aber Kenntnisse über Zusammenhänge und sachlogische Begründungen für das richtige Verhalten voraus, so daß für ein bewußt normgerechtes Verhalten neben der Kenntnis der Norm auch

3. zu Einsichten verknüpfte Sachkenntnisse als Begründung für das Einhalten der Norm Voraussetzung sind. Diese Einsichten liefern das Warum für das richtige Verhalten (vgl. Heinzel 1980, S. 362f; Heinzel 1982, S. 22) und führen zu finalen Urteilen (vgl. Theuß 1972a; Theuß 1972b, S. 287f; Theuß 1976, S. 385ff).

Die Ziele und Inhalte von Rahmenplänen oder Programmen für die Bildungs- und Erziehungsarbeit im Kindergarten (vgl. SCHWEIZER

KINDERGÄRTNERINNENVEREIN 1984; BAYERISCHES STAATSMINISTERIUM FÜR UNTERRICHT UND KULTUS 1973 u. a.) enthalten neben zum Teil impliziten Forderungen zu normgerechtem Umweltverhalten auch eine Fülle von Sachwissen, das vor allem von älteren Vorschulkindern zu vielfältigen Einsichten verknüpft werden könnte (vgl. HASDORF, MARKS 1986, S. 45).

Eine pädagogische Arbeit der Kindergärtnerin mit dem Ziel, *bewußt normgerechtes* Verhalten in der Umwelt als ein Merkmal einer harmonisch und ganzheitlich entwickelten kindlichen Persönlichkeit herausbilden zu helfen, setzt das Beachten dieser Ziele, der Inhalte und des theoretischen Zusammenhangs zwischen Ziel und Inhalt, Ableitung von Normwissen, Zuordnung von Sachwissen zum Normwissen und die Verknüpfung von Sachwissen zu Einsichten zur Begründung der Norm voraus und verpflichtet sie, sich zentrale Planungsvorgaben auch unter diesem Aspekt zu erschließen (vgl. HEINZEL 1982, S. 25).

Aufgabe der Erzieherin wäre es demnach,

- allgemeine und umweltspezifische Ziele der Verhaltensbildung zu erkennen,
- von diesen allgemeinen Zielen eine Zielhierarchie abzuleiten,
- die diesen Zielen entsprechenden Verhaltensnormen herauszuarbeiten,
- sie als Normwissen zu formulieren und dazu
- geeignetes Sachwissen zu suchen, dieses
- in möglichst vielfältiger Weise zu Einsichten zu verknüpfen
- und methodisch geschickt alles im Tagesablauf vermittelnd und festigend einzusetzen (vgl. HEINZEL, HIRMER 1982, S. 25 und HEINZEL 1982, S. 29).

Da es hierzu weder konkrete Hinweise noch methodische Hilfen oder eine Befähigung in der Ausbildung der Kindergärtnerinnen gibt, kann diese wichtige Arbeit von der Erzieherin nur mit Mühe bewältigt werden. Eine große Unterstützung könnte es jedoch für sie sein,

- wenn in einem Katalog, auf der Grundlage der Ziele zur Verhaltensbildung, Normwissen explizit ausgewiesen wird;
- wenn weiterhin Sachwissen zusammengetragen und zu den erforderlichen Einsichten verknüpft zusammengestellt wird,
- wenn in verschiedenen Varianten Möglichkeiten der Vermittlung und Festigung angeboten werden, die sich methodisch an vielen Stellen im Tagesablauf einsetzen lassen und zu einer interessanten

und abwechslungsreichen Gestaltung führen (vgl. HEINZEL 1980, S. 370), und

- wenn schließlich in einem Rahmenplan unter dem Schwerpunkt *Umwelterziehung* Ziele und Inhalte angeboten werden, die sich am kindergartenspezifischen Vorgehen orientieren.

Die Erarbeitung eines solchen Schwerpunktes für einen Rahmenplan, eines Kataloges des Normwissens und methodischer Handreichungen zur Vermittlung und Festigung der Normen würden die Kindergärtnerin befähigen, ein qualifiziertes pädagogisches Angebot zu machen, das situativ einsetzbar ist und ihre Arbeit erleichtert und effizienter macht. Für die Kinder würden sich die Möglichkeiten einer aktiven Mitgestaltung ihres Lebens erweitern, ihre Beziehungen zur Umwelt würden reicher. Die Arbeit mit dem Katalog und den methodischen Handreichungen müßte schließlich zu einer Förderung der Norm- und Sachkenntnisse der Kinder führen, die mit ihrer Zunahme und unterstützt durch ihre Verknüpfungen zu Einsichten eine bessere Voraussetzung für bewußt normgerechtes Verhalten bieten. Der Nachweis einer solchen Förderung würde Katalog und methodische Handreichungen als Material ausweisen, das zur Erfüllung der Zielstellung, Umwelterziehung wirkungsvoller zu gestalten, beiträgt.

3 Handlungstheoretische Aspekte bei der Verhaltensbildung von Vorschulkindern

3.1 Kenntnisse und ihre Bedeutung im Prozeß der Verhaltensbildung

3.1.1 Zum Begriff "Kenntnisse"

Das richtige Verhältnis des Menschen zur Umwelt, - es soll im hier betrachteten Kontext ein normgerechtes sein, in der Annahme, allgemein als richtig Erkanntes manifestiert sich in allgemeingültigen Normen - wird immer dann vorliegen, wenn die Umwelt erhalten, geschützt und im Blick zukünftiger Nutzung als Existenzvoraussetzung nachfolgender Generationen verantwortungsbewußt gestaltet wird. Ein diesen Anforderungen entsprechendes Verhältnis des Menschen zur natürlichen und gesellschaftlichen Umwelt setzt ihr Erkennen und Speichern des Erkannten, ihr Erleben, ihr Bewerten voraus, wobei stets früher angenommene Erfahrungen eingebracht werden.

Von allen, die sich für Umwelterziehung verantwortlich fühlen, muß erwartet und gefordert werden, solche Verhaltensgewohnheiten zugunsten unserer natürlichen Umwelt wirksam entwickeln zu helfen und zu beeinflussen.

"Am ehesten kann sich umweltgerechtes Denken und Handeln des Menschen entwickeln, wenn er als Heranwachsender im Elternhaus und Schule günstige Bedingungen, Orientierungshilfen und Herausforderungen für eine solche Entwicklung erhält..." Und bei der Umwelterziehung ist das Ziel zu verfolgen, Bereitschaft und Fähigkeit des Bürgers zu entwickeln, sich "...umweltgerecht zu verhalten und für eine umweltgerechte Politik einzutreten", bemerkt SCHWARZ (1987, S. 3).

Das **Umweltbewußtsein**, das sich herausbildet, ist eine weitere Bedingung für umweltgerechtes, zunehmend bewußtes Verhalten und ist selbst durch Kenntnisse und emotionale Reflexionen erlebter und erfahrener Umweltprobleme determiniert. Um es zu entwickeln, so LOTZ, ist "... eine entsprechende Erziehung notwendig. Solche Erziehung entwickelt aus der Erkenntnis der lebensentscheidenden Bedeutung intakter Natur die Fähigkeit, bewußt und behutsam mit den Schätzen der Zukunft umzugehen" (LOTZ 1985, S.2). Auch UNTERBRUNER findet, daß Umweltbewußtsein als Bereitschaft zum richtigen Handeln auf Wissen basiere, aber reine Wissensvermittlung oder moralische Appelle untauglich seien (vgl. UNTERBRUNER 1989, S. 6).

Da, wie BOLSCHO u. a. bemerken, lebenslange, das Bewußtsein prägende Lern- und Erziehungsprozesse das menschliche Tun bestimmen, liegt es nahe, diese auch für den Umweltschutz und die Umweltgestaltung nutzbar zu machen (vgl. BOLSCHO ET AL. 1984, S. 6).

Damit ist das Verhalten als zielgerichtetes Verhalten im Sinne der bewußten Tätigkeit (vgl. KOSSAKOWSKI/OTTO 1985, S. 25ff) durch aktuelle und habituelle psychische Komponenten regulativ bestimmt, denn: "jeder psychische Prozeß ist in die Wechselwirkung zwischen Mensch und Welt eingeschlossen und dient der Regulation der Tätigkeit ... Die Widerspiegelung der Wirklichkeit durch das Individuum und die Regulation seiner Tätigkeit lassen sich nicht voneinander trennen" (RUBINSTEIN, 1970, S. 240).

Die objektive Realität tritt dem Individuum direkt unmittelbar oder aber vermittelt als soziale Erfahrungen, als grundlegende gesellschaftliche Anschauungen entgegen.

Diese grundlegenden gesellschaftlichen Erfahrungen und Anschauungen, die außerhalb des Individuums objektiv existieren und den Erfahrungsschatz der Menschheit ausmachen, sind das Wissen. Als Definition für **Wissen** kann deshalb gelten:

Es ist "die von der menschlichen Gesellschaft gesammelte, aufbereitete, geläuterte, geordnete, gespeicherte und überlieferte Erkenntnis. Wissen findet in den Systemen der Wissenschaften, in den Ergebnissen der anderen erkenntnisgewinnenden Bereiche und in der Alltagserfahrung seinen

Ausdruck. Es stellt die geistige, die kognitive Seite des gesellschaftlichen Kulturgutes dar" (LAABS/DIETRICH/DREFENSTEDT 1987, S. 419).

Dieses Wissen und die unmittelbare Widerspiegelung der objektiven Realität wird bei individueller Aneignung verschiedenartig und vielfältig gebrochen, wobei sowohl genetisch bedingte Unterschiede der Erkenntnistätigkeit, der Rezeption und Verarbeitung als auch in der Ontogenese Erworbenes solche Brechungsfaktoren darstellen. Das Angeeignete ist damit individuell, unverwechselbar und wird als **Kenntnis** bezeichnet, sobald es gespeichert ist.

Kenntnisse sind nach KOSSAKOWSKI und OTTO demnach "individuelle Abbilder von Dingen, Eigenschaften, Vorgängen und Relationen der objektiven Realität, die vor allem durch Verfestigung und Verallgemeinerung des objektiven Gehaltes aktueller psychischer Inhalte entstehen und in Form von Vorstellungen, Begriffen, Urteilen im Gedächtnis gespeichert werden" (KOSSAKOWSKI/OTTO 1985, S. 136). Hinsichtlich des Informationswertes ließe sich folglich die Reihe aufstellen:

Objektive Realität > Wissen > Kenntnisse

Da alle Struktur-, Bewegungs- und Entwicklungsformen der objektiven Realität von ihrem allgemeinen universellen Zusammenhang geprägt, also strukturiert sind, muß sich dieses bei adäquater Widerspiegelung trotz Informationsverlustes schließlich auch in den Kenntnissen individuell widerspiegeln.

Demzufolge kann es weder Einzelkenntnisse (da von der ersten Widerspiegelung an immer in Beziehung zu etwas widergespiegelt wird), noch unsystematische Kenntnisse geben, so gering und fehlerhaft ein solches System auch sein mag oder so vereinzelt Kenntnisse auch reproduziert werden.

Nach KEUNE "können die Kenntnisse (eines Menschen, d.V.) als strukturierte Gebilde aufgefaßt werden, die in komplexer Einheit mit einem definierten Abbild-Inhalt, einer bestimmten Verknüpfung (Verbindungsart), einer bestimmten Ordnung (Struktur) und einer bestimmten Dauerhaftigkeit (Verfestigung) in seinem Gedächtnis verankert sind" (KEUNE 1982, S. 43).

Diese Verankerung bildet sich im Verlaufe der Ontogenese durch ständig ablaufende Aktualisierung und Habitualisierung der Kenntnisse heraus und bedarf, um optimal zu sein, der pädagogischen Führung. Die so entstehenden Kenntnissysteme, die in ihrer hierarchischen Struktur auch Ausdruck von Generalisierung und Differenzierung psychischer Inhalte, Prozesse und Zustände und ihrer Integration sind, erlangen für umwelterzieherisches Verhalten Bedeutung,

- sowohl aus Sicht des Behaltens - Kenntnisse sind dauerhafter und stabiler -
- als auch aus der Sicht der Regulation der Tätigkeit - Kenntnisse sind leichter zu aktualisieren und in der Handlungsregulation verwendbar.

Auf diese Tatsache wird von CLAUSS verwiesen: "Die Verfügung über Gedächtnisinhalte ist untrennbar verbunden mit kognitiven Strukturen, die beim Wissenserwerb entstehen. Das Interesse für gewisse Gegenstandsbereiche begünstigt den Aufbau differenzierter kognitiver Strukturen und schafft damit eine Voraussetzung für große Disponibilität bereichsspezifischer Kenntnisse und geistiger Operationen.

Logisch verbundene Inhalte werden nicht nur leichter und schneller angeeignet, sondern auch mit höherer Wahrscheinlichkeit genutzt. Wissensbestände, deren innere Zusammenhänge man durchschaut, die man in das System des bereits Gewußten sinnvoll einordnen kann, die einem plausibel und einsetzbar erschienen, sind besser abrufbar als Kenntnisse, die man ohne Verständnis (mechanisch) erwirbt" (CLAUSS 1984, S. 75).

OPWIS und Mitarbeiter fanden, daß eine längerfristige Behaltensleistung eine Integration der Informationen in vorhandene Kenntnisbestände voraussetzt (vgl. OPWIS U. A. 1990, S. 221f). So bezeichnet es PODDJAKOW bereits für das Vorschulkind als erforderlich: "Die Ergebnisse zahlreicher Untersuchungen sagen aus, daß den wesentlichsten Fortschritten in der geistigen Entwicklung des Kindes folgende Momente zugrunde liegen: erstens - Aneignung eines bestimmten Systems von Kenntnissen, das wesentliche Zusammenhänge auf irgendeinem Gebiet der Wirklichkeit widerspiegelt, und zweitens - Aneignung allgemeiner Formen der Denktätigkeit, auf denen dieses System von Kenntnissen basiert" (PODDJAKOW 1981, S. 269).

Die strukturierten Kenntnisse sind somit eine wichtige Grundlage für die Entwicklung der Persönlichkeit mit all ihren Eigenschaften, für die Regulation ihrer Handlungen, für ihr Verhalten und damit auch für den Erwerb von Handlungskompetenz.

Dabei spielen mit wechselnder Gewichtung, zueinander aber in Beziehung stehend, nach KOSSAKOWSKI und LOMPSCHER alle Hauptarten der Kenntnisse eine Rolle, nämlich:

- **Sachkenntnisse,** das sind Kenntnisse über Objekte und ihre Eigenschaften, über Zusammenhänge, Gesetzmäßigkeiten usw.
- **Verfahrenskenntnisse**, das sind Kenntnisse über Methoden und Techniken des Umgangs mit den Objekten, über Regeln der Handlungsausführung, Handlungsalgorithmen

- **Normkenntnisse**, das sind Kenntnisse über Regeln des gesellschaftlichen Zusammenlebens, des Verhaltens anderen Menschen und gesellschaftlichen Erscheinungen gegenüber oder des Verhalten gegenüber der natürlichen Umwelt
- **Wertkenntnisse** sind verinnerlichte Werte über die persönliche und gesellschaftliche Bedeutsamkeit von Dingen und Ereignissen usw. Sie sind vom sozio-kulturellen, religiösen und politisch-ideologischen Umfeld geprägt (vgl. KOSSAKOWSKI/LOMPSCHER 1985, S. 136f).

Trotz ihres wechselseitigen, sich gegenseitig bedingenden Zusammenhangs sollen nur die Sach- und Normkenntnisse ausführlicher betrachtet werden. Dabei wird berücksichtigt, daß beim Ableiten theoretischer Kenntnisse aus einem Kenntnissystem und beim Verbinden mit anderen Kenntnissen innere Beziehungen aufzudecken sind, die auch andere Kenntnisarten, in diesem Fall Verfahrenskenntnisse, benötigen. Diese sind hier Mittel und Verfahren des Aufbaus von Kenntnissen. DAWYDOW bezeichnet sie als die wichtigsten Komponenten des theoretischen Denkens (1972, S. 156). Verfahrenskenntnisse beziehen sich auf den Umgang mit materiellen und ideellen Objekten. Die Sachkenntnisse enthalten zwar die notwendigen Informationen über die Objekte, Erscheinungen und Relationen, besagen, wie PIPPIG/LOMPSCHER feststellen, jedoch noch nicht, in welcher Form im Handeln eine Erscheinung in eine andere transformiert wird (1985, S. 154). Diese notwendige Überführung wird sowohl in der gegenständlichen Ebene als auch ideell, auf der geistigen Ebene, vollzogen. Hierzu bedarf es entsprechender Verfahrenskenntnisse.

3.1.2 Norm- und Sachkenntnisse

Die Vermittlung von Norm- und Sachwissen liegt auch in der pädagogischen und schulpolitischen Verantwortung der Vorschulerziehung und entspräche so der Auffassung von ROBINSOHN, daß "... Bildung, als Vorgang in subjektiver Bedeutung, ... Ausstattung zum Verhalten in der Welt ... ist" (ROBINSOHN 1967, S. 13). Eine ähnliche Auffassung vertreten auch ZÖPFL und HUBER aus religiösem Weltverständnis: "Wenn Erziehung die Hinführung zum angemessenen Vollzug der Humanität sein soll, dann kann sie an der Frage gar nicht vorbeigehen, wie die Tätigkeit des Menschen in der Welt beschaffen sei" (ZÖPFL/HUBER 1990, S. 30). "Erziehung ist Lebenshilfe" (a.a. O. S. 36).

Die Aufnahme von **Norm- und Sachkenntnissen** erfolgt in der Lerntätigkeit, in der spontan oder planmäßig, bei situativem Sammeln von Erfahrungen oder pädagogisch gelenkt und vermittelt, Norm- und Sachwissen angeeignet wird. Das setzt seitens der Erzieherin die Beachtung der Spezifik des Erkenntnisprozesses bei der Lerntätigkeit voraus. Dabei muß der Pädagoge den Gegenstand der Lerntätigkeit, das Wissen, unter solchen Bedingungen anbieten, bzw. Angebotssituationen schaffen, die, die Altersspezifik berücksichtigend, dem Kind den Widerspruch zu eigenen vorhandenen Kenntnissen als Mangel erkennen, erleben und als Bedürfnis widerspiegeln lassen, um es zu aktiver Aneignung zu motivieren.

In einer solchen aktiven Auseinandersetzung mit der eigenen Umwelt werden Kenntnisinteressen geweckt und aus dem Spannungszustand der Mangelerkenntnis Neugier, neue Kenntnisse, Fähigkeiten, soziale Erfahrungen aktiv gesammelt, die dem Kind helfen, seine jetzige und zukünftige Lebenssituation mit Handlungskompetenz angemessen bewältigen zu können.

Beim Anbieten von **Normwissen** betrifft das Normen des Verhaltens unterschiedlicher Bezugsebenen, die historisch determiniert und so Ausdruck von Beziehungen des Menschen zu seiner gesellschaftlichen und natürlichen Umwelt widerspiegeln, objektive Erfordernisse und Gesetzmäßigkeiten verkörpern und damit Aufforderung und Maßstab für das Verhalten sind.

Nach MORRIS sind soziale Normen "... Auffassungen darüber, wie man sich verhalten soll oder gerade nicht verhalten soll" (MORRIS 1965, S. 610).

Als regulierende Mittel zur Bewältigung verschiedener pädagogischer Situationen, zur Erleichterung des sozialen Miteinanders oder Vorgabe anderer Verhaltensweisen haben sich Normen bewährt, so daß sie auch für die Verhaltenssteuerung gegenüber der Umwelt im Vorschulalter zu nutzen sind (vgl. GRÜNEBERG/HAUSER 1988, S. 65; JILESEN 1982, S. 33f; HUNDERTMARCK 1989, S. 7; BLECKMANN 1984, S. 122).

Die Normen gewähren dem Menschen Übersicht über notwendiges Verhalten und stellen, in Normsystemen verankert, lebensnotwendige Grundlagen für das Individuum wie für die Gesellschaft dar, so bei EICHHORN, etwas autoritär und absolut formuliert:

"Auf allen Gebieten unseres gesellschaftlichen Lebens werden Normen und Bewertungen als wesentlich ordnende, organisierende, verhaltensregulierende und disziplinierende ideelle Triebkraft wirksam" (EICHHORN 1969, S. 119f).

Die Normsysteme sollen klar strukturiert, differenziert, altersgemäß dargeboten werden (vgl. KOSSAKOWSKI 1969, S. 16).

Für einzelne Bereiche aus Natur und Gesellschaft lassen sich spezielle Normgruppen ableiten, die nach unterschiedlichem Abstraktionsgrad in sich gliederbar sind (vgl. HEINZEL 1982a, S. 22) oder als Altersnormen (vgl. KOSSAKOWSKI 1969, S. 46ff) sogar für Altersbesonderheiten verantwortlich sein können, worauf bereits CLAUß/HIEBSCH (1962, S. 87) hinweisen.

Umwelterziehung im Kindergarten muß danach für die Vermittlung allgemeiner Normen und Normen, die im Zusammenhang mit biologischem, ökologischem und sozialem Sachverhalten stehen und dem Alter der Kinder entsprechen, verantwortlich sein (vgl. HEINZEL 1982a, S. 22; TEUBNER 1982, S. 54; HEROLD 1982, S. 65ff; GELHAAR 1982, S. 69f).

Solche Normen können als direkte oder indirekte Forderungen formuliert und methodisch verschiedenartig aufbereitet sein, müssen aber klare sachliche Anweisungen enthalten (vgl. KOROTOW 1972). Sie können in allgemeiner Form, *man muß*, *es ist notwendig*, oder in persönlicher Form (1. oder 2. Person) von den Kindern angenommen werden, wobei die erste Person mit *ich will*, *ich soll*, *ich muß* am wirkungsvollsten in die Motivstruktur eingeht (vgl. HEINZEL 1982b, S. 22 u. 32). Die sprachliche Gestaltung muß so sein, daß sie von den Kindern akzeptiert werden kann und über den Ich-Bezug persönlich bedeutungsvoller wird. Nach STEUSSLOFF sollten es Kurzformeln sein, die sich leicht einprägen, an die man sich in konkreten Entscheidungssituationen relativ schnell erinnern kann, so daß sie jederzeit funktionsbereit sind und funktionstüchtig werden, sobald der Mensch sich sozial verhält, etwas tut oder läßt, was seine und die Interessen anderer Menschen berührt (1968, S. 35).

HEINZEL stellt 5 Forderungen an die Vermittlung von Normwissen:

- Vollständigkeit in der Vermittlung fachspezifischer Normen auf der Grundlage des Lehrplanes,
- Verbinden der Normen mit geeigneten Sachverhalten des Lehrplanes,
- Beachtung von Vermittlung und Festigung beim methodischen Vorgehen,
- Berücksichtigung des Umfangs der Inhalte, der in den Normen verwandten Begriffe (Faßlichkeit),
- Formulierung des Normwissens als direkte Forderung, klare sachliche Anweisung in der persönlichen Form (1982b, S. 32).

Auf den Vorschulbereich transformiert, erhalten diese Forderungen besonderes Gewicht auch im Hinblick auf die Formen des Angebotes, die beim Normwissen hauptsächlich auf der Ebene des Abstraktverbalen liegen. Die sprachliche Hülle muß sich dabei auf anschauliche Inhalte stützen, so daß die abstrakt-verbale Formulierung der Norm ihre Basis im Anschaulich-Konkreten hat, um nicht das Normwissen nur formal vermittelt zu haben (vgl. KOSSAKOWSKI/LOMPSCHER 1985, S. 126). In der Sozialisation vollzieht sich dieser Prozeß, in dem der Mensch sich Normen und Werte der Gesellschaft aneignet, in der er lebt (vgl. KLAFKI o.J., S. 279f; GROOTHOFF 1974, S. 285; STARCK 1990, S. 40f).

Das **Sachwissen** ist in den Inhalten von Rahmenplänen, Richtlinien oder ähnlichem zusammengestellt und bedarf zur Vermittlung der Auswahl, der Ordnung und der didaktisch-methodischen Aufbereitung. Das Angebot an die Kinder muß gewährleisten, daß die vom Kind aufgenommenen Informationen nicht nur zu augenblicksgebundenen Bewußtseinsinhalten führen, sondern sich als Kenntnisse langfristig im Gedächtnis speichern (vgl. PIPPIG/LOMPSCHER 1985, S. 163). Hierzu ist, wie bei den Normkenntnissen, eine Strukturierung erforderlich, die aber auf sachlogischen Beziehungen beruht (vgl. HEINZEL 1982b, S. 23; HEROLD 1982, S. 66ff; REINKE 1982, S. 76).

Die einsichtige Begründung von Regeln oder Verhaltensnormen entspricht in gewisser Weise auch der Forderung nach Verwendung von Tiefenwissen in Expertenprogrammen durch JAN NOBLE für die Behandlung von Informationen in der angewandten Ökologie beim Ableiten richtigen Handelns (vgl. JAN NOBLE 1986, S. 53f; LEFÈVRE 1984, S. 175f; HOLDGATE 1982; DI CASTRI, HADLEY, DAMLAMIAN 1982, S. 10ff).

Ein wichtiges Ziel der Vermittlung und Aneignung der Sachkenntnisse ist deren Verfügbarkeit. Sie ist insgesamt bedingt durch:

- die Art der Ordnung im Gedächtnis,
- die Qualität der Kenntnisse,
- den Umfang und die Art ihrer Beziehungen zueinander sowie
- die beim Abrufen der Kenntnisse beteiligten Einstellungen.

Letztere sind außerdem von vielen äußeren Bedingungen abhängig (vgl. PIPPIG/LOMPSCHER 1985, S. 152).

BALDWIN ging davon aus, daß "... kognitive Repräsentation als funktional wirksame Umwelt ..." agiert, "... die Motive und Emotionen wachruft und das Verhalten zu einem Zielpunkt hinleitet" (BALDWIN 1969, S. 326). Nicht geklärt ist in dieser von WEINER als ideale kognitive Verhaltenstheorie bezeichneten Darstellung, wie habitualisierte Kenntnisse, (Norm- und Sachkenntnisse in diesem Fall) handlungsregulierend wirksam werden (ders. 1976, S. 128).

Von den Qualitätsmerkmalen der Sachkenntnisse erwähnt werden in diesem Zusammenhang nur die Systemhaftigkeit als Beziehung einzelner Kenntnisse zu anderen Kenntnissen des gleichen oder eines anderen Wissensgebietes sowie die Sinnhaftigkeit als subjektive Bedeutsamkeit, die mit dem einsichtigen Begründen auch rational bestimmt und in verbalen Äußerungen widergespiegelt werden kann.

Im Vorschulalter spielen bei der Vermittlung natürlich auch der Grad der Anschaulichkeit als Beziehung zwischen sinnlichen und rationalen Komponenten und das Abstraktionsniveau, wie bereits bei den Normkenntnissen diskutiert, sowie die Widerstandsfähigkeit gegen den Autoritätsdruck, mit dem Grenzfall der völligen Suggestibilität, eine Rolle (vgl. PIPPIG/LOMPSCHER 1985, S. 159ff).

Eine hohe Qualität der Sachkenntnisse sollte bei der Vermittlung angestrebt werden. HEINZEL fordert daher die Vermittlung des Sachwissens in Form von Einsichten und stellt dem Pädagogen die Aufgaben:

- Anstreben von Vollständigkeit der Vermittlung von Sachwissen auf Grundlage des Lehrplanes, insbesondere jenes Sachwissens, das für die Verhaltensbildung bedeutungsvoll ist;
- Verknüpfen einzelner Sachkenntnisse zu Einsichten, in deren Beziehungszusammenhängen Normen sachlogisch ableitbar sind;
- Einsichten nicht beziehungslos, sondern immer im Gefüge mit den Normen vermitteln und auf deren Ableitung dringen (vgl. HEINZEL 1980, S. 362f; HEINZEL 1981, S. 22f; HEINZEL 1982b S. 32f).

Bei der Aneignung laufen psychische Prozesse ab, die das Norm- und Sachwissen als aktuelle psychische Inhalte, als inneres Abbild, entstehen lassen. Wenn sie in der aktuellen Handlungssituation intensiv genug auftreten und für die Auseinandersetzung des Individuums, zum Beispiel mit einem konkreten lokalen Umweltproblem, bedeutsam sind (hier spielen auch Wertkenntnisse eine Rolle), dann werden die aktuellen psychischen Komponenten der Tätigkeitsregulation durch Behalten zu habituellen Eigenschaften der Persönlichkeit. In neuen Handlungssituationen gehen diese dann in aktualisierter (reproduzierter) Form wieder in die psychische Tätigkeitsregulation ein und beeinflussen die Handlung in mehreren Phasen (vgl. KOSSAKOWSKI/LOMPSCHER 1985, S. 123).

Zwar kann die subjektive Bedeutsamkeit der Kenntnisse nicht vordergründig nur aus rationalem Verstehen betrachtet werden, aber es ergeben sich doch aus den objektiven Beziehungen, die zwischen den Normen und den Objekten und Erscheinungen der objektiven Realität bestehen (immer vorausgesetzt, die Normen repräsentieren fachwissenschaftlich und ökologisch begründetes richtiges Verhalten), Zusammenhänge zwischen dem Norm- und Sachwissen, die, verstärkt durch methodische Aufbereitung, dann in den Zusammenhängen zwischen Norm- und Sachkenntnissen abgebildet werden und sie sinnvoll erscheinen lassen.

Die zwischen verschiedenen Begriffen des Sachwissens herstellbaren Ursache-Wirkung- und anderen Beziehungen sowie einer Finalbeziehung zur Begründung der Norm in Form eines Urteils ermöglichen so eine sachlogische, einsichtige Strukturierung zur effektiveren Gedächtnisspeicherung, die während einer aktuellen Handlung wirkungsvoller abgerufen werden kann und zugleich Denkgewohnheiten ausbildet, die dem gleichen Ziel dienen können (vgl. PIPPIG/LOMPSCHER 1985, S 157).

Eine **Einsicht** in diesem Sinn entsteht dadurch, daß verschiedene Relationen zwischen zwei oder mehr Dingen und Erscheinungen der objektiven Realität hergestellt werden, so z. B. zeitliche Beziehungen (erst - dann), konditionale (wenn - so), kausale (aus A folgt B), finale (damit, um zu) oder andere. Zur Verknüpfung sind Kausalbeziehungen am wertvollsten, da sie mit dem notwendigen Ursache-Wirkung-Zusammenhang die Determination der objektiven Realität reflektieren (vgl. HEINZEL/RÖDIGER 1980 sowie RÖDIGER 1969, 1976 und 1980).

Die Finalbeziehung zwischen kausal verknüpftem Sachwissen auf der einen Seite und der Norm auf der anderen Seite bedarf bei der Reflexion durch das Kind einer Wertung. Bei dieser Stellungnahme entsteht ein **finales Urteil**, mit dem die Zweckmäßigkeit der erforderlichen Handlung eingeschätzt und eine Entscheidung abgeleitet wird. Einsichten können bei der Vermittlung vorgegeben werden, das finale Urteil jedoch ist vom Kind selbst zu fällen oder wird als Urteil der Erzieherin, als Muster, vermittelt, beziehungsweise kann als Urteilsmuster auch anderen Quellen entstammen (siehe Abbildung 1).

Die Speicherung erfolgt als Einsicht, als Urteilsmuster und als Norm. Bei der Aktualisierung können diese Inhalte mehr oder weniger bewußt abgerufen werden und sind emotional gebrochen an selbständigen finalen Urteilen beteiligt.

Nach WEINER "... sind sowohl für das moralische Urteil als auch für die Beurteilung der Ursachen von Erfolg und Mißerfolg Informationen über die soziale Übereinstimmung notwendig" (WEINER 1976, S. 280). Das bedeutet - im Sinne dieser handlungstheoretischen Betrachtungen -, ohne Kenntnis des normativen Verhaltens, des gesellschaftlich erwarteten Verhaltens oder des logisch abgeleiteten Verhaltens ist das finale Urteil moralisch nicht verifizierbar.

Abb. 1: Beziehung zwischen Finalem Urteilen, Sachkenntnissen und Norm

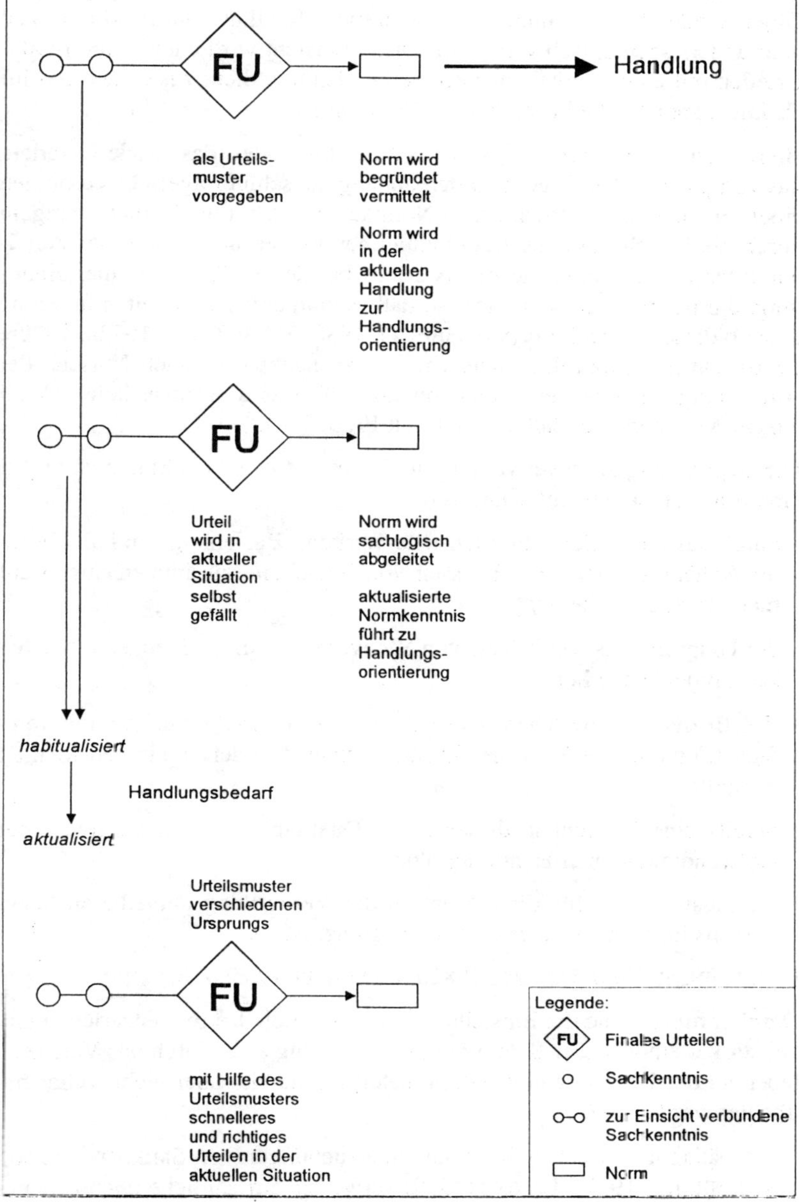

Für das ältere Vorschulkind (5 bis 6 Jahre) soll eine Einsicht dann vorliegen, wenn es mindestens zwei Sachkenntnisse als Widerspiegelung zweier Objekte oder Erscheinungen der objektiven Realität kausal, konditional oder anders sachlogisch verknüpft. Diese Einsicht wird dann durch finales Urteilen mit einer Verhaltensnorm verbunden und dient zusammen mit ihr als kurze sprachliche Formulierung für normgerechtes Handeln.

Hierbei ist die geistige Tätigkeit des Vorschulkindes, das **finale Urteilen**, das von psychischen Eigenschaften abhängige, schlußfolgernde Verbinden einer Einsicht mit vorhandenen Normkenntnissen (als Verhaltensregeln durch die Erzieherin ohne Begründung bereits vermittelt) oder das Ableiten einer Orientierung und des Antriebs bei der Zielbildung einer Handlung, die normgemäß sein kann, so daß es zum eigenen Ableiten und zum Erwerb dieser Norm führt (vgl. HEINZEL 1988, S. 78; THEUß 1972a, 1972b, 1976). Ohne explizit das finale Urteilen zu nennen, ist auch NEISSER der Auffassung, daß das Verhalten dann ausgeführt wird, wenn es heißt: "Weil ich der Meinung war, daß ..." (NEISSER 1966, S. 4).

Die Begrenzung auf zwei verknüpfte Sachkenntnisse als Grundqualität für eine Einsicht ist gerechtfertigt, weil

- durch das Aufdecken einer Ursache-Wirkung-Beziehung (im Fall kausaler Abhängigkeiten) das Erfassen von Beziehungszusammenhängen auf niedrigster Stufe beginnt,
- der Ursprung des Verstehens von Sachverhalten im Aufdecken einfacher Zusammenhänge liegt,
- die Beziehung zwischen zwei Dingen oder Erscheinungen die (einfachste) niedrigste Stufe des Zusammenhangs in der objektiven Realität darstellt,
- bereits eine Einsicht in dieser ersten Qualitätsstufe zum Nachweis der Notwendigkeit einer Handlung führt,
- die Auswahl des für Einsichten bei der Vermittlung anbietbaren Sachwissens im Vorschulalter objektiv begrenzt ist.

(vgl. HEINZEL 1980; HEINZEL 1982b; GALLWITZ 1985, S. 8f)

Darüber hinaus sind die Einsichten natürlich durch das Evidenzerleben und bei starker emotionaler Beteiligung und Wertung auch durch das Valenzerleben an der Überzeugungsbildung beteiligt, die hier aber nicht weiter betrachtet werden soll.

Auch pädagogisch-psychologische Untersuchungen von SMIRNOW (1966), SINTSCHENKO (1967), LANDIS (1969) verweisen auf ähnliche oben genannte Bedingungen beim Verfahren des Einprägen, nämlich des Herstellens von Beziehungen innerhalb des einzuprägenden Stoffes mit bereits vorhandenen Kenntnissen (zit. bei PIPPIG/LOMPSCHER 1985, S. 176). Hervorgehoben werden das Herstellen von Zeit-, Raum-, Kausal- und anderen Beziehungen: Je vielfältiger das Netz der Beziehungen, desto erfolgreicher sei das Einprägen. Mit dem Herstellen solcher vielfältigen Beziehungen haben Norm- und Sachkenntnisse eine weitere Qualität, sie sind dauerhaft. Damit besitzen Norm- und Sachkenntnisse eine wesentliche Voraussetzung, aktuell bei der Steuerung des Verhaltens wirksam werden zu können.

Soll die Funktion der Norm- und Sachkenntnisse im Prozeß der Verhaltensbildung bestimmt werden, ist es erforderlich, diesen Prozeß insgesamt zu betrachten, um die Wirkstellen beider Kenntnisarten aufzuhellen.

Die theoretische Grundlage bildet dabei das Tätigkeitskonzept mit seinem Begriffsystem (vgl. LEONTJEW 1979; KOSSAKOWSKI/OTTO 1985, S. 17ff; KOSSAKOWSKI/LOMPSCHER 1988, S. 28ff; HENTSCHEL 1988, S. 13ff). Verhalten wird, wie bereits erwähnt, ganz allgemein als Äußerungsform des Menschen gegenüber der Umwelt auf unterschiedlichen Bewußtseinsebenen interpretiert, während die Tätigkeit nur absichtsvolles, zielgerichtetes und bewußtes Verhalten umfaßt (vgl. KOSSAKOWSKI/OTTO 1985, S. 37). Umweltgerechtes Verhalten könnte danach wie folgt definiert werden:

Bei der Herausbildung umweltgerechter Verhaltensweisen gegenüber der Natur geht es um durch Erziehung gelenktes Entwickeln der Befähigung zu Tätigkeiten, die auf die natürliche Umwelt gerichtet sind, u. a. naturwissenschaftlichen Inhalt besitzen, in ihrer Folge aber auch gesellschaftliche Relevanz haben. Sie können unter dem Aspekt ihrer Funktion im gesellschaftlichen und individuellen Leben, im Spiel, im Lernen, in der Arbeit, aber auch im Alltagsleben gesehen werden.

Wenn bewußt zielgerichtetes Verhalten erreicht werden soll, dann heißt das, während der Tätigkeit die Normen, die dieses Verhalten regulativ vorgeben, einzuhalten. Das Einhalten einer einzelnen konkreten Norm ist aber nur ein Teil einer Tätigkeit und kann unter unterschiedlichen Aspekten in verschiedenen unterschiedlichen Tätigkeitsarten erfolgen. Konkrete "... in sich relativ geschlossene, zeitlich und inhaltlich strukturierte Tätigkeitseinheiten ..." werden als Handlung verstanden (KOSSAKOWSKI/LOMPSCHER 1988, S. 38).

Unter diesem Aspekt kann das Einhalten einer Norm nur im Zusammenhang mit einer Handlung stehen, oder das Befolgen der Norm kann selbst als Tätigkeitseinheit *Handlung* verstanden werden, da es, alle Regulationsfaktoren relativ geschlossen einbeziehend, zeitlich begrenzt und inhaltlich strukturiert ist.

Notwendige Voraussetzung für eine Handlungsregulation im Sinne einer positiven Normbefolgung sind habituelle psychische Eigenschaften in Form habitualisierter Inhalte (u. a. Kenntnisse), habitualisierter Verlaufsqualitäten (Fähigkeiten, Fertigkeiten, Gewohnheiten) und habitualisierte psychische Prozesse (Emotionen, Aktionsniveau).

Nach einem Modell GALPERINS baut sich dieses etappenweise auf. "Es geht von der Grundvorstellung der Interiorisation aus, daß geistige Handlungen ursprünglich aus äußeren, gegenständlichen entstanden sind. Die Verinnerlichung erfolgt schrittweise durch Handlungen auf verschiedenen Ebenen der Erkenntnistätigkeit. Dabei festigen sich die Orientierungsgrundlagen zu Kenntnissen und die Handlungen selbst zu Können" (GALPERIN/SAPOROSHEZ/ELKONIN 1972, S. 69). Die Norm- und Sachkenntnisse sind somit habituelle Voraussetzung der Handlungsregulation, die während der aktuellen Handlung zu aktualisieren sind.

Persönlichkeitsentwicklung kann und darf jedoch nicht einseitig als Resultat der Aneignung von erzieherisch vorgegebenen Verhaltensnormen und als Verinnerlichung daran orientierter, ursprünglich äußerer Tätigkeit aufgefaßt werden (vgl. KOSSAKOWSKI 1974, S. 16). Dieses akzentuierte Herangehen ist nur in der konkreten Forschung, dort aber als ein Aspekt der ganzheitlich handelnden Persönlichkeit, legitim. Diese Einschränkung gilt auch für die hier vorgestellten Untersuchungen.

Mit den Normkenntnissen wird bei der Handlungsorientierung die Komponente aktualisiert, die das *Wie* des Verhaltens, die Regeln dafür bereitstellen, denn die Kinder müssen wissen, wie sie sich zu verhalten haben (vgl. HEINZEL 1988, S. 362). Normkenntnisse sind dabei die Voraussetzungen für die Herausbildung von Verhaltensweisen, und damit werden sie auch Grundlage für die Bewältigung der sich in der Situation ergebenden objektiven Anforderungen (vgl. JANTOS/LOMPSCHER 1971, S. 845).

Die aktualisierten Normkenntnisse werden einem "Bedürfnis-Norm-Vergleich" unterzogen (KOSSAKOWSKI 1980, S. 50). Hier entsteht das Motiv der Handlung, das nur in der aktuellen Handlungsregulation als Ergebnis der Widerspiegelung eines solchen Vergleiches wirkt. Die Motive als Beweggründe des Handelns setzen also Normkenntnisse als einen Bestandteil voraus, sollen sie zu bewußt normgerechtem Verhalten führen (siehe Abbildung 2).

Außerdem gehen in die Motivstruktur die Sachkenntnisse, die sachlogisch verknüpft in Form von Einsichten vorliegen, als Begründung des Einhaltens der Norm ein. Sie liefern nach Aktualisierung das *Warum* der Einhaltung und verstärken so die Richtung des Motivs (vgl. HEINZEL 1980, S. 362f; HEINZEL 1982b, S. 28f).

Abb.2.: Aspekte normgerechten Verhaltens in der Umwelt
Beziehungen zwischen Handlungsbedürfnis, Norm-, Sachkenntnis und Handlung
(Die vielfältigen emotionalen Beziehungen wurden in diesem Schema nicht berücksichtigt.)

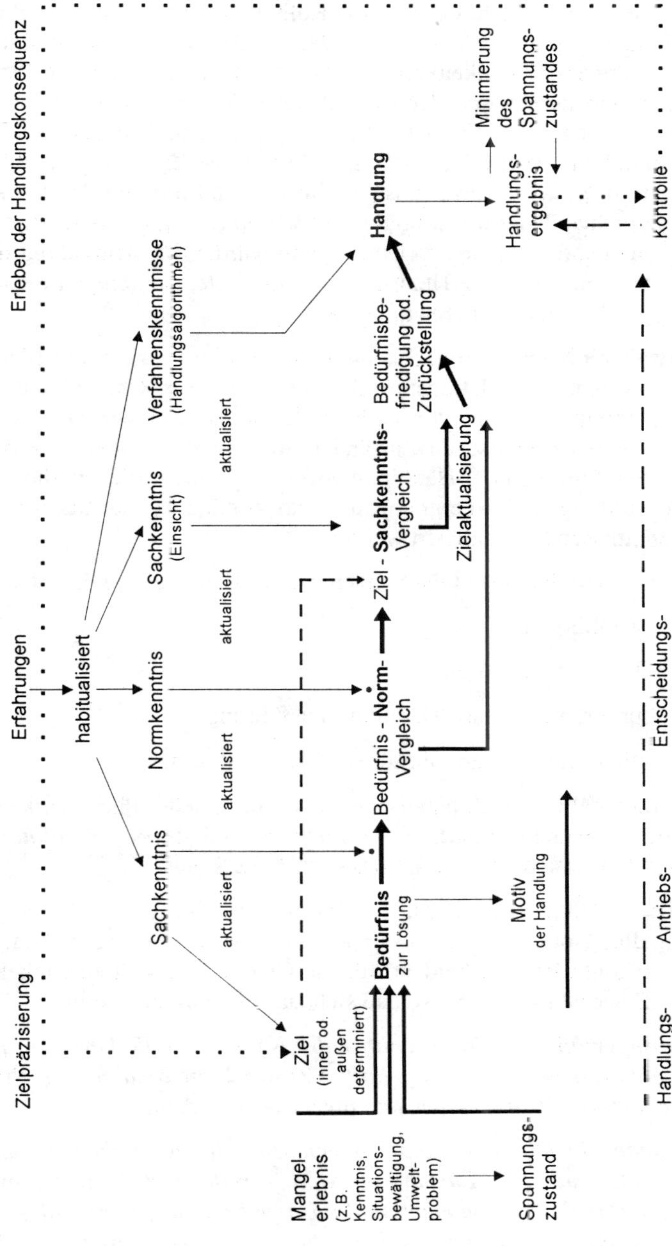

In diesem Sinn sieht GEIßLER die Rolle von Bildung und Erziehung bei der Herausbildung von Verhalten (1983, S. 27). Erstere ist Ausbildung eines "geordneten Gedankenkreises" (HERBART zit. bei GEIßLER 1983, S. 27), "aus dem heraus erst der Mensch jene Entscheidungskompetenz erlangt, die ihn begründet 'Ja' oder 'Nein' sagen läßt und in der sich seine Selbständigkeit auswirkt" (S. 27). Das zweite, die Erziehung, muß berücksichtigen, daß "... zwischen unserer Einsicht und unserem Willen keineswegs eine prästabilisierte Harmonie besteht, wonach alles als richtig Eingesehene auch sofort widerspruchsfrei getan würde; die 'Anbindung des Willens an den Verstand', wie HERBART es formulierte, ist vielmehr die andere pädagogische Seite ..." (ebenda, S. 28).

Inwieweit Norm- und Sachkenntnisse im Motiv wirksam werden, hängt, da der gesamte Regulationsprozeß sehr komplexen Charakter besitzt, auch, wie bereits erwähnt, von anderen Kenntnissen sowie von aktuellen und habituellen psychischen Zuständen ab, also von Emotionen, die zum aktuellen Zeitpunkt der Handlung wirken, wie auch solchen, die während der Vermittlung und Aneignung und dazwischenliegend zusammen mit den Kenntnissen habitualisiert werden.

Norm- und Sachkenntnisse gehen demnach in alle Handlungsphasen ein:

- Zielbildung
- Programmableitung
- programmgemäße Handlungsausführung
- ziel- und programmbezogene Ergebnisprüfung,

werden dabei jedoch hauptsächlich in den in jeder Phase wirkenden Regulationseinheiten *Handlungsorientierung* und *Antriebsregulation* wirksam (vgl. KOSSAKOWSKI UND LOMPSCHER 1988 S. 39f).

Wie WINKELMANN (1974, S. 59f) mitteilt, sind neben der erzieherischen Handlungsorientierung zusätzliche Hinweise zur eigenständigen Handlungskontrolle entscheidend für die Qualität der sich entwickelnden inneren Steuerungssysteme, so daß sich zusammenfassend ergibt:

Normgemäß handeln gegenüber der Natur wird die kindliche Persönlichkeit, vorausgesetzt der psychische Zustand, die ablaufenden Prozesse und die äußeren Bedingungen sind ihr förderlich, dann,

- *wenn ein Objekt der natürlichen Umwelt das Bedürfnis zum Handeln weckt, indem ein Zustand als Mangel reflektiert, einen Widerspruch erzeugt und dies eine emotional positive Resonanz findet (diese könnte zur positiven oder negativen Einhaltung der Norm führen.* Beispiel: zerbrochenes Futterhäuschen - Bedürfnis Vögel füttern - Reparatur; oder Beispiel: Kastanien am Baum - Bedürfnis, Kastanien besitzen wollen - Stock oder Stein werfen - Äste abbrechen);

- *wenn Normkenntnisse vorhanden sind, die unbewußt oder bereitwillig aktualisiert werden und bei dem Bedürfnis-Norm-Vergleich Ausgangspunkt für die Motivbildung sind. (an dieser Stelle kann das Kind eine erste Entscheidung darüber treffen, ob es die Norm einhalten will);*
- *wenn Sachkenntnisse zu Einsichten verknüpft die Motivbildung hinsichtlich einer positiven Normeinhaltung weiter bestärken, die erste Entscheidung positiv bekräftigen oder aus sachlogischen Gründen eine negative revidieren (hier ist eine zweite Entscheidungsmöglichkeit gegeben);*
- *wenn verknüpfte Sachkenntnisse sachlogisch zwingend ein finales Urteil provozieren, das zu richtigem, normgerechtem Verhalten motiviert, darauf orientiert und es antreibt, ungeachtet dessen, ob Normkenntnis vorliegt oder nicht;*
- *wenn alle anderen für die Motivierung und Handlungsausführung notwendigen Komponenten, wie Wertkenntnisse und Verfahrenskenntnisse, bereitgestellt sind* (die aber hier nicht weiter beachtet werden)*;*
- *wenn in allen Phasen des Handlungsverlaufes Bewertungen und neue Entscheidungen getroffen werden, wozu wiederum Norm- und Sachkenntnisse erforderlich sind.* (siehe Abbildung 3)

Bildung und Erziehung finden aber, wie GEIßLER hervorhebt, "...erst im Handeln ihren letzten Bestimmungsgrund ... Damit ist sowohl soziales Handeln gemeint wie sachzugewandtes, wie die Dimension der Moral" (GEIßLER 1983, S 34).

Eine Bewertung und Kontrolle des Handlungsergebnisses sowie der zur Realisierung nötigen Schritte durch das Individuum und eine Habitualisierung der dabei wirkenden Motive, subjektiven Beziehungen, also der gesammelten Erfahrungen, führen zur Stabilisierung der für die Handlung nötigen psychischen Eigenschaften, die sich gegebenenfalls neu strukturieren und schließlich verfestigen. Es entstehen Überzeugungen, die die Motivbildung stark beeinflussen. Alle diese Handlungsbedingungen sind eng miteinander verflochten, wie KOSSAKOWSKI UND LOMPSCHER zeigen.

Man könnte hier einen Systemcharakter annehmen, der auch für die psychischen Eigenschaften wie Kenntnisse, Einstellungen, Gefühle und Willenskraft gilt. Diese stellen keine eigenständigen psychischen Gebilde dar, noch sind sie auch nur relativ isolierte Substrukturen. Sie sind vielmehr eng miteinander verflochtene, also integrative Komponenten der Persönlichkeit, die der Tätigkeitsregulation dienen und für umweltgerechtes

Abb. 3: Möglichkeiten normgerechten Handelns

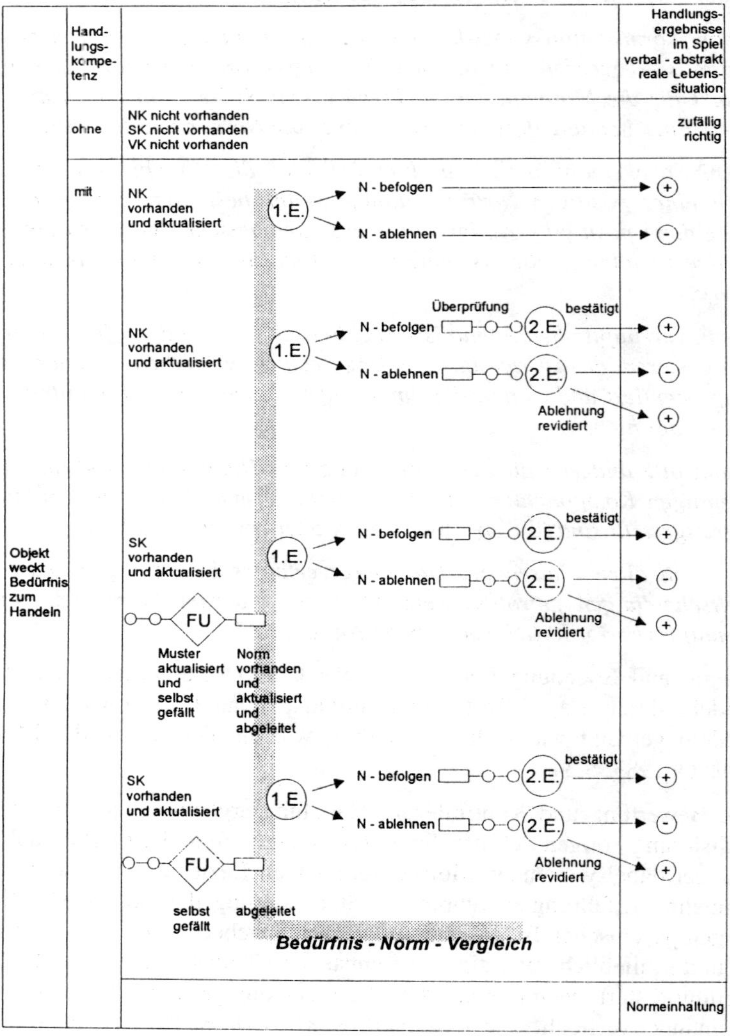

Legende:

NK - Normenkenntnisse
SK - Sachkenntnisse
VK u.a. - Verfahrenskenntnisse und andere Kenntnisse
1.E. - 1. Entscheidungsmöglichkeit
2.E. - 2. Entscheidungsmöglichkeit

FU - Finales Urteil
o-o - zur Einsicht verknüpfte Sachkenntnisse
▭ - Norm
⊕ - positives Normverhalten
⊖ - negatives Normverhalten

Verhalten verantwortlich gemacht werden können (KOSSAKOWSKI/ LOMPSCHER 1988, S. 44).

Normgerechtes Handeln kann Bestandteil verschiedener Tätigkeitsarten unterschiedlicher Ordnungsgruppierung sein, so daß sich auch die Handlungsergebnisse unterscheiden. Angezielt werden normgerechte Verhaltensweisen in allen realen Lebenssituationen, die im Zusammenhang mit menschlichen Einwirkungen auf die natürliche Umwelt stehen.

Tatsache ist aber, daß vom Vorschulkind in der Spieltätigkeit auch auf die Natur bezogenes normgerechtes Verhalten bei entsprechenden Spielinhalten demonstriert wird (hier ist jedoch einschränkend zu bemerken, daß beim Spiel das Motiv der Handlung nicht das Ergebnis, sondern der Inhalt der Handlung ist) oder auf verbal-abstraktem Niveau die Fähigkeit und Bereitschaft zur Normeinhaltung gezeigt wird, wenn zuvor in Geschichten und Bildserien dazu aufgefordert wurde.

3.2 Zu einigen Besonderheiten der Verhaltensbildung bei Vorschulkindern

Die Betrachtung psychischer und physischer Besonderheiten dieser Altersgruppe ist im Vorfeld praktischer Untersuchungen erforderlich, da der Entwicklungsstand wichtig für die körperliche und geistige Fähigkeit zum bewußt normgerechten Handeln ist.

Die ältere Gruppe im Kindergarten besuchen Kinder zwischen fünf und sechs Jahren. Es lassen sich für dieses Alter zwar im Ergebnis biologischer Wachstumsprozesse reifungsabhängige physische Merkmale feststellen, wie der Beginn des ersten Gestaltwandels. Es gehen aber mit diesen äußerlich sichtbaren Veränderungen auch Veränderungen im Zentralnervensystem vor sich, das bereits mit vier Jahren in vielen Einzelheiten ausgebildet ist. In der Großhirnrinde haben sich die Zellen differenziert und gleichen, wie MARKOSJAN berichtet, im wesentlichen denen Erwachsener (MARKOSJAN 1978, S. 69; 1965, S. 61ff). Alle Leitungsbahnen sind entwickelt. Die Bildung der Markscheiden ist abgeschlossen. Mit der voll entwickelten Sinnesfähigkeit, der exakten Erregungsleitung und der ab fünf Jahren abgeschlossenen Furchung der Großhirnrinde sind die physischen Voraussetzungen für den Ablauf das Verhalten regulierender psychischer Prozesse gegeben (vgl. SCHMIDT 1975, S. 87; SCHMIDT-KOLMER 1987, S. 104ff; KÜHN UND SALZ 1987, S. 181f; SCHMIDT UND SCHNEEWEIß 1989, S. 149f).

Diese anatomischen Entwicklungsbesonderheiten können jedoch nicht zur Ausgliederung einer biologisch bedingten Reifephase führen, da eine solche die Entwicklung der kindlichen Persönlichkeit innen determinieren würde (vgl. OTTO 1973, S 101f). Vielmehr sind die psychischen Altersbesonderheiten nicht linear und eindimensional auf das jeweilige Lebensalter zurückzuführen (vgl. OTTO 1973, S. 102), sondern die Entwicklung der Kinder muß im Zusammenhang mit ihren vielfältigen gesellschaftlichen Lebensbedingungen und -beziehungen gesehen werden, wie CLAUß UND HIEBSCH es formulieren:

"Jede Gesellschaft und Kultur prägt auch für die Lebensalter Altersnormen aus. Diese drücken aus, wie die Menschen einer Gesellschaft das Kind überhaupt sehen, welche Funktion eine Altersstufe bei der Gesellschaft hat, was sie den Kindern bestimmten Alters für gemäß oder nicht gemäß hält" (CLAUß U. HIEBSCH 1962, S. 87). Oder inwieweit diese Gesellschaften oder Kulturen die Eigenständigkeit einer Lebensphase anerkennen.

So betrachtet sind auch die Ziele und Aufgaben für den Kindergarten und die abgeleiteten Normen ein Teil des Systems von Altersnormen, denn sie sollen dem Kind seine Entfaltung ermöglichen. Nach KOSSAKOWSKI sind diese Altersnormen letztlich die auslösenden Faktoren für die Entstehung psychischer Besonderheiten dieser Altersgruppe (1969, S. 46ff). Für die Fünf- bis Sechsjährigen lassen sich demnach Tendenzen der psychischen Entwicklung angeben, die sich gerade aus dem angezielten Niveau von Freiraum, Bildung und Erziehung ergeben müssen.

Diese und die folgende Diskussion darf jedoch die relative Selbständigkeit der Lebensphase *Vorschulalter* nie außer acht lassen; denn eine ständige Verunsicherung durch immer wechselnde, steigende Anforderungen gefährdet Identitätsbildung und Selbstwertgefühle. Indessen sind zum Gewinnen von Selbsterfahrung auch Anforderung und erlebte Anforderungsgrenze unabdingbar.

Bestimmt wird die Entwicklung durch die nächste Perspektive, den Schuleintritt, der dem Kind häufig bewußt gemacht wird und das Anforderungsniveau determiniert. Das beginnt mit daraus abgeleiteten Forderungen für Verhalten, Kenntniserwerb u. a. (gesellschaftlich determinierte Altersnormen), die ihrerseits ein höheres Niveau der psychischen Inhalte, Prozesse und Zustände erfordern.

Im Zusammenhang mit der deutlichen Zunahme der Steuerungsfunktion der Hirnrinde, der besseren Koordinierung der Bewegung erweitert sich die Wahrnehmungsfähigkeit, Beobachten und Einprägen werden willkürlich, die Aufmerksamkeit beständiger und länger andauernd. Tätigkeiten können bereits auf einfachem Niveau geplant und organisiert werden. Gedanken werden zusammenhängend und sprachlich richtig, zum Teil sogar vielfältig im Ausdruck dargelegt. Das Denken ist konkret anschaulich und besitzt bereits Elemente des abstrakten Denkens. Es vollzieht sich ein Übergang vom anschaulich-praktischen zum konkret-begrifflichen Denken (vgl. KÜHN/SALZ 1987, S. 193f). Es können Schlüsse gezogen werden. Bedingt durch die Spieltätigkeit als dominierende Tätigkeit im Vorschulalter, insbesondere der Sujet- und Rollenspiele mit ihrem sozialen Charakter, wird unter anderem die Bereitschaft, sich verantwortlich zu fühlen, Regeln und Normen einzuhalten, dabei die eigenen Wünsche zurückzustellen und überlegter zu reagieren, immer stärker ausgeprägt (vgl. LAUNER 1979, S. 62; GRÜNEBERG UND HAUSER 1988, S. 117ff; FELDSTEIN 1987, S. 47ff; HELENIUS 1979; ELKONIN 1974).

In einer Untersuchung zum sozialen Verhalten fanden beispielsweise LAUENROTH und DIETRICH (1976) bei älteren Vorschulkinder relativ stabile Normkenntnisse. Die Fähigkeit zu antizipierendem, geplantem und zielbezogenem Handeln nimmt zu (vgl. SCHOLZ 1989, S. 13ff; SCFFNER 1989, S. 59f), und nach LANGE erwirbt das Kind im Vorschulalter die Fähigkeit, vom Gedanken zur Handlung überzugehen (LANGE 1989, S. 34). Gleichzeitig wird auch die verbal durch die Erzieherin vermittelte Handlungsorientierung wirksam (vgl. HASDORF 1976).

In der ständig sich erweiternden Lerntätigkeit steigen die Erkenntnisfähigkeit und der Erkenntnisdrang und gehen einher mit einer beträchtlichen Zunahme der Kenntnisse. Das Kind beginnt bereits Schlüsse zu ziehen und besitzt Voraussetzungen für die Entwicklung des verbal-logischen Gedächtnisses (vgl. KRUTEZKI 1979, S. 236 u. S. 251).

Während also in diesem Alter noch die subjektiven Determinanten überwiegen, vollzieht sich mit dem Schuleintritt durch den Schulunterricht ein Umschwung zu den objektiven Determinanten, wobei anfangs die räumlichen und zeitlichen dominieren. Erst in der Mittelstufe sollen sachlogische Beziehungen mehr und mehr die Oberhand gewinnen (PIPPIG/LOMPSCHER 1985, S. 158).

Sie verwiesen dabei aber gleichzeitig auf Ergebnisse russischer Psychologen, wie GALPERIN (1967), ELKONIN (1964) und DAWYDOW (1967, 1972a und 1972b), die, neuere Erkenntnisse der Logik berücksichtigend, schon von Beginn der Schulzeit an die sachlogischen Beziehungen in den Vordergrund rücken. Dieser Prozeß ist wahrscheinlich bis in die ältere Gruppe des Kindergartens vorzuverlegen, wie andere Untersuchungen belegen (vgl. GRÜNEBERG/HAUSER 1988, S. 203ff), die aber nicht zu einer Vorverlegung des schulischen Lernens in den Kindergarten, wie bei CORRELL, führen dürfen (1970, S. 5ff). Solche Förderungen sollten vielmehr als freies Angebot die Kinder anregen, und können dann wie RETTER meint, "... zur Verbesserung kognitiver Leistungen oder zur Festigung sozialer Beziehungen ..." beitragen (RETTER 1978, S. 139).

Vielfach wird darauf verwiesen, daß Kinder einer älteren Gruppe neben zusammenhängendem und ausdrucksvollem Sprechen räumliche, zeitliche oder kausale Beziehungen ausdrücken können und daß die Sprache in immer stärkerem Maße auch die Handlungen und das Denken der Kinder bestimmt (vgl. ZIMMER 1984, S. 95). Kinder können daher bereits vor einer Tätigkeit diese erklären, begründen und sich die Handlungen vergegenwärtigen. Die Aufmerksamkeit des älteren Kindergartenkindes richtet sich auf die genaue Bedeutung einzelner Wörter und Begriffe, auf die logischstrukturierenden Elemente der Sprache wie zeitliche oder konditionale Verknüpfungen (vgl. LEBENSRAUM KINDERGARTEN 1983, S. 102).

ELKONIN berichtet von Versuchen, in denen nachgewiesen wurde, daß bereits jüngste Vorschulkinder (im Alter von 3-4 Jahren) in der Lage sind, Ursachen zu erfassen. Die Fähigkeit nimmt nach dort zitierten Versuchen von WENGER im Laufe des Vorschulalters ständig zu und erfährt mit 5 Jahren noch einmal einen beträchtlichen Qualitätszuwachs. Die Fähigkeit, kausale Zusammenhänge zu erfassen, wird danach wie folgt entwickelt:

- "von der Widerspiegelung äußerer Ursachen zur Ausgliederung innerer, verborgener Ursachen eines Sachverhaltes,
- vom undifferenzierten, globalen Erfassen zur differenzierten und präzisen Erklärung von Ursachen,
- von der Widerspiegelung einzelner Ursachen eines Tatbestandes zur Einsicht in allgemeine Gesetzmäßigkeiten" (ELKONIN 1965, S. 241ff).

WILDAUER bezweifelt zwar, daß Vorschulkinder allgemein eine gedankliche Handlung bis zu ihrem Endpunkt zurückführen und eine Problemsituation unter verschiedenen Gesichtspunkten betrachten können, wenn die ältere Gruppe auch Ansätze zur Verallgemeinerung des Wesentlichen in Form von Begriffen und sprachlichen Formulierungen zeigt; sie weist aber an anderer Stelle darauf hin, daß eine systematische pädagogische Arbeit früher ein höheres Niveau erreichen läßt (vgl. WILDAUER 1968, S. 57).

Nach SAPOROSHEZ und ELKONIN beginnen die Kinder, Schlüsse zu ziehen und diese zu begründen, und im mittleren Vorschulalter werden bereits Urteile mit neuen Erkenntnissen verglichen und revidiert (1969, S. 104). Autoren aus den USA berichten, daß bei Kindern im Alter von 4 - 6 Jahren in einer moralischen Situation das Ergebnis die primäre Beurteilungsdeterminante ist, später, im Alter von 7 - 9 Jahren, jedoch nicht mehr das Ergebnis, sondern die richtige Absicht. Ähnlich soll sich die Leistungsbewertung des Ergebnisses entwickeln. Jüngere Kinder (4 - 6 Jahre) werten den tatsächlichen Erfolg oder Mißerfolg, ältere Kinder (7 - 9 Jahre) mit dem angenommenen Auftreten neuer kognitiver Strukturen aber beurteilen die

Leistung mehr nach der Anstrengung als nach dem Ergebnis (vgl. WEINER 1976, S. 279; WEINER/KUKLA 1970).

ELKONIN (1964, S. 240) zeigt an Versuchen von ULJENKOWA, wie Vorschulkinder zu deduktiven Schlußfolgerungen kommen und teilt dieses in vier Etappen ein. In der 3. Etappe können die Kinder bereits mit allgemeinen Urteilen operieren, die bis zu einem gewissen Grade wesentliche Seiten der Wirklichkeit widerspiegeln, aber nicht alle Möglichkeiten umfassen. In der 4. Etappe sind die Kinder in der Lage, allgemeine, die objektive Realität richtig widerspiegelnde Urteile zu treffen sowie adäquate Schlußfolgerungen zu ziehen.

Aus den Untersuchungen wird abgeleitet, daß, dem Stand der Kenntnisse über Dinge und Erscheinungen entsprechend, über die es zu urteilen gilt, die Denkprozesse eines Vorschulkindes auf verschiedenen Stufen ablaufen. Diese auch in unserer Arbeit vertretene Position bestimmt Möglichkeiten und Grenzen der Herausbildung eines bewußt normgerechten Verhaltens auf der Grundlage von Norm- und Sachkenntnissen.

Durch die Formbarkeit und Plastizität des Nervensystems und die Leistungsfähigkeit der Großhirnrinde in dieser Altersstufe ist eine systematische Entwicklung der geistigen Tätigkeiten möglich, des willkürlichen Verhaltens und des persönlichen Bewußtseins, sowie eine planmäßige Förderung der Tendenz, zu verallgemeinern und Zusammenhänge zu erkennen. (vgl. SCHMIDT 1975, S. 89).

Diese Möglichkeiten lassen sich jedoch nur ausschöpfen, wenn neben einem breiten Raum freier Entfaltung auch Erziehung und Bildung ihren gebührenden Platz finden, von dem RUBINSTEIN (1958, S. 300f) schreibt: "Die Einheit von Entwicklung und Bildung sowie von Entwicklung und Erziehung bedeutet, daß diese Prozesse (sowohl Reifung, wie Bildung und Erziehung) ineinander als wechselseitig voneinander abhängige und sich durchdringende Seiten in einem einheitlichen Prozeß enthalten sind, indem Ursache und Folgen kontinuierlich ihre Stelle wechseln.

Die Entwicklung bedingt nicht nur die Bildung und Erziehung, sondern wird auch selbst durch sie bedingt. Die Bildung baut nicht nur auf der Entwicklung auf in dem Maße, wie die Reifung die Voraussetzungen dafür schafft, sondern sie bedingt auch selbst den Verlauf der Reifung und Entwicklung." (vgl. auch PETROWSKI 1977; PETROWSKI 1986; PIPPIG 1988).

Um die Möglichkeiten des Anbietens, der Vermittlung und Aneignung von Kenntnissen optimal auszuschöpfen, muß man dabei immer, vom gegenwärtigen Niveau, von der Zone der aktuellen Entwicklung ausgehend, Kenntnisse u. a. der Zone der nächsten Entwicklung vermitteln.

Diese Auffassung von WYGOTSKI "..., daß die Zone der nächsten Entwicklung für die Dynamik der intellektuellen Entwicklung und den Leistungsstand eine unmittelbarere Bedeutung besitzt als das gegenwärtige Niveau ihrer Entwicklung ..." (WYGOTSKI 1964, S. 212), kann aber nur bedingt Grundlage unserer Betrachtung sein, da es im Kindergarten nie um eine Leistungsentwicklung gehen kann. Andererseits sind angebotene, vorher unbekannte Verhaltensnormen und deren Begründung in jedem Fall eine "nächste Zone", die so natürlich auch im Vorschulalter stimulierend wirkt. Beim Bestimmen der in den Zielen verankerten „Zonen" bedeutet das aber, sich nicht an Durchschnittswertungen zu orientieren, die sich auf destruktive Erhebungen in den Altersstufen zurückführen lassen und die die entwicklungspsychologische Denkrichtung über lange Zeit geprägt haben und damit auch erziehungspraktisch nur begrenzt bedeutungsvoll waren, sondern sich mit den zieladäquaten Zonen am entwicklungspsychologischen Optimum auszurichten (vgl. OTTO 1973, S. 105).

Diese Notwendigkeit bestätigen viele Untersuchungen. So berichtet LJUBLINSKAJA über die Denkentwicklung Fünf- bis Sechsjähriger und weist nach, daß bei gezielter Förderung diese ein weit höheres Niveau besitzen als sechs- bis siebenjährige Kinder (vgl. LJUBLINSKAJA 1961, S. 533). Auch FEINER, NIEDERLE und MICHELIC zeigen, daß Vorschulkinder, entgegen früheren Auffassungen, sachliche Zusammenhänge erkennen und belegen können (1985, S. 10).

Viele Widersprüche treiben die Entwicklung der Kinder einer älteren Gruppe voran. Der Widerspruch zwischen dem aktuellen Niveau und den Bedürfnissen nach neuen Eindrücken, nach weitergehendem Kennenlernen der natürlichen und gesellschaftlichen Umwelt führt zu vielfältigen, auf die Lösung dieser Widersprüche gerichteter Tätigkeiten. Er führt auch zu der Bereitschaft, von Erwachsenen Sach-, Verfahrens-, Wert- und Normkenntnisse zu übernehmen und entsprechend zu handeln (vgl. SALZ/KÜHN/ZIMMER 1983, S. 59f). Auch erlebte und erfahrene Widersprüche in lokalen Umweltproblemen, in der Bereitschaft zum Handeln und im Defizit von Handlungskompetenz wirken stimulierend auf die Übernahme von Kenntnissystemen und Handlungsbereitschaft. Das aktuelle Widerspruchsetzen durch den Pädagogen kann dann nach ROSENFELD die Aktualisierung von Kenntnissen für die Handlung auslösen (1967, S. 27f und 190ff).

In unseren praktischen Untersuchungen sollen die Erzieherinnen angeregt werden, mit Hilfe methodischen Materials solche Widersprüche situationsbezogen bewußt zu setzen. Die Wahl der Erhebungsmethoden bei den Untersuchungen unterlag den gleichen handlungstheoretischen Überlegungen.

Als Resultat der Lösung des Widerspruchs zwischen dem Bedürfnis nach sozialer Anerkennung sowie der Durchsetzung eigener Vorstellungen und

Wünsche und den Normen des Zusammenlebens (Unterordnung, Rücksichtnahme auf andere Bedürfnisse) oder Normen des Umgangs mit Naturobjekten entwickelt sich auch die "soziale Kompetenz" des Vorschulkindes. In diesem Zusammenhang erweitern sich ebenfalls die Normkenntnisse sowie die Fähigkeit, diese in aktuelle Handlungsabläufe bewußt einzubringen oder bereits "'gewohnheitsmäßig" anzuwenden. Da die Kinder ihr Verhalten immer mehr auf Einsichten und Begründungen stützen lernen, münden die Widersprüche mit der wachsenden Möglichkeit, bewußt und zielgerichtet handeln zu können, zunehmend in (direkten) bewußten Lerntätigkeiten (a.a.O, S. 57).

Auch nach KOSSAKOWSKI vollzieht sich die Interiorisation von Verhaltensnormen nur in steter sozialer Interaktion aktiver Partner, so daß der "Gestaltung aktueller sozialer Feldbedingungen" (BAUMANN U. M. 1973, S. 179) Aufmerksamkeit beigemessen werden muß, was, wie BÜCHIN meint, auch der Funktion zielorientierter Lernangebote entspricht und nur in einem für den Kindergarten, ebenso wie für die Schule, angemahnten Handlungsfeld ablaufen kann (vgl. KOSSAKOWSKI 1968, S. 2; BÜCHIN 1978, S. 71f).

Es erfolgt eine Schwerpunktverlagerung im Tätigkeitssystem in Richtung Lerntätigkeit. Je weiter das Vorschulalter fortschreitet, vollziehen sich auch im Spiel Lernprozesse, und das Kenntnissystem des Kindes erweitert sich beträchtlich. Während des Vorschulalters wird dann aus spielerischem Lernen zunehmend systematisches Lernen.

Eine Besonderheit des älteren Vorschulkindes ist die Ausprägung der Subjektposition. Ein starkes Ich-Bewußtsein und die erste bewußte Reflexion der eigenen Handlung ist ein Zeichen des teilweise bereits reflektierten Selbstbewußtseins. Das Streben des Kindes nach Durchsetzung eigener Intentionen und nach einer akzeptierten Position erreicht in diesem Alter seinen ersten Höhepunkt in der kindlichen Entwicklung. Hieraus ließe sich eine Normformulierung in der ersten Person (ich will; ich soll; ich darf ... oder ich will nicht, ich soll nicht, ich darf nicht ... usw.) als effektivste Form bei der Vermittlung psychologisch begründen.

Als Fazit entwicklungspsychologischer Überlegungen ist es demzufolge durchaus möglich und sogar erforderlich,

- Kindern einer älteren Gruppe Norm- und Sachwissen anzubieten und zu vermitteln, das sie sich als Norm- und Sachkenntnisse in breitem Maße aneignen, zumal zahlreiche Normen nur in einem ontogenetisch langen Zeitraum verinnerlicht werden (vgl. OTTO 1973, S. 106), sowie
- das Sachwissen in logischen Verknüpfungen vorzustellen und zu vermitteln, die vielfältige Beziehungen, vor allem aber Kausalbeziehungen,

aufweisen können, um damit Sachkenntnisse, die zu Einsichten verknüpft sind, ausbilden zu helfen (vgl. KOSSAKOWSKI 1974, S. 13ff; KOSSAKOWSKI 1972, S. 60ff; KOSSAKOWSKI 1971a; KOSSAKOWSKI 1984), und

- die Kinder zum sachlogischen Ableiten von Normen auch durch finales Urteilen zu befähigen. Hierzu bedarf es aber eines sorgfältig durchdachten pädagogischen Angebotes, das auch an die Planungsfähigkeit der Erzieherin hohe Anforderungen stellt (vgl. BÜCHIN 1978; USSOWA 1973; BARRES 1974).

Es ist wichtig, zitieren WEINERT U. M. den Deutschen Bildungsrat, "... die Denk- und Erkenntnisfähigkeiten insgesamt zu fördern; indem durch anregende Situationen und Erfahrungen die Neugierde des Kindes in Wißbegierde verwandelt wird, die zu erfolgreichen Verhaltens- und Leistungsformen befähigt und deren Betätigung und Erfüllung Kinder glücklich macht" (WEINERT u.M. 1974, S. 389ff).

Obwohl die Bedeutung frühen Lernens wissenschaftlich vielfach nachgewiesen ist (vgl. ROTH 1971; EDELSTEIN/HOPF 1973), wandten sich Ärzte in der Deutschen Gesellschaft für Sozialpädiatrie dagegen (vgl. HARTUNG 1975), weil sich Überbeanspruchung und Überforderung auf Gesundheit und Entwicklung der Kinder negativ auswirken können (vgl. BIERMANN 1977). SPECHT berichtet von der Schuleingangsstufe, daß es durch einheitliches Lerntempo, einheitlich vergleichenden Erfolgsmaßstab und Perfektionsbetonung zu Mißerfolgsreaktionen, Diskriminierungen sowie Beziehungsstörungen kommt (1977, S. 17).

Normkenntnisse über das Verhalten in der natürlichen Umwelt und deren Vermittlung entsprechen nicht solchen normierten Anforderungen in Vorbereitung auf die Schule, denn dies widerspräche in Übereinstimmung mit LICHTENSTEIN-ROTHER "medizinischen, psychologischen und pädagogischen Erkenntnissen" (1989, S. 51). Es sind gerade ungünstige Umweltbedingungen, die die Entwicklung der Kinder beeinträchtigen können (JURKO U. M. 1988, S. 101ff).

Möglichkeiten und Grenzen der Verhaltensbildung eröffnen auch die entwicklungspsychologischen Auffassungen PIAGETS: "Die Intelligenz steht seit ihren ersten Anfängen, dank der vererbten Anpassungsfähigkeiten des Organismus, in einem Beziehungsnetz, das Umwelt und Organismus umspannt" (PIAGET 1989, S. 29), das heißt aber weiter, sie nimmt wahr, nimmt auf, strukturiert, reflektiert, handelt. Demzufolge wäre nach PIAGET die menschliche Intelligenz, ihre Entstehung und Entwicklung im Kindesalter eine Voraussetzung für umweltbezogenes Handeln oder sogar eine Anpassung des Menschen, sich notwendig bewußt richtig in der Umwelt zu verhalten. Das hieße, Intelligenz (im Sinne PIAGETS) ist die Möglichkeit zur Anpassung zum Überleben durch vernünftiges Verhalten in der Umwelt.

"Wenn also die Intelligenz auf diese Weise die organische Anpassung, die ihr vorausgeht, weiterführt, so besteht der Fortschritt der Vernunft ohne Zweifel in einer immer vollkommeneren Bewußtmachung, der dem Leben selbst eigenen organisatorischen Tätigkeit und die primitiven Stadien der psychologischen Entwicklung stellen einfach die oberflächlichsten Weisen der bewußten Aufhellung dieses Organisationsprozesses dar ... Man könnte also sagen, daß die Intelligenztätigkeit von einem Verhältnis der Interdependanz zwischen Organismus und Umwelt oder von einem Zustand der Indifferenzierung zwischen Subjekt und Objekt ausgeht, dann aber gleichzeitig, sowohl zur Eroberung der Dinge als auch zur Reflexion über sich selber voranschreitet, wobei diese beiden der Richtung nach gegensätzlichen Prozesse, sich zueinander korrelativ verhalten", so daß schließlich "... die Vernunft, obwohl sie doch die zentralsten biologischen Mechanismen weiterführt, diese schließlich sowohl an Äußerlichkeit als auch an komplementärer Verinnerlichung" übertrifft (ebenda, S. 29).

AEBLI interpretiert die Sichtweise PIAGETS so: "Er sieht das Verhalten, ebenso wie seinen Träger, den Organismus, als eine Manifestation des Lebendigen..." und spricht von der "...Akkommodation der Verhaltensschemata an neue Umweltgegebenheiten" (1989; S. 7). Die Verhaltensschemata verändern sich nicht nur quantitativ, sondern entwickeln sich durch Differenzierung und Integration weiter. Intelligenz ist für PIAGET "der strukturelle Aspekt des Verhaltens "(ebenda, S. 8).

Wenn auch PIAGET Kindern erst mit 7 bis 8 Jahren echte kausale Erklärungen zutraut und für Kinder bis zu 6 Jahren mangelnde Kausalität, Animismus und artifizielle Erklärungen angibt, so trifft das nur auf jene Kinder zu, die für eine Erklärung nicht die erforderlichen Kenntnisse besitzen, um sachlogische Beziehungen herzustellen. Beim Fehlen von Kenntnissen und dem Bedürfnis zur Verallgemeinerung kann es dann zu Fehlschlüssen und naiver Theoriebildung kommen (vgl. ELKONIN 1974, S. 37; SCHMIDT/ SCHNEEWEIß 1989, S. 163; SCHENK - DANZINGER 1969).

Grenzen der Vermittlung und Aneignung treten also dort auf, wo Besonderheiten der Denkentwicklung sowie des Rezeptionsniveaus der Kinder nicht beachtet werden und die Kinder zu unwissenschaftlichem oder unzureichendem Einordnen ihrer Kenntnisse in ein Kenntnissystem kommen.

So kann sich über anthropromorphistische Vermittlung magisches oder Urheberdenken entwickeln (Äste dürfen nicht abgeschlagen werden, weil es dem Baum weh tut) oder über teleologische Vermittlung Zweckdenken (Kastanien wachsen auf dem Baum, weil die Tiere sie im Winter brauchen), das vor allem beim Ableiten von Normen zu formalen Urteilen führt (damit es dem Baum nicht weh tut und er auch im Winter den Tieren Nahrung geben kann, darf ich die Äste nicht abbrechen).

Einfache Wenn-Dann-Beziehungen zeigen zwar den Übergang zum Erfassen kausaler Zusammenhänge an, sind jedoch, da sie im "Dann-Faktor" meist unwesentliche, nicht echte kausal bedingte Wirkungen nennen, noch kein Zeichen von Einsicht (wenn ich die Äste abschlage, dann fallen die Kastanien herunter; wenn ich die Sonnenblumenkerne sammle, dann hab ich sie in der Hand). Im Gegensatz dazu ist die niedrigste Form des kausalen Denkens eine echte kausale Verknüpfung zweier Faktoren, also die einfachste Form einer Einsicht (wenn der Baum unbeschädigt und gesund ist, dann können an ihm viele Früchte reifen; wenn die Tiere im Winter gefüttert werden, dann verhungern sie nicht).

Eingeschränkt wird die Möglichkeit des Angebots und der Vermittlung im Kindergarten dadurch, daß Wissen nur mündlich dargestellt werden kann. Auch wenn das mit Unterstützung vielfältiger Anschauungsmittel (z. B. Bildfolgen) geschieht, fehlen doch beim Aneignen wesentliche Momente wie Nachlesen des Vermittelten, Selbstüberprüfung u. a.

So hat die eigene Erfahrung, das Erlebnis und das Wort der Erzieherin Bedeutung beim Angebot und der Vermittlung von Wissen. Das Entwicklungsniveau der Verbosensomotorik wiederum entscheidet über das Rezeptierbare. Verbosensomotorische, also optische, phonematische, kinästethische, melodische und rhythmische Differenzierungsfähigkeiten der Kinder diskriminieren die wahrnehmbaren Kodes der Sprache (vgl. BREUER 1982, S. 21).

In der Anlage einer Untersuchungsmethodik zum Erfassen von Kenntnissen bei Vorschulkindern muß deshalb diesem Phänomen Rechnung getragen werden, wie auch deren Förderung in Zielen des psychomotorischen Bereiches entsprochen werden muß.

Trotz all dieser begrenzenden Faktoren sind die Möglichkeiten einer erfolgreichen Verhaltensbildung im Vorschulalter auf der Grundlage des angebotenen und vermittelten Norm- und Sachwissens gegeben und werden von der Gestaltung der Bildung und Erziehung im situationsbezogenen Ansatz maßgeblich beeinflußt. GRIWATZ und WALTER weisen in diesem Zusammenhang auf eine stärkere Nutzung etappenspezifischer Potenzen der Persönlichkeitsentwicklung, verbunden mit entsprechenden Interpretationsmaterialien, hin (1985, S. 687f). Dabei wird besonders auf die alters- und entwicklungsspezifische Bildung, in der Vorschule beginnend, verwiesen, die in ihrer Tendenz, auch auf naturwissenschaftliche Sachverhalte übertragen, Ziele und Aufgaben von Umwelterziehung berührt.

Folgende Fragestellungen und Hypothesen berücksichtigen die Grenzen der Vermittlung von Norm- und Sachwissen als Voraussetzung eines richtigen, zunehmend bewußten Verhaltens in der natürlichen Umwelt und orientieren sich an den Möglichkeiten der Förderung dieser Voraussetzungen, immer unter Beachtung der Vorschulspezifik.

3.3 Praktische Untersuchungen zu Norm- und Sachkenntnissen von älteren Vorschulkindern

3.3.1 Fragestellung und Hypothesen

Wenn Norm- und Sachkenntnisse im Kindergarten eine wichtige Voraussetzung für die Verhaltensbildung sind, so muß deren Aneignung durch die Vorschulkinder durch geeignete Angebote unterstützt werden. Es ist demzufolge der Prozeß der Vermittlung und Festigung von Normkenntnissen und Sachkenntnissen sowie seine methodische Verwirklichung genauer zu untersuchen.

Diesem Ziel wird mit der **Fragestellung** nachgegangen:

Auf welche Weise lassen sich Norm- und Sachkenntnisse bei Kindern einer älteren Gruppe im Kindergarten fördern?

Die Überprüfung der Wirksamkeit von Materialien für die Hand der Erzieherin setzt die Ermittlung des Standes der Kenntnisse voraus, so daß sich die Teilfragen ergeben:

1. In welchem Maße verfügen Kinder einer älteren Gruppe zu Beginn der Jahreszeit *Herbst* über Kenntnisse als Voraussetzung für bewußt normgerechtes Verhalten?

1.1. In welchem Maße besitzen Kinder einer älteren Gruppe Normkenntnisse?

1.2. In welchem Maße verfügen Kinder einer älteren Gruppe über Sachkenntnisse und verknüpfen sie zu Einsichten?

Dem Ermitteln des Kenntnisstandes der Kinder folgten gezielte Angebote von Normwissen und methodischem Material zur Vermittlung und Festigung von Sachkenntnissen bzw. Einsichten in der Jahreszeit *Herbst* für die Erzieherin, die von ihr situativ zu nutzen waren. Da sich das im Kenntnisstand der Kinder widerspiegeln müßte, ergibt sich die nächste Teilfragestellung:

2. In welchem Maße lassen sich die Kenntnisse als Voraussetzung für die Verhaltensbildung in einer älteren Gruppe während

der Jahreszeit *Herbst* durch aufbereitete Planvorgaben für die Erzieherin verbessern?

Bei der Vorgabe von Normwissen allein sind die Fragen zu beantworten:

2.1. In welchem Maße verändert ein erweitertes Angebot von Normwissen die Kenntnisse als Voraussetzung für bewußt normgerechtes Verhalten?
2.1.1. In welchem Maße verändern sich die Normkenntnisse?
2.1.2. In welchem Maße verändern sich die Sachkenntnisse?
2.1.3. In welchem Maße verändern sich deren Verknüpfungen zu Einsichten?

Bei der Erprobung der Wirksamkeit der methodischen Handreichungen für die Kindergärtnerin als erweitertes Angebot zur Vermittlung und Festigung von Normkenntnissen bzw. Einsichten muß die Fragestellung untersucht werden:

2.2. Welchen Einfluß hat die methodische Handreichung auf den Stand der Normkenntnisse, der Sachkenntnisse sowie deren Verknüpfungen zu Einsichten?
2.2.1. In welchem Maße verbessern sich die Normkenntnisse?
2.2.2. In welchem Maße verändern sich die Sachkenntnisse?
2.2.3. Welchen Einfluß üben die methodischen Handreichungen auf die Zahl der Verknüpfungen der Sachkenntnisse zu Einsichten aus?

Für den Bereich der Vorschulerziehung gibt es bisher keinerlei Arbeiten, die auf eine Beantwortung der Fragestellungen hindeuten. Eigene Erfahrungen und Voruntersuchungen sowie Vergleiche mit Ergebnissen aus Arbeiten zur Verhaltensbildung im Biologieunterricht in den Klassen 5-10 der Arbeitsgruppe um Frau Prof. Dr. Heinzel (vgl. HEINZEL 1982, HIRMER 1982, HEROLD 1984, KORALEWSKI 1985, FISCHER 1986 und WAGNER 1988) lassen die Vermutung zu, daß Kenntnisse über Normen des Verhaltens in der heimatlichen Natur ohne gezielte Orientierung der Erzieherin hinter dem notwendigen Maße zurückbleiben und sich nur auf die Korrektur von Fehlverhalten begrenzen.

Dieses Verhältnis vergrößert sich noch zu ungunsten der Zahl der Sachkenntnisse und ihrer Verknüpfung zu Einsichten. Es kann angenommen werden, daß die Verwendung methodischer Handreichungen durch die Erzieherin zu einer inhaltsreichen Gestaltung des Kindergartentages beitragen kann, situative Lernangebote nutzen hilft und sich fördernd auf die

Voraussetzungen für ein umweltgerechtes Verhalten, die Kenntnisse, auswirkt. Hiervon ausgehend werden für die Fragestellung folgende **Hypothesen** und Nebenhypothesen gebildet:

Durch Einbeziehen von Norm- und Sachwissen in das pädagogische Angebot für ältere Vorschulkinder während der Jahreszeit Herbst lassen sich Norm- und Sachkenntnisse als Voraussetzung für die Verhaltensbildung verbessern.

1. Ältere Vorschulkinder haben zu Beginn der Jahreszeit Herbst nur geringe Normkenntnisse und kaum Sachkenntnisse zur Begründung der Normen.

1.1. Die Normkenntnisse sind zu gering und entsprechen nicht dem zu erwartenden Stand.

1.2. Sachkenntnisse zur Begründung der Normen sind kaum vorhanden, so daß Einsichten fast nicht gebildet werden können.

2. Durch aufbereitete Planvorgaben für die Erzieherin vor der Jahreszeit Herbst und deren Berücksichtigung in erweiterten Angeboten an die Kinder während der Jahreszeit lassen sich die Voraussetzungen für die Verhaltensbildung, die Kenntnisse, deutlich fördern.

2.1. Das Angebot von Normwissen allein führt zu einer erheblichen Verbesserung der Normkenntnisse älterer Vorschulkinder nach der Jahreszeit Herbst, während die Sachkenntnisse nicht so stark gefördert werden.

2.1.1. Das Angebot von Normwissen allein an die Erzieherin führt zu einer erheblichen Verbesserung der Normkenntnisse der Kinder.

2.1.2. Die Sachkenntnisse zur Begründung der Norm erweitern sich.

2.1.3. Die Einsichten bleiben hinter dem möglichen Maß zurück.

2.2. Die methodischen Handreichungen für die Erzieherin mit dem Normwissen und dem in verschiedenen Varianten zu Einsichten verknüpftem Sachwissen üben, wenn sie als erweitertes Angebot eingesetzt werden, einen stark fördernden Einfluß auf den Stand der Normkenntnisse sowie der Sachkenntnisse und deren Verknüpfungen zu Einsichten aus.

2.2.1. Durch die Verwendung des methodischen Materials seitens der Erzieherin erfahren die Normkenntnisse der Kinder eine weitere Steigerung.

2.2.2. Die Anzahl der einzelnen Sachkenntnisse müßte abnehmen, da die Zahl der zu Einsichten verknüpften Sachkenntnisse steigt.

2.2.3. Die in den methodischen Handreichungen für die Erzieherin angebotenen Einsichten führen zu einer beträchtlichen Verbesserung der Fähigkeit der Kinder einer älteren Gruppe, mehrere Sachkenntnisse zu Einsichten zu verknüpfen.

Es kann angenommen werden, daß die so geförderten Kinder der Natur neugieriger begegnen, den Umgang mit der Natur intensiver gestalten und günstigere Voraussetzungen besitzen, sich bewußt normgerecht gegenüber der Natur zu verhalten.

3.3.2 Förderungsversuch

Anlage des pädagogischen Experimentes

Zur Wahl des Experimentalverfahrens

Das pädagogische Experiment ist auch in der Vorschulerziehung eine wichtige Methode pädagogischer Forschung und erfüllt damit stufenspezifisch die von vielen Autoren genannten Funktionen der Überprüfung von Hypothesen an einer zielgerichtet veränderten Praxis unter kontrollierten Bedingungen (vgl. RAUSCHER 1972, S. 168; KLINGBERG 1974, S. 46; SCHMIDT 1961, S. 55f; PARTHEY/WAHL 1966, S. 12f u. a.).

Die Hypothese und die Nebenhypothesen erforderten:

- das Erfassen des Kenntnisstandes vor der ausgewählten Jahreszeit und danach,
- das zielgerichtete Setzen neuer Bedingungen in der Praxis in "Pädagogisierungsphasen" für die zwei zu untersuchenden Merkmale Normkenntnisse und Sachkenntnisse durch die Vorgabe von Normwissen bzw. den methodischen Handreichungen für die Kindergärtnerin (vgl. GUTHKE 1974; WITZLACK 1986, S. 251),
- das Feststellen der Wirksamkeit dieser Materialien durch Vergleich mit unbeeinflußten Kontrollen.

Außerdem mußte ein Einfluß des Testverfahrens auf die Ergebnisse bereits in der Anlage des Experimentes ausgeschlossen werden. Als am besten diesen Ansprüchen genügend und effektives Experimentalverfahren bot sich das Prätest-Posttest-Kontrollgruppenverfahren nach RAUSCHER an (1972, S. 174). Die Versuchsanordnung ergab sich daher, wie in Abbildung 4 dargestellt.

Abb. 4: Übersicht über die Anlage des Experiments

Probanden	Ausgangsuntersuchung		Fördermaßnahme	Enduntersuchung		Probanden
	Normkenntnisse	Sachkenntnisse		Normkenntnisse	Sachkenntnisse	
K 177	a PM BF	I	keine	a PM BF	I	K 174
177	o PM I	I		o PM I	I	174
F_1 171	a PM BF	I	Angebot von Normwissen an die Erzieherin	a PM BF	I	F_1 172
171	o PM I	I		o PM I	I	172
F_2 247	a PM BF	I	Angebot von Normwissen und zu Einsichten verbundenen Sachwissen in den methodischen Handreichungen an die Erzieherin	a PM BF	I	F_2 238
247	o PM I	I		o PM I	I	238
a: 595 o: 595						a: 584 o: 584

Legende:
- a PM -akustisches Provokationsmittel (Geschichten vom Tonband)
- o PM -optisches Provokationsmittel (einfache Bildfolge)
- BF - Bildfragebogen zum Ausfüllen durch die Kinder
- I - Interview

Die *Vorteile* dieses Verfahrens sind:

- Vergleich des in Situationsanalysen ermittelten Ist-Zustandes mit dem durch Förderung erreichten Stand,
- Vergleich der Ergebnisse der Gruppen, in denen neue Bedingungen gesetzt wurden, mit den Kontrollgruppen,
- Vergleich der Wirkung unterschiedlicher neuer Bedingungen auf das Ergebnis.
- Somit auch weitgehendes Ausschließen der Einflüsse des Testverfahrens auf die Ergebnisse.

Der *Nachteil* dieses Verfahrens, kein Vergleich mit Gruppen ohne Prätest, um dessen mögliche Auswirkung auf die Ergebnisse feststellen zu können, wurde wegen der dadurch wesentlich zu erhöhenden Gruppenzahl in Kauf genommen.

Zur Wahl der gesetzten neuen Bedingungen

Für die Jahreszeit *Herbst* sollten Bedingungen gesetzt werden, die

- den Stand der Normkenntnisse und
- den Stand der Sachkenntnisse,

die zur Einsicht in das Einhalten der Normen führen, verbessern. Dazu waren Normen auszuwählen, mit Sachwissen und dessen Verknüpfungsmöglichkeiten zu verbinden und als methodisches Material der Kindergärtnerin zur Verfügung zu stellen. Die Zahl der Normen, die für die Untersuchung genutzt werden konnte, war auf Grund mehrerer begrenzender Faktoren, wie:

- notwendig kurzer Zeitraum für die Anfangs- und Enduntersuchung, um die Bedingungen so einheitlich wie möglich zu halten,
- altersbedingte mündliche Befragung mit längerer Einstimmungsphase und begrenzter Zeitdauer,
- begrenzte physische Leistungsfähigkeit der Vorschulkinder,
- notwendige Anzahl erforderlicher Fragen zur Abbildung des gewünschten Sachverhaltes,
- Durchführung der Befragung mit möglichst wenig Personen zur Gewährleistung eines großen Maßes an Objektivität,
- möglichst große Anzahl von Probandeneingeschränkt.

Betrachtet man

- die physische und psychische Leistungsfähigkeit der Kinder in Minuten ihrer durchschnittlichen Konzentrationsfähigkeit (t_{max} pro Kind in Minuten),

- die zur adäquaten Abbildung des Sachverhaltes unbedingt erforderliche Anzahl von Fragen (fn),
- die für die Fragestellung und Beantwortung der Fragen nötige Zeit (tf aus $tf_1 + tf_2 \ldots tf_n$ bzw.

$$\sum_{i=1}^{n} t_{fi}$$

- die Zeit für die Einstimmung (te),
  so ergibt sich nach der Formel

$$_{Norm} = \frac{t_{max}}{\sum_{i=1}^{n} t_{fi} + te}$$

die Anzahl der Normen, die vom Kriterium der Ermittlungsmöglichkeiten der Ergebnisse, die Anzahl der Normen im Experiment limitieren.

Für tmax Kind galt die in der Kindergartenordnung von 1985 vorgesehene Länge einer Beschäftigung mit etwa 18 Minuten in einer älteren Gruppe.

Die Größe für $t_f = \sum_{i=1}^{n} t_{fi}$ wurde in Voruntersuchungen ermittelt.

Sie beträgt 2,5 Minuten im Durchschnitt, wenn zweimal drei Fragen zu beantworten waren. Die zweimal notwendige Einstimmung erforderte insgesamt etwa 3,5 Minuten, so daß sich ergibt:

$$n_{Norm} = \frac{18}{2{,}5 + 3{,}5}$$

$$n_{Norm} = 3$$

Es können daher an einem Tag nur drei Normen bei einem Probanden zur Ergebnisermittlung genutzt und damit in das Experiment einbezogen werden.

Unter Berücksichtigung der geplanten Anzahl der Probanden, der Anzahl der Experimentatoren (1 Versuchsleiter und 1 Protokollant), der nutzbaren Zeit pro Tag und der geplanten möglichst kurzen Zeitdauer der Anfangs- und Enduntersuchung läßt sich ebenfalls eine Beziehung herstellen, die die Anzahl der im Experiment zu untersuchenden Normen einschränkt und auch die Zahl drei als günstig erscheinen läßt (vgl. BAIER 1990 S. 76).

Bei diesen drei Normen können alle drei Bestandteile der angenommenen umwelterzieherischen Ziele, also

- Erhaltung und Schutz
- Nutzung und
- Pflege der heimatlichen Natur

und entsprechendes Sachwissen Berücksichtigung finden.

Die gewählten Normen:

- Ich soll nicht mutwillig Zweige von Bäumen und Sträuchern brechen,
- ich möchte die Ernte von meinen Beeten sorgfältig und ohne Verluste einbringen,
- ich will Eltern und Erzieherin auffordern, Futterhäuschen für die Winterfütterung der Vögel zu bauen, aufzustellen und mich daran beteiligen,

erfassen darüber hinaus die gesamte Jahreszeit *Herbst* vom ersten Reifen der Kastanien und Haselnüsse, über die Ernte bis zur Wintervorbereitung (siehe Abbildung 5).

Statistische Prüfverfahren zur Sicherung der Ergebnisse waren in allen Fällen zu nutzen.

Testaufgaben als Provokationsmittel

Beispielgeschichten

Geschichten, in denen alltägliche Situationen aus dem Leben über richtiges und falsches Verhalten geschildert werden, sind den Kinder bekannt und werden von den Erziehern häufig genutzt, um sprachliche Äußerungen und Wertungen zu provozieren, so wie auch in der Schule Beispielgeschichten u. a. als Befragungsform in wissenschaftlichen Untersuchungen bekannt sind (vgl. VIER 1972; KIMPEL 1970; SOMMER 1965; KOSSAKOWSKI/OTTO 1969 zit. bei WITZLACK 1986, S. 228f).

Bei der Erarbeitung des Inhalts und des sprachlichen Ausdrucks der Beispielgeschichten für die Testaufgaben stellte sich daher heraus, daß die

Kinder feinste Nuancen im Inhalt, im Ausdruck und in der Darstellungsweise (Tonfall, Gestik, Mimik) analysieren und ihre Entscheidung davon abhängig machen können.

Da aber nicht die aus dem Provokationsmittel entnommenen Informationen, sondern nur Kenntnisse ermittelt und Zufallsentscheidungen ausgeschlossen werden sollten, war es erforderlich:

- in der Geschichte die falschen Antworten zu provozieren, so daß nur bei Kenntnis der Norm richtig geantwortet werden konnte,
- durch die stimmliche Gestaltung nicht die Entscheidung für die richtige Antwort zu begünstigen und
- eine neutrale und einheitliche Darbietung ohne Mimik und Gestik durch Tonbandwiedergabe zu gewährleisten.

Bildfolgen

Auch Bildvorlagen werden in der Kindergartenpraxis häufig eingesetzt und sind den Kindern bekannt. Andererseits sind sie, wie die Beispielgeschichten, Methoden der pädagogischen Forschung vor allem in der Schule (vgl. WINSMANN 1974; LEHWALD 1977; SCHMIDT 1975 zit. bei WITZLACK 1986, S. 229ff). Sie eigneten sich auch als optisches Provokationsmittel bei der Befragung im vorliegenden Test. Zu jeder Norm wurden den Kindern im Sinne des "Trichterns" zwei Bilder vorgelegt (vgl. RAUSCHER 1972, S. 166). Das erste Bild zur Einstimmung und zum Wecken des Interesses stellte die handelnden Personen vor. Das zweite Bild beinhaltete die Norm. Es stellte sich auch hier heraus, daß die Kinder ihre Entscheidung vom Bildinhalt abhängig machten, wenn dieser Wertungen der Handlungen enthielt (z.B. enttäuschte Gesichter beobachtender Kinder, Entrüstung bei Erwachsenen), so daß dann nicht die Kenntnisse, sondern wiederum nur die Analysefähigkeit ermittelt worden wäre (siehe Abbildung 5a).

Deshalb war es auch hier notwendig:

- das Nichtbefolgen der Norm ohne Negativbewertung der Norm durch handelnde Personen auf dem Bild darzustellen (siehe Abbildung 5b),
- die Befragung auf eine Beschreibung der Handlungen der Personen zu reduzieren, bei der von den Kindern nur dann die Norm angeboten wurde, wenn sie Kenntnis darüber hatten und sie diese dadurch im Bildinhalt wiederfanden.

Abb. 5: Beispiele für Bildvorlagen als optische Provokationsmittel;
5a: Bildinhalt mit Negativwertung

Abb. 5b: Bildinhalt ohne deutliche Wertung

Zur Ermittlungen, Bearbeitung und Auswertung der Testergebnisse

Bildfragebogen

Ältere Vorschulkinder sind in der Lage, mit dem Bleistift umzugehen und kleinere Mengen simultan zu erfassen, so daß damit die Voraussetzungen zum Ausfüllen eines einfachen Fragebogens gegeben waren (siehe Abbildung 6). Obwohl somit ein Fragebogen vorlag, kann trotzdem nicht von einer schriftlichen Befragung gesprochen werden, da die Fragen mündlich zu stellen waren und der Untersuchende durch eine vorangestellte Übung und technische Hilfe während des Ausfüllens des Fragebogens unmittelbaren Kontakt zum Befragten hatte.

Vorteile des Einsatzes des Fragebogens waren demnach:

- schnelles und zeitsparendes Erfassen der Informationen zur quantitativen Weiterbearbeitung,
- methodisch abwechslungsreiche Gestaltung der Befragung.

Der Bildfragebogen wurde nur zur Geschichte vom Tonband eingesetzt.

Interview

Während der Fragebogen mit der gesamten Gruppe ausgefüllt wurde, erfolgte mit jedem einzelnen Kind ein Interview, das

zum einen

- auf der Basis der richtigen Antwort im Bildfragebogen geführt wurde.

  Bei diesem Interview rekapitulierte der Untersuchende zu Beginn noch einmal die Entscheidungssituation der Geschichte und erfaßte dann mit offenen Fragen Sachkenntnisse und die Qualität ihrer Verknüpfungen;

zum anderen

- wurden nach Vorlage der Bildfolgen mit geschlossenen und offenen Fragen sowohl Kenntnis der Norm als auch Sachkenntnis und Einsichten ermittelt.

  In beiden Fällen gab es ein festgelegtes Frageschema und es wurden die bei RAUSCHER genannten Grundregeln der Aufstellung von Fragen berücksichtigt (1972, S. 151).

Abb. 6: Bildfragebogen für Vorschulkinder

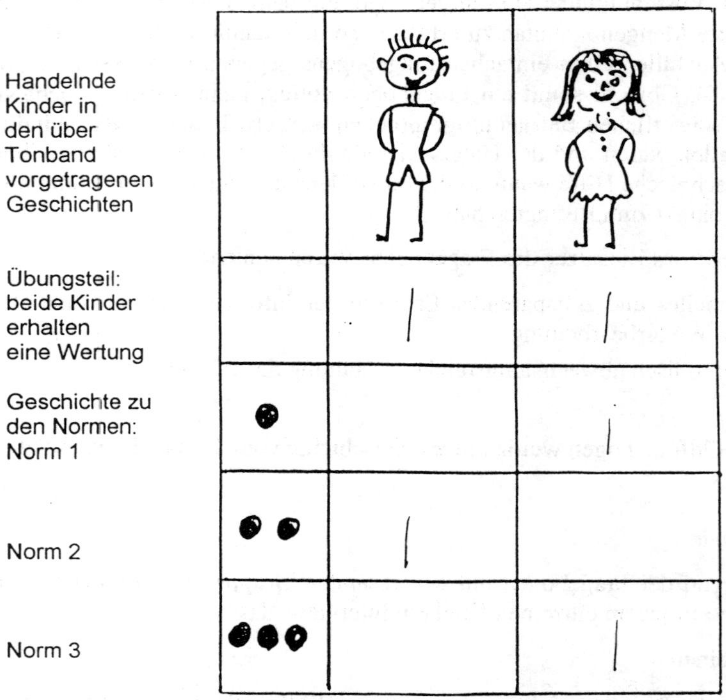

Zur Art der Testergebnisse, ihrer Bearbeitung und Auswertung

Der Test ermittelt Informationen über die qualitative Ausprägung des Merkmales *Normkenntnis* und die qualitative und quantitative Ausprägung des Merkmales *Sachkenntnis* sowie deren Verknüpfungen. Alle Merkmale sind nicht stetig.

Die qualitative Merkmalsausprägung bei Norm- und Sachkenntnissen, 0 = Kenntnis nicht vorhanden und 1 = Kenntnis vorhanden, liefert Alternativdaten und erlaubt nur das Kategorisieren und damit das Nutzen einer Nominalskala.

Die Häufigkeitszahlen für 0 und 1 ergeben sich durch Auszählen der auf die Kategorien entfallenen Antworten. Sie werden wie bei LOHSE und LUDWIG (1977, S. 123ff und 155ff) dargestellt, erfaßt und aufbereitet, in relativen Häufigkeiten mal einhundert (Prozent) ausgedrückt und in Säulendiagrammen dargestellt.

Wird die Anzahl der unverknüpften Sachkenntnisse (SK) nach dem Muster 1 = 1 SK, 2 = 2 SK, 3 = 3 SK, 4 = 4 SK und 5 = mehr als 4 Sachkenntnisse oder die Anzahl der unterschiedlichen Einsichten nach dem Muster 1 = 0-0 = eine Verknüpfungen von zwei Sachkenntnissen, 2 = 0-0-0 = zwei Verknüpfungen von drei Sachkenntnissen und 3 = 0-0-0-0 = drei Verknüpfungen von vier Sachkenntnissen und mehr als 4 Verknüpfungen als Realisationen der Merkmalsausprägungen ermittelt, so liegen hier Meßwerte vor.

Die Merkmalsausprägungen sind quantitativ, die Abstände zwischen den Meßwerten gleich gut relationstreu, so daß eine Intervallskala zur Darstellung genutzt werden kann.

Die Interpretation der Daten ermöglicht bei den Häufigkeitszahlen für die Kategorien Aussagen über die Quantität der vorhandenen Kenntnisse und bei den Meßwerten über die Qualität der Sachkenntnisse, besonders der Einsichten, und entspricht damit den in den Hypothesen geforderten Aussagen.

Zur Absicherung der Ergebnisse wurden statistische Prüfverfahren herangezogen. An den genutzten Analyseverfahren wurden die Gütekriterien bestimmt.

Die Untersuchungsmethoden müssen den Hauptgütekriterien:

- Objektivität,
- Zuverlässigkeit (Reliabilität) und
- Gültigkeit (Validität)

genügen sowie den Gesichtspunkten:

- Zulänglichkeit,

- Vergleichbarkeit,
- Ökonomie und
- Nützlichkeit

entsprechen.

Die Objektivität der Untersuchungsmethoden im hier genutzten Test wurde in Durchführung und Auswertung gewährleistet durch

- das Ausschalten unterschiedlicher subjektiver Einflüsse von Interviews, in dem sie vom gleichen Interviewer geführt und die Ergebnisse vom gleichen Protokollanten aufgenommen wurden,
- eine präzise Fragestellung mit quantifizierbaren Antwortvarianten und ein standardisiertes Protokollschema,
- die Sicherung möglichst gleicher Bedingungen in allen Interviews über das Schaffen ähnlicher oder gleicher Situationen und dem Einsatz gleicher Provokationsmittel (Beispielgeschichte und Bildvorlage),
- die Diskussion und Überprüfung der Aufbereitung, Bearbeitung und Interpretation der Ergebnisse mit den Gruppenerzieherinnen, den Leiterinnen der Kindergärten, Lehrern der Pädagogischen Fachschulen, Mitgliedern der Zentralen Fachkommission *Methodik des Bekanntmachens mit der Natur*.

Um die Zuverlässigkeit, also Meßgenauigkeit der Methoden nachzuweisen, ist deren Stabilität und die Konstanz des untersuchten Merkmals von Bedeutung.

Die Stabilität ist durch das gewählte experimentelle Verfahren und die Nutzung zweier unterschiedlicher Provokationsmittel (Beispielgeschichte und Bildvorlage) nacheinander an derselben Gruppe und an Vergleichsgruppen geprüft worden, eine Transferwirkung, d. h. Lern- und Übungseffekte, wurde durch Voruntersuchungen bei wechselnder Sequenz der Provokationsmittel ausgeschaltet (siehe Abbildung 7).

Im Ergebnis der Voruntersuchungen stellte sich heraus:

$$\frac{A_E}{2} = > B_E > C_E$$

oder

$$B_E + C_E = D_E$$

und somit die Begründung für die im Test gewählte Sequenz D.

Die Merkmale *Normwissen* und *Sachwissen* mit dessen Verknüpfungen zeigen auch im Vorschulalter eine ausreichende Konstanz, wenn der Zeitraum für die Zustandsmessung möglichst kurz ist.

Abb. 7: Übersicht über Testsequenzen bei Voruntersuchungen

A	B	C	D
Bildvorlage	Bildvorlage	der Ergebnisse beider Ergebnisse bei	Geschichte
Interview	Interview		Interview
Geschichte		Geschichte	Bildvorlage
Interview		Interview	Interview
A_E	A_E	C_E	D_E

Legende:

A, B, C, D - unterschiedliche Testsequenzen
A_E - D_E - Ergebnis bei unterschiedlichen Sequenzen

Die sich innerhalb eines längeren Zeitraumes vollziehende unbeeinflußte Änderung des Merkmales *Zuwachs an Kenntnissen und Einsichten situativ im lebensweltlichen Erfahrungsraum* wird durch die Wahl des Experimentalverfahrens mit Kontrollgruppen berücksichtigt.

Bereits in den Voruntersuchungen gelang es durch eine spezifische Aufbereitung der Provokationsmittel (siehe oben) die Gültigkeit des Verfahrens und damit dessen Treffsicherheit auf das Merkmal zu begrenzen, das gemessen werden sollte, nämlich *Kenntnisse* und *Einsichten* und nicht die Fähigkeit zur Analyse der Provokationsmittel.

Die Validierung der Untersuchungsmethoden erfolgte mit Hilfe der Extremgruppenmethode (vgl. RAUSCHER 1972, S. 114ff).

Die für diese Validierungsmethode geforderte Gruppe mit extrem niedrigem Grad der Ausbildung des Merkmals ist in der Ausgangsuntersuchung der Versuchsgruppen mit den Variablen X und Y gegeben.

Die zweite Extremgruppe, bei der das Merkmal in extrem hohem Grade ausgebildet ist, ist in den gleichen Versuchsgruppen nach erfolgter Einwirkung zu finden. Durch statistische Verfahren wurden die Differenzen auf ihre Signifikanz überprüft. Signifikante Unterschiede zwischen diesen beiden Extremgruppen bestätigen die ausreichende Gültigkeit der Methoden (siehe Abbildung 8).

Überprüfung der Zulänglichkeit

Mit dem Nachweis einer hohen Gültigkeit der Testverfahren ergibt sich notwendigerweise eine hohe Zulänglichkeit. Damit entfällt die Überprüfung dieses Gesichtspunktes.

Überprüfung der Vergleichbarkeit

Die Vergleichbarkeit der Methoden wird durch die Verwendung von Parallelformen und die Anordnung des Experimentes gesichert.

Überprüfung der Ökonomie

Die geringe Anzahl exakter Fragen gewährleistet eine kurze Durchführungszeit (vgl. Berechnung des Testzeitraumes). Die Nutzung des Bildfragebogens, der Beispielgeschichten auf Tonband und der Reizvorlagen beansprucht wenig Material, ist einfach zu handhaben und ermöglicht Gruppenuntersuchungen. Die Protokollbögen sind schnell und bequem auswertbar. Damit entsprechen die angewandten Methoden den von RAUSCHER geforderten Kriterien und sind ökonomisch (1972, S. 129). Die Methoden trugen zur Erfüllung der Zielstellungen der Arbeit bei und bewiesen ihre Nützlichkeit.

Abb. 8: Statistische Absicherung der Ergebnisse

Legende: A Ausgangsuntersuchung; E Enduntersuchung;
F1 Fördergruppe 1; F2 Fördergruppe 2; K Kontrolle;
H_0 Nullhypothese (Unterschied nicht statistisch gesichert)
H_A Alternativhypothese (signifikanter Unterschied)

Abb. 8a: Statistische Überprüfung der Normkenntnisse bei Ausgangs- und Enduntersuchungen in den Kontroll- und Fördergruppen F1 und F2

Norm		Norm richtig erkannt: A		Norm richtig erkannt: E	Norm nicht erkannt: A	Norm nicht erkannt: E	Keine oder völlig abweichende Antwort: A	Keine oder völlig abweichende Antwort: E
N 1	K	11,7	H_A	25,9	88,1	73,9	0	0,3
	K/F1	H_0		H_A				
	F1	14,3	H_A	77,3	85,1	21,8	0,6	0,9
	F1/F2	H_0		H_A				
	F2	13,2	H_A	88,5	85,2	10,5	1,6	1,1
	K/F2	H_0		H_A				
N 2	K	8,5	H_A	20,7	91,0	78,5	0,6	0,9
	K/F1	H_0		H_A				
	F1	10,5	H_A	71,0	89,2	29,1	0,3	0
	F1/F2	H_0		H_A				
	F2	10,7	H_A	83,2	85,8	15,8	3,4	1,1
	K/F2	H_0		H_A				
N 3	K	10,5	H_A	27,6	89,3	71,8	0,3	0,6
	K/F1	H_0		H_A				
	F1	12,9	H_A	77,9	88,3	15,7	0,0	0,6
	F1/F2	H_0		H_A				
	F2	13,8	H_A	86,1	85,2	13,0	1,0	0,8
	K/F2	H_0		H_A				

Abb. 8b: Statistische Überprüfung der Sachkenntnisse bei Ausgangs- und Enduntersuchungen in den Kontroll- und Fördergruppen F1 und F2

Norm		ohne Sachkenntnis: A		ohne Sachkenntnis: E	unverknüpfte Sachkenntnisse: A		unverknüpfte Sachkenntnisse: E
N 1	K	4,5	H_0	6,3	5,9	H_A	18,7
	K/F1	H_0		H_0	H_0		H_A
	F1	4,4	H_0	10,2	10,2	H_A	66,6
	F1/F2	H_0		H_A	H_0		H_A
	F2	1,8	H_0	1,7	12,4	H_A	17,0
	K/F2	H_0		H_A	H_0		H_A
N 2	K	4,2	H_0	4,6	4,0	H_A	15,5
	K/F1	H_0		H_A	H_0		H_A
	F1	5,5	H_0	10,8	5,3	H_A	58,7
	F1/F2	H_0		H_A	H_0		H_A
	F2	3,0	H_0	4,6	8,9	H_A	17,0
	K/F2	H_0		H_0	H_0		H_0
N 3	K	3,1	H_0	4,6	8,2	H_A	21,0
	K/F1	H_0		H_0	H_0		H_A
	F1	1,5	H_A	7,9	10,5	H_A	66,9
	F1/F2	H_0		H_A	H_0		H_A
	F2	2,0	H_0	3,4	11,3	H_A	16,4
	K/F2	H_0		H_0	H_0		H_0

Zur Durchführung der Untersuchung

Probanden und Kriterien ihrer Auswahl

Die Untersuchung erfolgte bei älteren Vorschulkindern aus zwei Kreisen. Bei der Wahl der Kindergärten spielten deren territoriale Verteilung und deren Größe eine Rolle. Es sollten sowohl Einrichtungen der Städte als auch der Landgemeinden in der Größe von drei bis neun Gruppen einbezogen werden. Nach diesen Kriterien schlugen die damaligen Referentinnen für Vorschulerziehung der Abteilungen *Volksbildung der Räte der Kreise* Kindergärten vor, bei denen gesichert sein sollte, daß

- die Untersuchungen den Erziehungs- und Bildungsprozeß in den Gruppen nicht zu sehr beeinträchtigten,
- die Qualität der Arbeit der Erzieherinnen ein ähnliches Niveau besaß, so daß hieraus resultierende Einflüsse auf das Ergebnis ausgeschaltet werden konnten.

Aus der so entstandenen Menge Kindergärten erfolgte die Auswahl und Verteilung nach dem Zufallsprinzip.

Die Bestimmung der in die Untersuchung eingehenden Gruppe bei Kindergärten mit mehreren älteren Gruppen oblag aus bereits oben genannten pädagogischen und organisatorischen Erwägungen der Leiterin des Kindergartens. Die Hauptuntersuchungen wurden in den Jahren 1987/88 durchgeführt. Insgesamt erfaßte das pädagogische Experiment 595 Kinder in der Anfangsuntersuchung und 584 Kinder in der Enduntersuchung in 34 Gruppen mit einer durchschnittlichen Stärke von 17 Kindern pro Gruppe.

Materialien und organisatorischer Ablauf

Die Ausgangs- und Enduntersuchung wurde mit dem gleichen Material als Interview mit Provokationsmittel in zwei Teilen durchgeführt.

Teil 1 erfragte die Normkenntnisse durch Provokation in zwei unterschiedlichen Entscheidungssituationen, die einmal akustisch als Geschichte vom Tonband und zum anderen optisch als einfache Bildfolge allen Probanden vorlagen. Die Informationsermittlung erfolgte im ersten Fall schriftlich für die ganze Gruppe durch Anstreichen eines einfachen Bildfragebogens und im zweiten Fall mündlich mit dem einzelnen Kind durch ein standardisiertes Frageschema.

Teil 2 erfaßte die Sachkenntnisse und deren Verknüpfungen zu Einsichten in einem Interview, wozu die Begründung für die richtige Entscheidung in Teil 1 in beiden Situationen als Information zur Verfügung stand.

Mit diesem Material konnte gesichert werden, daß

- die Kinder sowohl durch akustische als auch durch optische Reize zu Äußerungen provoziert und damit über mehrere Sinne angesprochen wurden,
- eine effektive Form der Informationsermittlung sowie eine schnelle und unkomplizierte Form der Auswertung möglich war,
- gleiche Bedingungen bei allen Untersuchungen eine Einheitlichkeit gewährleisteten.

Im pädagogischen Experiment erhielten die Gruppenerzieherinnen der Fördergruppen "F1" drei Normen der Jahreszeit *Herbst* aus dem Normenkatalog mit einer kurzen Erläuterung der Bedeutung des Angebotes und der Vermittlung von Normwissen für die Förderung positiven Verhaltens in der natürlichen Umwelt zur Verfügung gestellt.

Die Erzieherinnen der zweiten Fördergruppen "F2" erhielten die methodische Handreichung, in der zu Einsichten verknüpftes Sachwissen in verschiedenen Verknüpfungsvarianten und Formulierungsangeboten vorlag (siehe Abbildung 9).

Die Normen:

- Ich soll nicht mutwillig Zweige von Bäumen und Sträuchern brechen!
- Ich möchte die Ernte von unseren Beeten sorgfältig und ohne Verluste einbringen!
- Ich will Eltern und Erzieherin auffordern, Futterhäuschen für die Winterfütterung der Vögel zu bauen, aufzustellen und mich daran beteiligen!

berücksichtigen die Aspekte des Schutzes, der Erhaltung, des Nutzens und der Pflege der heimatlichen Natur und repräsentierten damit das zu Beginn angenommene Richtziel. Außerdem wurde der zeitliche Umfang der Jahreszeit *Herbst* im Kindergarten vom Reifen der ersten Kastanien über die Ernte bis zur Wintervorbereitung erfaßt, was den Monaten September bis November entspricht.

Die Ausgangsuntersuchung mußte demzufolge in den Kontroll- und Fördergruppen Ende August/Anfang September und die Enduntersuchung Ende Oktober bis Mitte November durchgeführt werden. In jedem Fall war gewährleistet, daß die Kindergärtnerinnen mit ihren Gruppen einen breiten Raum zum Angebot hatten. Das galt für die Kontroll- wie für die Fördergruppen in gleichem Maße.

Die Erzieherinnen der Fördergruppen hatten die Normvorgaben und die Handreichungen sofort nach den Ausgangsuntersuchungen erhalten. Im einzelnen verliefen Ausgangs- und Enduntersuchung wie folgt:

Abb. 9: Beispiele aus der methodischen Handreichung für die Erzieherin; Verknüpfungsvarianten von Sachwissen und Formulierungsangebote

Legende: Sachkenntnis o ; verknüpfte Sachkenntnisse o-o ; Normkenntnis □

Vorschlag zur Vermittlung der Norm 1:

"Ich soll nicht mutwillig Zweige von Bäumen und Sträuchern brechen!"

Sachwissen zur Ableitung der Norm bei der Vermittlung		Symbolische Darstellung von Verknüpfungsmöglichkeiten
Sachwissen und Norm	Vorschlag zur sprachlichen Verknüpfung	Varianten 1 2 3 4 5
Viele Früchte und Samen können nur an gesunden Bäumen und Sträuchern wachsen		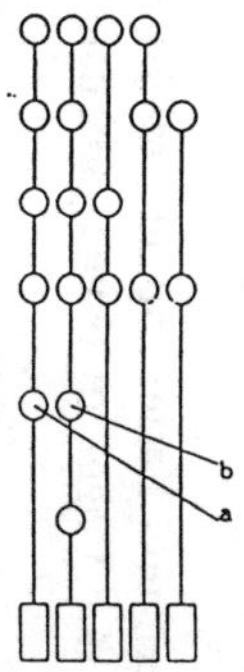
Zweige, Äste und Blätter mutwillig abgeschlagen werden	wenn aber	
wird der Baum oder Strauch krank oder stirbt ab	dann	
wachsen nur noch wenig oder gar keine Früchte daran	demzufolge	
a) haben wir keine Früchte und Samen zum Basteln und Spielen; b) können keine Früchte und Samen für die Tiere gesammelt werden	und dann	
die Tiere hungern müssen	so daß	
Norm: soll ich nicht mutwillig Zweige von Bäumen und Sträuchern brechen	deshalb	(bei 3, 4 und 5 könnte immer "a" und "b" eingefügt werden)

Vorschlag zur Festigung der Norm 1:

"Ich soll nicht mutwillig Zweige von Bäumen und Sträuchern brechen!"

Sachwissen zur Begründung der Norm bei der Festigung		Symbolische Darstellung von Verknüpfungsmöglichkeiten
Norm und Sachwissen	Vorschlag zur sprachlichen Verknüpfung	Varianten 1 2 3
Norm: Ich soll nicht mutwillig Zweige von Bäumen und Sträuchern brechen		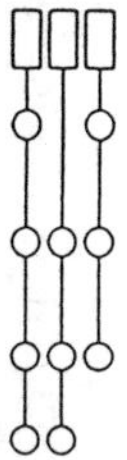
die Blätter der Bäume und Sträuche liefern gute und reine Luft	denn	
nur an gesunden und unbeschädigten Bäumen und Sträuchern viele Blätter wachsen können	und weil	
liefern uns unbeschädigte Bäume und Sträucher mehr gute und reine Luft	demzufolge/ und weil	
können wir gesünder leben	und dadurch	

- Die Kinder wurden in der Gruppe zum Hören der drei Entscheidungsbeispiele motiviert und auf die Beantwortung der Fragen durch Anstreichen des Bildfragebogens orientiert.
- Nach jedem Beispiel wurde frontal das Eintragen vorgenommen, wobei der Experimentator Hilfestellung bei der Technik des Ausfüllens, nicht aber bei der Entscheidungsfindung gab.
- Alle Probanden, die richtige Normkenntnisse aufwiesen, wurden in allen Untersuchungen von ein und demselben Experimentator (einer erfahrenen Vorschulerzieherin) nach der Begründung befragt, die vom Autor protokolliert wurde.
- Daran schloß sich bei prinzipiell gleichem Vorgehen das Interview jedes Kindes mit dem Provokationsmittel "Bildfolge" an.

3.3.3 Ergebnisse

Zur Aufbereitung, Bearbeitung und Quantifizierung der Informationen

Die Informationen über den Stand der Normkenntnisse lagen einmal als einfach zu quantifizierende Eintragungen in den Bildfragebögen und zum anderen in den Ja-Nein-Entscheidungen zu den Bildfolgen vor.

Die Quantität der Sachkenntnisse und die Qualität als Anzahl der Verknüpfungen von Sachkenntnissen in den Einsichten, die sich aus den Begründungen richtiger Normentscheidungen ergaben, bewertete und protokollierte nur der Autor, so daß Einheitlichkeit in allen Gruppen und bei allen Probanden gewährleistet werden konnte.

Für die Bewertung der Quantität wurde das Maß der Norm- und Sachkenntnisse ermittelt, für die Bewertung der Qualität nur das Parameter der Systemhaftigkeit als Ausdruck der Verknüpfung zu Einsichten.

Das Bewertungssystem sah folgende Kategorien und Punkte vor:

Normkenntnisse					
Norm	Kategorie	Symbol	Punkte Art der Ermittlung akustisch	 optisch	Gesamt
1/2/3	Norm erkannt		1/1/1	1/1/1	6
1/2/3	Norm nicht erkannt		1/1/1	1/1/1	6
1/2/3	keine oder völlig abwegige Antwort		1/1/1	1/1/1	6

Sachkenntnisse					
Norm	Kategorie	Symbol			
1/2/3	keine Sachkenntnis		1/1/1	1/1/1	6
	unverknüpfte Sachkenntnis				
1/2/3	nur eine Sachkenntnis	0	1/1/1	1/1/1	nach
1/2/3	2 Sachkenntnisse	0 0	2/2/2	2/2/2	oben offen
	3 Sachkenntnisse	0 0 0	3/3/3	3/3/3	

Jede weitere unverknüpfte Sachkenntnis erhielt in gleicher Weise je Norm und je Provokationstyp einen Punkt.

Norm	Kategorie	Symbol			
	verknüpfte Sachkenntisse				
1/2/3	2 verknüpfte SK	0-0	1/1/1	1/1/1	nach
1/2/3	3 verknüpfte SK	0-0-0	1/1/1	1/1/1	oben
1/2/3	4 verknüpfte SK	0-0-0-0	1/1/1	1/1/1	offen
1/2/3	mehr als 4 verknüpfte SK	je Einsicht	1/1/1	1/1/1	

Bei allen verknüpften Sachkenntnissen wurden die ohne jeglichen Impulse genannten Verknüpfungen mit einem Punkt bewertet, der gesondert erfaßt wurde.

Wertkenntnisse erhielten je genanntem Wert einen Punkt. Diese sollten aber nicht weiter verarbeitet werden.

Eine Obergrenze der Gesamtpunktzahl war für den einzelnen Probanden nicht festzulegen, da die Anzahl der von den Probanden genannten einzelnen Sachkenntnisse und unterschiedlichen Einsichten nicht vorherzusehen war und auch nicht limitiert werden sollte.

Die in Punkte umgewandelten Informationen jedes Probanden wurden für die Ausgangs- und Enduntersuchung für jede Gruppe in je sechs Urlisten erfaßt. Diese ergaben sich aus den drei untersuchten Normen und den zwei für jede Norm unterschiedlichen Provokationsmitteln.

Übersicht über die Urlisten aus jeder Kindergruppe:

Anfangsuntersuchung	Enduntersuchung
akustisches Provokationsmittel	akustisches Provokationsmittel
1 A a Xx Norm 1	1 E a Xx Norm 1
2 A a Xx Norm 2	2 E a Xx Norm 2
3 A a Xx Norm 3	3 E a Xx Norm 3
optische Provokationsmittel	optische Provokationsmittel
1 A 0 Xx Norm 1	1 E o Xx Norm 1
2 A 0 Xx Norm 2	2 E o Xx Norm 2
3 A 0 Xx Norm 3	3 E 0 Xx Norm 3

Die Informationen der Urlisten "I" jeder Gruppe (Xx) ergaben, in Zahlenangaben, die die absoluten Häufigkeiten der Merkmalsausprägung repräsentierten, zusammengefaßt und verdichtet zwölf Urlisten "II" der Kontrollgruppen "K" sowie vierundzwanzig Urlisten "II" der Fördergruppen "F1" und "F2".

In der weiteren Berechnung der relativen Häufigkeiten und des Prozentsatzes ging die Anzahl der Probanden je Kontroll- und Fördergruppe immer als Grundwert und die Summe der Punkte der Antwortkategorien als Prozentwert ein, so daß folgende Aussagen zur Beantwortung der Fragestellung der Untersuchung zu jeder Norm möglich waren:

- Prozent Probanden, die die Norm richtig erkannten,
- Prozent Probanden, die die Norm nicht richtig erkannten,
- Prozent Probanden, die keine oder eine völlig abweichende Antwort gaben,
- Prozent Probanden ohne Sachkenntnis,
- Prozent Probanden mit einer Sachkenntnis,
- Prozent Probanden mit einer zweiten, dritten, vierten usw. unverknüpften Sachkenntnis,
- Prozent unverknüpfter Sachkenntnisse bei allen Probanden,
- Prozent zu Einsichten verknüpfter Sachkenntnisse nach dem Muster 0-0,
- Prozent zu Einsichten verknüpfter Sachkenntnisse

  nach dem Muster 0-0-0,
- Prozent zu Einsichten verknüpfter Sachkenntnisse

  nach dem Muster 0-0-0-0,
- Prozent zu Einsichten verknüpfter Sachkenntnisse mit mehr als vier verknüpften Sachkenntnissen,
- Prozent zu Einsichten verknüpfter Sachkenntnisse insgesamt,
- Prozent völlig selbständiger und ohne Impulse erbrachter, zu Einsichten verknüpfter Sachkenntnisse der oben genannten Muster,
- Prozent der genannten Wertkenntnisse.

Schließlich bedurfte es der statistischen Absicherung der Daten, wozu die Summe der mit den akustischen und optischen Mitteln provozierten Antworthäufigkeiten bereitstand. Diese Summe ist auch Grundlage der weiteren Betrachtungen.

Ergebnisse und Interpretation

Ergebnisse der Ausgangsuntersuchung und ihre Interpretation

Stand der Normkenntnisse:

Zunächst sollen die Ergebnisse der einzelnen Gruppen in der Ausgangsuntersuchung gesondert dargestellt werden:

Die **Kontrollgruppen** erzielten in der Ausgangsuntersuchung folgende Ergebnisse:

Die Norm 1 erkannten richtig		11,7	%
	und falsch	88,3	%
Die Norm 2 erkannten richtig		8,4	%
	und falsch	91,0	%
Die Norm 3 erkannten richtig		10,5	%
	und falsch	89,2	%.

Keine oder eine völlig abweichende Antwort gaben

bei Norm 1: 0,0 %

bei Norm 2: 0,6 % und

bei Norm 3: 0,3 % der Befragten.

Die Ergebnisse der **Fördergruppen** in der Ausgangsuntersuchung stellen sich wie folgt dar:

Fördergruppe "F1"

Die Norm 1 erkannten	14,3 %	richtig
und	85,1 %	falsch.
Die Norm 2 erkannten	10,5 %	richtig
und	89,2 %	falsch.
Die Norm 3 erkannten	12,9 %	richtig
und	86,2 %	falsch.

Keine oder eine völlig abweichende Antwort gaben

bei Norm 1: 0,6 %

bei Norm 2: 0,3 % und

bei Norm 3: 0,9 %

aller Probanden.

Fördergruppe "F_2"

Die Norm 1 erkannten	13,2 %	richtig
und	85.2 %	falsch.
Die Norm 2 erkannten	10,7 %	richtig
und	85,8 %	falsch.
Die Norm 3 erkannten	13,8 %	richtig
und	85,2 %	falsch.

Keine oder eine völlig abweichende Antwort gaben

bei Norm 1: 1,6 %

bei Norm 2: 3,5 % und

bei Norm 3: 1,0 %.

Es ist deutlich erkennbar, daß Vorschulkinder in einer älteren Gruppe vor dem Herbst, also vor dem Erleben dieser Jahreszeit und vor einer Begegnung mit Inhalten in verschiedenen Angeboten der Erzieherin zur Jahreszeit *Herbst*, über keine oder nur geringe Kenntnisse der drei ausgesuchten spezifischen Normen dieser Jahreszeit verfügen, obwohl die Kinder mit diesen Normen bereits ein Jahr zuvor im Herbst hätten bekannt werden können. Etwa 10 % aller Probanden schöpft vermutlich auch aus der Erziehung im Elternhaus und aus Alltagserfahrungen das vorhandene Normwissen, denn im Kindergarten wurde es weder angeboten, vermittelt oder gefestigt. Das um 2 bis 4 % niedriger liegende Erkennen der Norm 2: „Ich möchte die Ernte von unseren Beeten sorgfältig und ohne Verluste einbringen!“ erklärt sich aus der in vielen Kindergärten nicht vorhandenen Gartenfläche und dem damit verbundenen Fehlen entsprechender Erfahrungen der Vorschulkinder zur Ernte. Insgesamt sind jedoch die Ergebnisse der Ausgangsuntersuchung, wie die Abbildung 10 zeigt, weder in den Kontroll-, noch in den Fördergruppen, noch im Vergleich untereinander signifikant unterschiedlich, damit vergleichbar einheitlich und bilden so eine Grundlage für den Vergleich nach erfolgter Förderung.

Stand der Sachkenntnisse und Qualität der Einsichten:

In den **Kontrollgruppen** hatten zur Begründung des Einhaltens

der Norm 1: 4,5 % keine Sachkenntnis, bei

der Norm 2: 4,2 % keine Sachkenntnis und bei

der Norm 3: 3,1 % keine Sachkenntnis.

Ähnlich stellten sich auch die Ergebnisse der Fördergruppen dar.

Abb. 10: Stand der Normkenntnisse bei Kontroll- (K) und Fördergruppen (F1 und F2) in der Ausgangsuntersuchung (relative Häufigkeiten in Prozent)

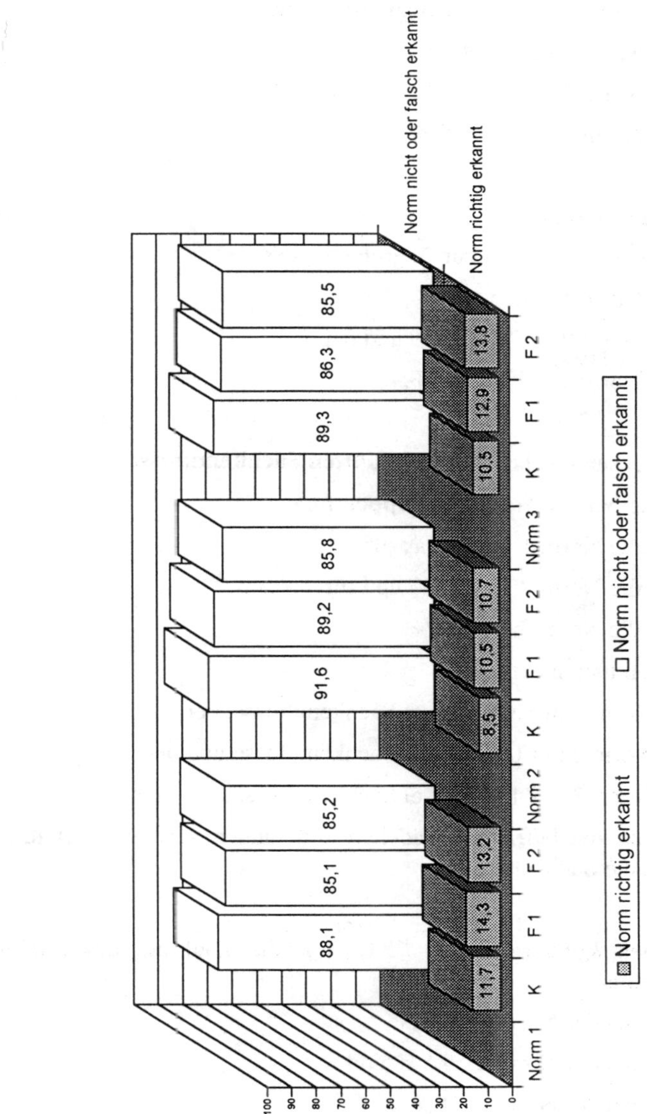

Fördergruppe "F1"

Keine Sachkenntnis zur Begründung der

Norm 1 hatten	4,4 %, der
Norm 2	5,5 % und der
Norm 3	3,5 %.

Fördergruppe "F2":

Keine Sachkenntnis zur Begründung der

Norm 1 hatten	2,0 %, der
Norm 2	3,0 % und der
Norm 3	2,0 %.

Die Gesamtzahl der **unverknüpften Sachkenntnisse** betrug bei den **Kontrollgruppen** für

die Norm 1:	8,7 %, für
die Norm 2:	6,7 % und für
die Norm 3:	8,2 %.

Davon hatten bei

der Norm 1 nur 3,6 % zwei Sachkenntnisse, bei

der Norm 2 nur 0,6 % zwei Sachkenntnisse und bei

der Norm 3 nur 1,4 % zwei Sachkenntnisse.

Keine/r der befragten Mädchen und Jungen verfügte über mehr als zwei einzelne Sachkenntnisse.

In den **Fördergruppen "F1"** war die Zahl der unverknüpften Sachkenntnisse

bei der Norm 1: 10,2 %,

bei der Norm 2: 5,5 % und

bei der Norm 3: 10,5 %

und davon hatten wiederum

bei der Norm 1: 2,1 % zwei Sachkenntnisse,

bei der Norm 2: 0,9 % zwei Sachkenntnisse und

bei der Norm 3: 2,6 % zwei Sachkenntnisse.

Nur bei der Norm 1 konnten 0,3 % drei einzelne Sachkenntnisse aufweisen.

Die **Fördergruppen "F2"** erzielten bei unverknüpften Sachkenntnissen

bei der Norm 1: 12,4 %,

bei der Norm 2: 8,9 %,

bei der Norm 3: 11,3 %,

davon hatten

bei der Norm 1: 3,2 % zwei Sachkenntnisse,

bei der Norm 2: 1,8 % zwei Sachkenntnisse und

bei der Norm 3: 2,0 % zwei Sachkenntnisse.

Bei der Norm 2 wiesen 0,3 % drei einzelne Sachkenntnisse nach.

Die Qualität der Einsichten als Anzahl der verknüpften Sachkenntnisse in Prozent der Probanden stellt sich wie folgt dar:

Norm			Verknüpfte Sachkenntnisse nach dem Muster			
			zwei 0-0	drei 0-0-0	vier 0-0-0-0	mehr als vier
1	Kontroll-gruppen	K	1,4	0	0,3	0
	Förder-gruppen	F_1	2,1	0	0	0
		F_2	2,0	0,6	0,6	0
2	Kontroll-gruppen	K	0,6	0	0	0
	Förder-gruppen	F_1	0,3	0	0	0
		F_2	1,6	0,4	0	0
3	Kontroll-gruppen	K	1,6	0	0,3	0
	Förder-gruppen	F_1	1,8	0	0	0
		F_2	3,0	0,2	0,4	0,2

Davon waren völlig selbständig, das heißt, ohne Impuls erzielte Einsichten in Prozent der Probanden:

Norm			Verknüpfte Sachkenntnisse nach dem Muster zwei 0-0	drei 0-0-0	vier 0-0-0-0	mehr als vier
1	Kontroll-gruppen	K	0,3	0	0	0
	Förder-	F_1	0	0	0	0
	gruppen	F_2	1,0	0	0	0
2	Kontroll-gruppen	K	0	0	0	0
	Förder-	F_1	0	0	0	0
	gruppen	F_2	0,4	0	0	0
3	Kontroll-gruppen	K	0,3	0	0	0
	Förder-	F_1	0	0	0	0
	gruppen	F_2	0,4	0	0	0

Zehn bis fünfzig Prozent der Probanden, die die Norm richtig erkannt hatten, besaßen kein Sachwissen, mit dem sie die Einhaltung der Norm hätten begründen können, eine Tatsache, die nicht verwundern darf, ist doch

- zielgerichtet vermitteltes Sachwissen zur begründeten Einhaltung von Normen nicht vordergründig ausgewiesene Aufgabe der Bildung und Erziehung im Kindergarten und ist
- mit den Normen verbundenes Sachwissen, wenn überhaupt erwähnt, bereits vor einem Jahr im Herbst den Kindern angeboten und vermittelt worden.

Diese Gründe sind sicherlich auch verantwortlich für die niedrige Zahl unverknüpfter Sachkenntnisse, die zur Begründung der Norm angegeben werden. Die sehr deutlich niedriger liegenden Prozentsätze bei der Begründung der Norm 2 sind wiederum auf die bereits früher genannten Ursachen zurückzuführen.

Nur ein ganz geringer Prozentsatz wies mehr als eine einzelne Sachkenntnis auf, die jedoch in keiner logischen Beziehung zur ersten stand.

Damit wurden Ansätze verschiedener sachlicher Begründungen der Normen angedeutet. Die Erklärungen für die Quantität der Sachkenntnisse in der Ausgangsuntersuchung treffen im wesentlichen auch für die Qualität der vorhandenen Einsichten zu.

Deshalb ist es nicht überraschend, daß die Prozentzahlen so niedrig liegen. Da der Verknüpfung von Sachwissen zu Einsichten beim Angebot, bei der Vermittlung und Festigung jedoch noch weniger oder gar keine Aufmerksamkeit geschenkt wurde und die Vorschulkinder in dieser Altersstufe auch nur schwer in der Lage sind, selbständig solche Verknüpfungen herzustellen, ist es verständlich, daß es über ganz wenige Einsichten mit zwei Verknüpfungen von Sachkenntnissen kaum hinausgeht und nur sporadisch höhere Verknüpfungsqualitäten auftreten, die ihre Ursache wahrscheinlich in erzieherischen Aktivitäten des Elternhauses haben.

Bei den völlig selbst dargebotenen Verknüpfungen verstärkt sich dieser Eindruck noch.

Mit nur 1,0; 0,4 bzw. 0,4 Prozent bei zwei Sachkenntnissen für die Begründung der Norm 1, 2 und 3 kann man davon ausgehen, daß Vorschulkinder zu Beginn ihres letzten Kindergartenjahres nicht in der Lage sind, ohne Stimulierung durch Impulse Einsichten zu nennen und es ihnen ohne vorherige Vermittlung außerdem sehr schwer fällt, wie es die nur höchstens 3,0 % Einsichten mit zwei Sachkenntnissen zeigen, auch mit Impulsen Sachkenntnisse zu Einsichten zu verknüpfen.

Zusammenfassend läßt sich für die Ausgangsuntersuchung feststellen: Normkenntnisse und unverknüpfte Sachkenntnisse sind vorhanden, ihre Zahl ist gering. Einsichten werden von Vorschulkindern zu Beginn der älteren Gruppe ohne eine vorherige gezielte Vermittlung nur in wenigen Ausnahmen zur Begründung des Einhaltens von Normen herangezogen. Die Anzahl der vorhandenen Einsichten ist so gering, daß die Diskussion ihrer unterschiedlichen Qualität nicht sinnvoll erscheint. Die Unterschiede zwischen Versuchs- und Kontrollgruppen hinsichtlich der Quantität von Sachkenntnissen und der Qualität der Einsichten sind nur geringfügig und nicht signifikant.

Ergebnisse der Enduntersuchung nach Nutzung von Normwissen durch die Erzieherinnen in den Fördergruppen „1“ und ihre Interpretation

Stand der Normkenntnisse:

Die Fördergruppen "F1" erzielten nach Angebot und Vermittlung von Normwissen allein in der Enduntersuchung folgende Ergebnisse:

Die Norm 1 erkannten 77,3 % richtig und 21,8 % falsch,

die Norm 2 erkannten 71,0 % richtig und 29,0 % falsch und

die Norm 3 erkannten 77,9 % richtig und 15,5 % falsch.

Keine oder völlig abweichende Antworten gaben bei

der Norm 1: 0,9 %, bei

der Norm 2: 0 % und bei

der Norm 3: 0,6 % der Probanden ab.

Im Vergleich dazu wurden bei den **Kontrollgruppen** ohne Vorgabe von Normen an die Erzieherinnen und damit auch ohne ein zielgerichtetes Schaffen von Situationen zum Angebot und zur Vermittlung von Normen folgende Ergebnisse registriert:

Die Norm 1 erkannten 25,9 % richtig und 73,8 % falsch,

die Norm 2 erkannten 20,7 % richtig und 78,4 % falsch und

die Norm 3 erkannten 27,6 % richtig und 71,8 % falsch.

Keine oder eine völlig abweichende Antwort gaben bei

der Norm 1: 0,3 %, bei

der Norm 2: 0,9 % und bei

der Norm 3: 0,6 % der Befragten.

Wenn die Bildung und Erziehung im Kindergarten unter normalen "nicht geförderten" Bedingungen verläuft, erhöht sich die Anzahl der Normkenntnisse, so daß etwa ein Viertel der Kinder nach dem Herbst über Normkenntnisse verfügen, die dieser Jahreszeit entsprechen.

Das weist darauf hin, daß Normwissen angeboten, vermittelt und die Kenntnisse gefestigt werden, dieses jedoch nicht umfassend genug geschieht und sich nicht in ausreichendem Maße im Stand der Normkenntnisse der Kinder widerspiegelt. Diese Aussage wird bestätigt durch die Ergebnisse der Fördergruppen "F1", bei denen etwa dreiviertel der Kinder Normen richtig erkennen und damit Normkenntnisse nachweisen.

Die Unterschiede im Kenntnisstand der drei Normen, vor allem das Abfallen der Norm 2, sind vermutlich, wie bereits zuvor vermutet, auf die unterschiedlichen Möglichkeiten des Verknüpfens der Norm mit den Erfahrungen und Erlebnissen der Kinder in realen Situationen zurückzuführen.

Auch die unterschiedlichen Fähigkeiten der Erzieherinnen, Normen anschaulich und lebensverbunden den Kindern anzubieten, zu vermitteln und zu festigen, dürfte als Grund anzunehmen sein. Die Differenz von Norm 2 zu den Normen 1 und 3 beeinträchtigt jedoch nicht die Gesamtaussage.

Eine Förderung der Anzahl der Kinder, die nach einem gezielten Angebot, Vermittlung und Festigung von Normen diese als richtig erkennt, ist aus dem Ergebnis signifikant ableitbar.

Die Anzahl der Kinder, die die **Norm** richtig, jedoch **ohne Begründung** mit Sachkenntnissen erkannten, betrug bei den **Kontrollgruppen**

für die Norm 1: 6,3 %,

für die Norm 2: 4,6 % und

für die Norm 3: 4,6 %.

Bei den **Fördergruppen** waren zur Begründung

der Norm 1: 10,2 % der Kinder ohne Sachkenntnis, bei

der Norm 2: 10,8 % ohne Sachkenntnis und bei

der Norm 3: 7,9 % ohne Sachkenntnis.

Die unverknüpften Sachkenntnisse sind nach ein, zwei oder drei einzelnen unabhängigen und unverknüpften Sachkenntnissen differenziert erfaßt und betrugen, wie in der folgenden Übersicht dargestellt,

in den **Kontrollgruppen**

	für eine einzelne Sach-kenntnis	für zwei einzelne Sach-kenntnisse	für drei einzelne Sach-kenntnisse	für vier einzelne Sach-kenntnisse
bei Norm 1:	15,2 %	3,5 %	0 %	0 %
bei Norm 2:	12,1 %	3,2 %	0,3 %	0 %
bei Norm 3:	15,8 %	4,6 %	0,3 %	0 %

und in den **Fördergruppen "F1"**

bei Norm 1:	50,6 %	14,2 %	1,7 %	0 %
bei Norm 2:	47,4 %	10,8 %	0,6 %	0 %
bei Norm 3:	50,6 %	14,8 %	1,7 %	0 %

Die Anzahl der verknüpften Sachkenntnisse und damit die Qualität der Einsichten in der Enduntersuchung der Kontroll- und Fördergruppen "F1" ist in der nächsten Übersicht zusammengestellt. Die Zahlen entsprechen wieder dem Prozentsatz der Gesamtprobanden der jeweiligen Gruppen.

	Norm		Verknüpfte Sachkenntnisse nach dem Muster			
			zwei 0-0	drei 0-0-0	vier 0-0-0-0	mehr als vier
1	Kontroll-gruppen	K	6,9	0,9	1,1	0,3
	Förder gruppen	F_1	17,1	9,0	4,1	3,8
2	Kontroll-gruppen	K	3,7	2,0	0,9	0,0
	Förder gruppen	F_1	14,0	7,0	3,8	3,5
3	Kontroll-gruppen	K	7,7	2,6	2,0	1,7
	Förder gruppen	F_1	16,9	11,1	6,4	6,7

Von diesen wurde die folgende Anzahl von Einsichten **völlig selbständig,** ohne Impuls, von den Kindern zur Begründung der Normen genannt.

Norm			Verknüpfte Sachkenntnisse nach dem Muster			
			zwei 0-0	drei 0-0-0	vier 0-0-0-0	mehr als vier
1	Kontroll-gruppen	K	1,4	0	0	0
	Förder gruppen	F_1	2,6	0,9	0	0
2	Kontroll-gruppen	K	0,6	0	0	0
	Förder gruppen	F_1	2,3	0,9	0,3	0
3	Kontroll-gruppen	K	1,4	0,6	0	0
1	Förder-gruppen	F_1	3,8	2,9	1,4	0

Mit der Zunahme der Normkenntnisse ist auch die Anzahl der Sachkenntnisse in Quantität und Qualität absolut angestiegen. So sind nach der

Jahreszeit *Herbst* nur noch 5 - 10 Prozent der Kinder der Kontroll- und Fördergruppen nicht in der Lage, ihre richtige Entscheidung für die Norm auch mit Sachkenntnissen zu begründen. Da die Normkenntnisse in den Fördergruppen etwa um das dreifache höher liegen als in den Kontrollgruppen, ist eine Interpretation der Zunahme der Sachkenntnisse nur möglich, wenn zusätzlich zu den Prozentsätzen der Sachkenntnisse mit Bezug zu den Gesamtprobanden - wie in den Ergebnissen dargestellt - das Verhältnis von Probanden, die die Norm richtig erkannten, zu den von ihnen genannten Sachkenntnissen berücksichtigt wird.

Zum einen kann das über veränderte Beziehungen in der Prozentrechnung erfolgen, indem die Zahl der Normkenntnisse als Grundwert in die Berechnung eingeht oder über die Berechnung des Begründungskoeffizienten B_K, der sich ähnlich berechnet:

$$B_K = \frac{n_{SK}}{n_{NK}}$$

es bedeuten: n_{SK} - relative Häufigkeiten der ermittelten Sachkenntnisse

n_{NK} - relative Häufigkeiten der ermittelten Normkenntnisse

und der als Maß der Befähigung zum Begründen der Norm herangezogen werden kann.

Dabei geht in die Berechnung die Summe der aus der akustischen und optischen Provokation erhaltenen positiven Antworten ein. In der Enduntersuchung ergaben sich dann für die drei Normen:

Norm 1: 90 richtige Entscheidungen bei den Kontrollgruppen und

266 richtige Entscheidungen bei den Fördergruppen "F1"

Setzt man beide als Grundwert, so entsprechen die 65 unverknüpften Sachkenntnisse bei den Kontrollgruppen und die 229 unverknüpften Sachkenntnisse bei den Fördergruppen "F1" 72 Prozent bzw. 86 Prozent.

Ähnlich liegen die Verhältnisse bei den anderen Normen. Somit konnten in den Kontrollgruppen etwa dreiviertel der Kinder mit Normkenntnissen ihre richtige Entscheidung für die Norm mit unverknüpften Sachkenntnissen begründen.

Das sind etwa 19 Prozent der Gesamtprobanden. Hier wird deutlich, daß unter "nichtgeförderten" Bedingungen

- zusammen mit der Vermittlung von Normwissen bei älteren Vorschulkindern im Herbst auch Sachwissen (spontan oder geplant) in geringem Umfang vermittelt wird,
- insgesamt jedoch der Stand der Sachkenntnisse zur Begründung der Norm gering ist.

In den Fördergruppen "F1" begründeten

bei der Norm 1: 86 %,

bei der Norm 2: 83 % und

bei der Norm 3: 86 %

der Kinder mit Normkenntnissen ihre richtige Entscheidung für die Norm mit unverknüpften Sachkenntnissen, welche 67 %, 59 % bzw. 67 % der Gesamtprobanden entsprachen.

Das deutet darauf hin:

- zusammen mit Normwissen wird bei älteren Vorschulkindern im Herbst auch Sachwissen angeboten und vermittelt,
- mit der Orientierung auf ein planmäßiges Anbieten und Vermitteln von Normwissen wird der Anteil des vermittelten Sachwissens höher,
- das im Zusammenhang mit dem Normwissen vermittelte Sachwissen wird von den Kindern zur Begründung der Normen in stärkerem Maße herangezogen, ist aber insgesamt noch gering.

Auch die in den Ergebnissen ausgewiesene Anzahl der zu einfachen Einsichten nach dem Muster 0-0 verknüpften Sachkenntnisse mit 17,1 % für die Norm 1, 14,0 % für die Norm 2 und 16,9 % für die Norm 3 bestätigen prinzipiell mit ihrer geringen Höhe, daß zwar

- unverknüpftes Sachwissen zusammen mit Normwissen angeboten und vermittelt wird, aber
- kein zielgerichtetes Anbieten und Vermitteln von zu Einsichten verknüpftem Sachwissen erfolgt.

Auf eine Stimulierung einiger begabter Kinder durch das Vermitteln von Normkenntnissen zusammen mit Sachkenntnissen sowie wahrscheinlich intensive Förderung in der Familie deuten die recht hohen Werte der Verknüpfungen mit dem Muster 0-0-0 von 7 bis 11 Prozent sowie die Erhöhung der Anzahl von vier und mehr Verknüpfungen und die völlig selbständig verknüpften Einsichten hin.

Fazit aus den Ergebnissen der Fördergruppe "F1"

Mit dem ersten Teil des pädagogischen Experimentes gelang der Nachweis, daß durch ein Angebot von Normwissen an die Erzieherin die Normkenntnisse der Kinder signifikant gefördert werden. Einzelne Sachkenntnisse werden nach Ablauf der Jahreszeit stärker zum Begründen der Normen herangezogen als vordem, wobei sich das einzelne Kind mit Normkenntnis hinsichtlich der Anzahl seiner Sachkenntnisse von Kontroll- zu Fördergruppe "F1" weniger unterschied, wie ein Vergleich des Begründungskoeffizienten zeigt, der bei den Kontrollgruppen

mit B_K für Norm 1: 0,72,

für Norm 2: 0,75 und

für Norm 3: 0,76

und bei den Fördergruppen "F2"

mit B_K für Norm 1: 0,86,

für Norm 2: 0,83 und

für Norm 3: 0,86

nur geringfügig differierte.

Die Gesamtzahl der in den Fördergruppen "F1" registrierten Sachkenntnisse ist aber signifikant gestiegen, wie auch der Abbildung 14 zu entnehmen ist.

Das läßt den Schluß zu, daß das Angebot von Normwissen allein die Erzieherin nicht stimuliert, dieses konsequent auch mit Sachwissen zu verbinden, um Normen sachlogisch abzuleiten oder zu begründen.

Die Aussage gilt für unverknüpfte wie für zu Einsichten verknüpfte Sachkenntnisse.

Damit ist das zweite Teilziel des pädagogischen Experimentes erreicht und die entsprechenden Fragestellungen beantwortet. Die Hypothesen 1.1. und 1.3. wurden bestätigt, während die Hypothese 1.2., die von der Annahme ausging, daß die geförderten Probanden über deutlich mehr Sachkenntnisse verfügen als die ungeförderten, nur bedingt als bestätigt angenommen werden kann; und zwar nur auf die Gesamtzahl der Probanden bezogen, nicht aber auf nur jene Kinder, die Normkenntnisse besitzen, weil sich der Begründungskoeffizient für unverknüpfte Sachkenntnisse nur geringfügig ändert.

Ergebnisse der Enduntersuchung nach Nutzung der methodischen Handreichung durch die Erzieherin in den Fördergruppen "F2" und ihre Interpretation

Stand der Normkenntnisse:

Die 238 Probanden der Enduntersuchung der Fördergruppen "F2" erreichten, nachdem die Gruppenerzieherinnen während des Herbstes die Angebote aus der methodischen Handreichung mit Norm- und verknüpftem Sachwissen in allen sich bietenden Situationen nutzten, folgende Ergebnisse:

Die Norm 1 erkannten 88,5 % richtig und 10,5 % falsch.

Die Norm 2 erkannten 83,2 % richtig und 15,8 % falsch.

Die Norm 3 erkannten 86,1 % richtig und 13,0 % falsch.

Keine oder völlig abweichende Antworten gaben

bei der Norm 1: 1,1 %,

bei der Norm 2: 1,1 % und

bei der Norm 3: 0,8 %

der Probanden an.

Da sich beide Förderungen auf die gleichen Kontrollgruppen beziehen, diese aber bereits dargestellt sind, soll hier auf eine Wiederholung der Kontrollgruppeninterpretation verzichtet werden.

Es zeigt sich deutlich, daß bei Einsatz des methodischen Materials die Normkenntnisse signifikant gefördert werden. Die Probanden der Fördergruppen "F2" besitzen im Durchschnitt der drei Normen rund 60 % mehr Normkenntnisse als die der Fördergruppen "F1".

Diese deutliche Zunahme der Kenntnisse im Vergleich der beiden Fördergruppen ist sicher der intensiven Zuwendung zur Sachbegegnung, zum situativen Angebot, zur Vermittlung und Festigung der Normen durch die Vorgabe von zu Einsichten verknüpftem Sachwissen geschuldet.

Damit bestätigt sich eine zuvor geäußerte Vermutung, daß strukturiert angebotenes Wissen auch beim Vorschulkind in einer älteren Gruppe zu strukturierten Kenntnissen führen kann, die wahrscheinlich sicherer, verfügbarer und auch dauerhafter sind.

Stand der Sachkenntnisse und Qualität der Einsichten:

Die Auswahl der Probanden, die die Norm zwar richtig erkannten, jedoch keine Sachkenntnisse zur Begründung ihrer Entscheidung vorbrachten, belief sich bei der Norm 1 auf 1,7 %; bei der Norm 2 auf 4,6 % und bei der Norm 3 auf 3,4 %.

Unverknüpfte einzelne Sachkenntnisse, von denen die Kinder auch zwei oder mehr nennen konnten, verteilen sich folgendermaßen auf die drei Normen:

Unverknüpfte Sachkenntnisse				
	eine	zwei	drei	vier
Norm 1	13,5	3,6	0	0
Norm 2	13,7	3,4	0	0
Norm 3	13,7	2,7	0	0

Die Qualität der Einsichten, als Ausdruck der Anzahl der verknüpften Sachkenntnisse, verändert sich in den Fördergruppen "F2" wie in der Übersicht ausgewiesen.

Verknüpfte Sachkenntnisse nach dem Muster				
	0-0	0-0-0	0-0-0-0	0-0-0-0
Norm 1	21,6	30,7	26,5	49,9
Norm 2	23,3	24,0	24,0	33,0
Norm 3	22,5	28,9	22,5	47,9

Davon wurde folgende Anzahl von Einsichten völlig selbständig ohne Impulse von den Probanden genannt:

Verknüpfte Sachkenntnisse nach dem Muster				
	0-0	0-0-0	0-0-0-0	0-0-0-0
Norm 1	13,9	12,2	4,0	0,6
Norm 2	13,2	7,8	2,3	0,4
Norm 3	13,2	10,5	3,2	1,9

Die graphische Darstellung in Abbildung 16 veranschaulicht den Stand der Sachkenntnisse und Einsichten im Vergleich der Ausgangs- und Enduntersuchung.

Alle Daten, die zum Stand der Sachkenntnisse und der Qualität der Einsichten ermittelt wurden, lassen den Schluß zu, daß diese signifikant gefördert werden.

Bei einem um 10 % höher liegenden Prozentsatz der Normkenntnisse gegenüber der Fördergruppen "F1" sinkt die Zahl der Probanden, die das Einhalten der Norm nicht begründen können, um etwa 7 % im Durchschnitt der drei Normen.

Gleiches gilt tendenziell auch für die unverknüpften Sachkenntnisse. Liegen diese in den ersten Fördergruppen "F1" im Durchschnitt bei 64 %, so erreichen die Fördergruppen "F2" nur 16,8 %. Das zeigt, daß ältere Vorschulkinder, sind sie mit den geistigen Techniken des Bildens von Einsichten, dem kausalen Begründen und dem finalen Urteilen bekannt, sich nicht mehr mit einfachen, eingliedrigen Antworten begnügen (siehe Abbildung 16).

Im weiteren unterstreichen das in beeindruckender Weise die hohen Prozentsätze für die zwei und mehrfach zu Einsichten verknüpften Sachkenntnisse.

Die Anzahl aller zu Einsichten verknüpften Sachkenntnisse stieg auf 117,1 % gegenüber 30,4 % bei den Fördergruppen "F1" und 1,3 % bei den Kontrollgruppen.

Mit sichtlichem Spaß am sprachlichen Darstellen boten viele Kinder mehr als eine vielgliedrige Kette von Sachkenntnissen an, so daß in der Gesamtheit die Anzahl der Einsichten die Anzahl der Probanden überschritt und somit Prozentsätze über 100 entstanden.

Auch die völlig selbständig dargebotenen Einsichten unterstützen die bereits getroffene Feststellung.

Im Gesamtdurchschnitt erhöhte sich diese in der

Fördergruppe "F2" auf	27,8 %, in der
Fördergruppe "F1" auf	13,7 %, während die
Kontrollgruppen "K" nur	1,3 % Einsichten aufwiesen.

Bei differenzierter Betrachtungsweise der einzelnen Normen zeigt sich die gleiche Tendenz wie bereits zuvor diskutiert, die Norm 2 fällt gegenüber den beiden anderen Normen um etwa 20 % im Durchschnitt aller Einsichten ab.

Vergleicht man jedoch die Verknüpfungsvarianten untereinander, so zeigt sich bei zwei verknüpften Sachkenntnissen die Norm 2 überlegen. Die Anzahl der registrierten Verknüpfungen fällt im Vergleich der Normen 1 und 3 erst mit steigender Verknüpfungszahl. Wird nun das Verknüpfungsangebot in der methodischen Handreichung in die Überlegung einbezogen, für die Norm 2 waren nur höchstens vier verknüpfte Sachkenntnisse im Material enthalten, so kann hier als ein Grund geringerer Kenntnisse der höheren Verknüpfungsqualität das reduzierte Angebot im methodischen Material für die Hand der Erzieherin angenommen werden.

Im Vergleich der verschiedenen Qualitäten von Einsichten wird deutlich, daß langkettige Sachkenntnisverbindungen beim Setzen von Impulsen häufiger zur Begründung herangezogen werden als Einsichten nur aus zwei Sachkenntnissen bestehend. So liegen die Einsichten mit mehr als vier Verknüpfungen mit 42,6 % etwa doppelt so hoch wie die mit nur zwei verknüpften Sachkenntnissen, die bei 22,5 % liegen.

Bei den selbständig genannten Einsichten dagegen sinkt die Zahl der Einsichten im Durchschnitt der Normen von zwei Verknüpfungen mit 13,4 %, drei Verknüpfungen mit 10,1 % und vier Verknüpfungen mit 3,2 % schließlich auf 0,9 % bei mehr als vier Verknüpfungen.

Fazit aus den Ergebnissen der Fördergruppe "F2"

Die Darstellung und Interpretation der Ergebnisse des zweiten Teils des pädagogischen Experimentes, in dem den Erzieherinnen der Fördergruppen "F2" mit dem Normwissen auch Sachwissen und verschiedene Möglichkeiten seiner Verknüpfung zu Einsichten vorgeschlagen wurden, weist signifikant nach, daß neben einer deutlich höheren Förderung der Normkenntnisse, die Normen in hohem Maße mit Sachwissen begründet werden, was mehrheitlich zu vielgliedrigen Einsichten verbunden werden kann.

Es ist daher anzunehmen, daß ein situatives Angebot die Vermittlung und Festigung von zu Einsichten verbundenem Sachwissen sowie der sprachlichen Muster seiner Verknüpfungen zu einer Steigerung der Anzahl der Normkenntnisse und zu einer beträchtlichen Zunahme der Fähigkeit führt, das Einhalten der Normen sachlogisch zu begründen.

Somit sind die Ziele des pädagogischen Experimentes erreicht; die Fragestellungen sind beantwortet.

Die Hypothese 2.2. konnte, statistisch abgesichert, bestätigt werden.

Die methodischen Handreichungen mit ihrem Normwissen und dem in verschiedenen Varianten zu Einsichten verknüpftem Sachwissen als ein Angebot für die Erzieherin, Situationen im Tagesablauf umwelterzieherisch zu nutzen, übt einen stark fördernden Einfluß auf den Stand der Normkenntnisse und die Qualität der Einsichten der Kinder aus.

Bestätigt wurde auch die geäußerte Vermutung, daß die einzelnen Sachkenntnisse zugunsten der Anzahl der verknüpften Sachkenntnisse abnehmen.

3.3.4 Vergleich der Ergebnisse

Es wird angenommen, daß Vorschulkinder vor Beginn der Jahreszeit *Herbst* kaum Normen, die diese Jahreszeit betreffen, kennen, sie auch nur über geringe Sachkenntnisse verfügen und es ihnen nicht gelingt, diese miteinander zu Einsichten zu verbinden.

Die Ausgangsuntersuchungen zeigen, Kenntnisse über Verhaltensnormen und zu ihrer Begründung vorgebrachte Sachkenntnisse zu Beginn der Jahreszeit *Herbst* sind vorhanden, ihre Zahl ist gering.

Bei unverknüpften Sachkenntnissen liegen die Verhältnisse ähnlich.

Die Anzahl der vorhandenen Einsichten ist sehr gering. Sie beträgt bei zwei verbundenen Sachkenntnissen höchstens 3,0 %, während drei oder mehr verbundene Sachkenntnisse kaum genannt werden (siehe Abbildung 11).

Die ermittelten Ergebnisse bei Versuchs- und Kontrollgruppen weisen keine signifikanten Unterschiede auf.

Die Ergebnisse in der Enduntersuchung bestätigen, daß während der Jahreszeit *Herbst* die Erzieherin Verhaltensnormen anbietet und vermittelt.

Normkenntnisse sind bei allen Versuchsgruppen in der Enduntersuchung gegenüber der Ausgangsuntersuchung signifikant erhöht; wobei die Steigerung in der Fördergruppe "F1" signifikant höher liegt als in der Kontrollgruppe und die der Fördergruppe "F2" wiederum signifikant höher als die der Fördergruppe "F1".

Diese deutlich von Gruppe zu Gruppe signifikant unterschiedliche Zahl der genannten Normkenntnisse wird auf die differenzierte methodische Orientierung der Erzieherin und ihrem damit verbundenen unterschiedlichen Repertoire an Angeboten für die Gestaltung der Bewältigung von Situationen zurückgeführt (siehe Abbildung 12).

Die signifikant nachweisbare Zunahme der Kenntnisse im Vergleich der Kontrollen zur Fördergruppe "F1" bekräftigt die Vermutung, daß auch beim älteren Vorschulkind strukturiert angebotenes Wissen zu strukturierten Kenntnissen führen kann, die wahrscheinlich sicherer und verfügbarer sind (siehe Abbildung 13).

Abb.11: Vergleich der Sachkenntnisse in der Ausgangsuntersuchung
(relative Häufigkeit in Prozent)

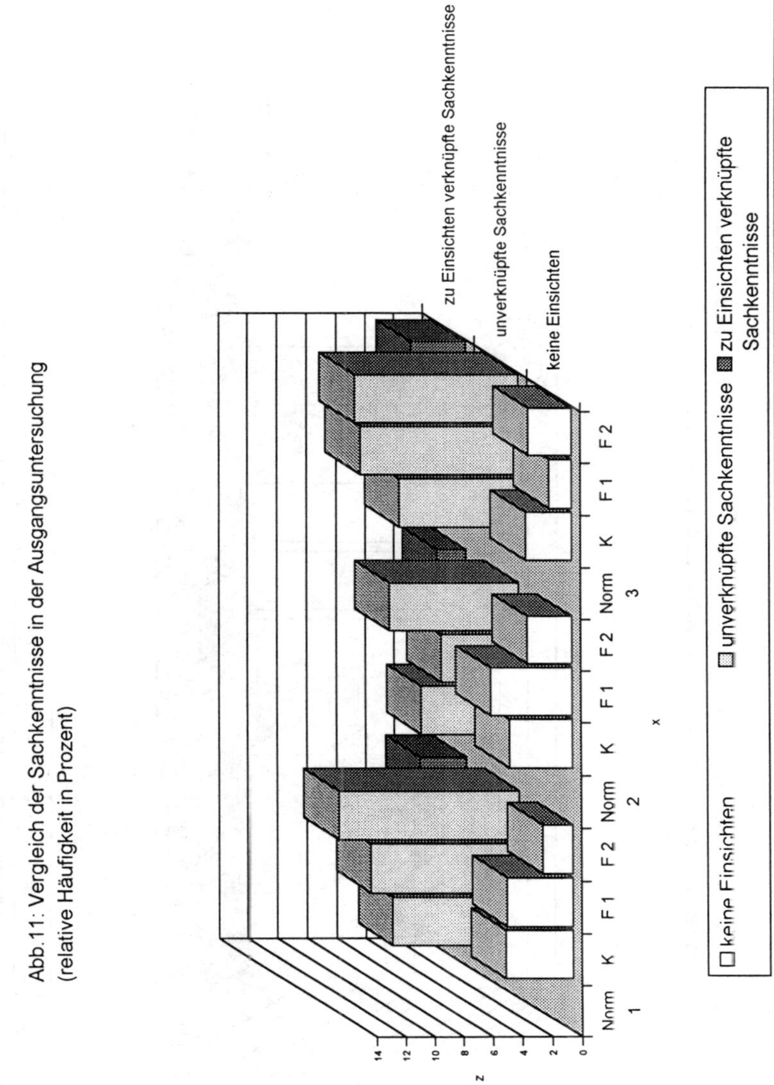

Abb. 12: Vergleich des Standes der Normkenntnisse bei Kontroll- (K) und Fördergruppen (F1 und F2) in der Ausgangs- und Enduntersuchung (relative Häufigkeiten in Prozent)

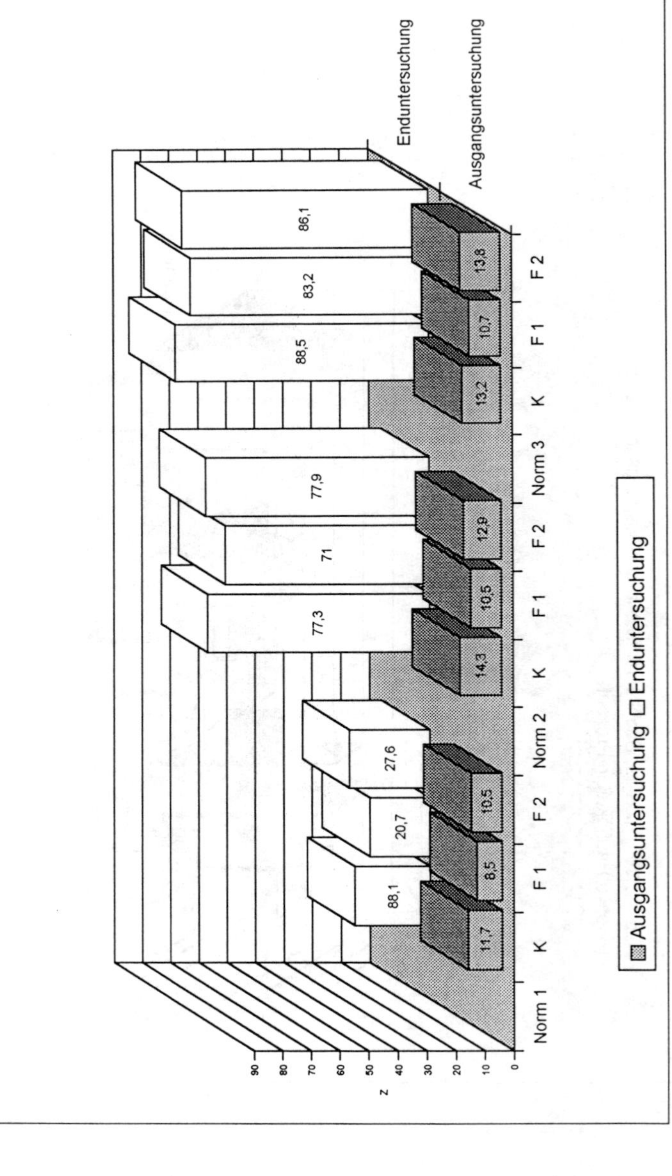

Abb. 13: Vergleich des Standes der Normkenntnisse bei Kontroll- und Fördergruppe "F1" in der Enduntersuchung nach Vorgabe von Normwissen an die Erzieherinnen (relative Häufigkeiten in Prozent)

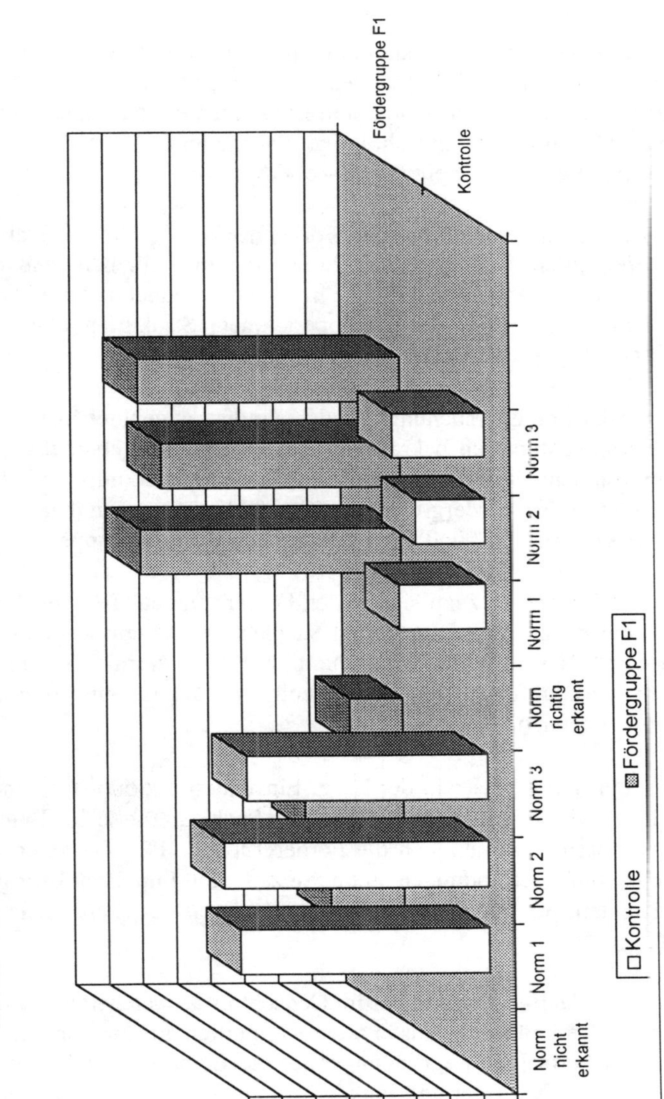

Die Sachkenntnisse nehmen erwartungsgemäß in unterschiedlichem Maße zu.

Die Ergebnisse belegen, daß mit dem Anbieten von Normwissen durch die Erzieherin in den Fördergruppen "F1" zuvor Sachwissen vermittelt wird, dieses jedoch nicht einsichtig zum Begründen der Norm ausreicht, sondern "nur" als einfache kurzschlüssige Sachkenntnis-Norm-Verbindung dem Kind zur Verfügung steht (siehe Abbildung 14).

Anders verhält es sich bei den Fördergruppen "F2". Die relativ geringen unverknüpften Sachkenntnisse lassen darauf schließen, daß diese nicht mehr "nur" einzeln, sondern zu Einsichten verbunden, dargeboten werden, da den Kindern hier die Denkoperationen, Strukturen und sprachlichen Mittel geläufig sind (siehe Abbildung 15).

Die in der Enduntersuchung von den Kindern angebotenen Verknüpfungen von Sachkenntnissen bekräftigen diese Vermutung ebenfalls. Die Anzahl aller von den Kindern genannten, zu Einsichten verknüpften Sachkenntnisse steigt in den Fördergruppen "F2" auf 117,1 % gegenüber 30,4 % in den Fördergruppen "F1" und nur 1,3 % bei den Kontrollgruppen.

Einzeln betrachtet, zeigt sich in den Fördergruppen "F1" bei den einfachen Einsichten mit zwei verknüpften Sachkenntnissen ein Anstieg auf 17,1 % für Norm 1; 14,0 % für Norm 2 und 16,9 % für Norm 3, während drei und mehr Verknüpfungen nur noch wenige Kinder für eine Begründung der Normen nennen.

Als signifikant besser in der Lage, Einsichten mit drei, vier und zum Teil mehr als vier miteinander verbundenen Sachkenntnisse zur Begründung zu formulieren, erweisen sich die Fördergruppen "F2". So treten langkettige Sachkenntnisverbindungen beim Setzen von Impulsen häufiger auf als Einsichten, die nur aus zwei Sachkenntnissen bestehen (siehe Abbildung 16).

Das selbständige Abrufen der im Gedächtnis gespeicherten Sachkenntnisse und der Verknüpfungsmuster weist vermutlich auf die von den Probanden sicher beherrschten Begründungen für das Einhalten der Normen hin, während in den durch geringe Impulse stimulierten Einsichten zuvor Habitualisiertes deutlich wird, dessen Aktualisierung jedoch noch nicht automatisiert erfolgt.

Abb. 14: Vergleich des Standes der Sachkenntnisse bei Kontrolle (K) und Fördergruppe (F1) in der Enduntersuchung (relative Häufigkeit in Prozent)

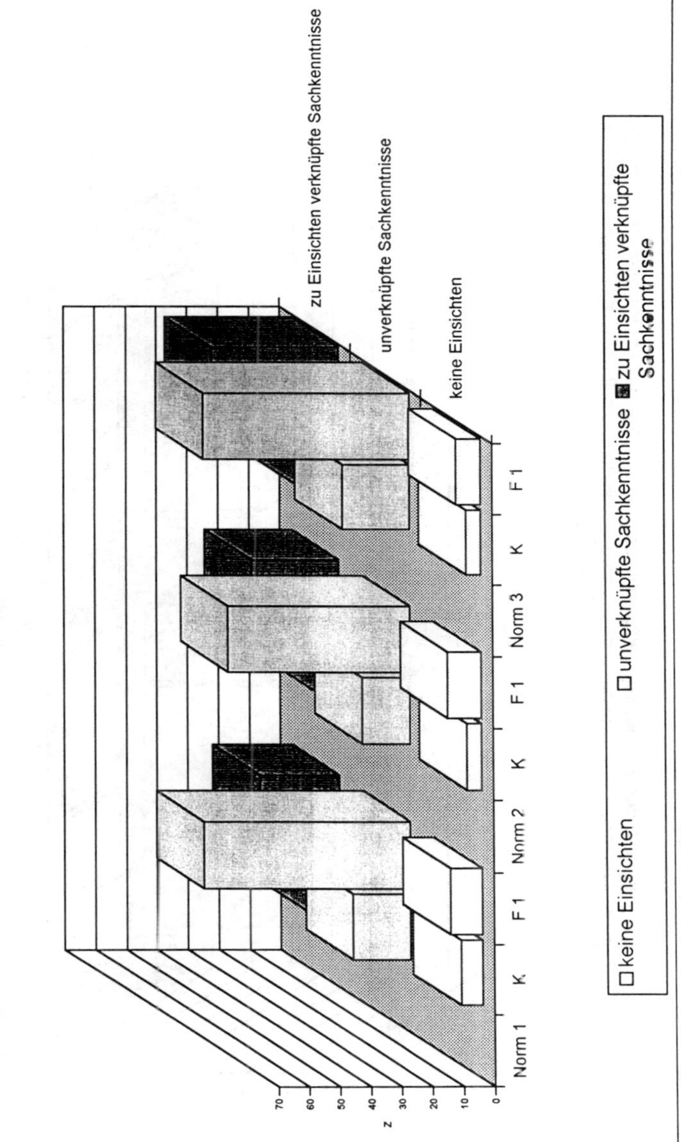

Abb. 15: Vergleich des Standes der Sachkenntnisse und der Qualität der Einsichten der Fördergruppe "F2" in der Ausgangs- und Enduntersuchung am Beispiel der Norm 2 (relative Häufigkeiten in Prozent)

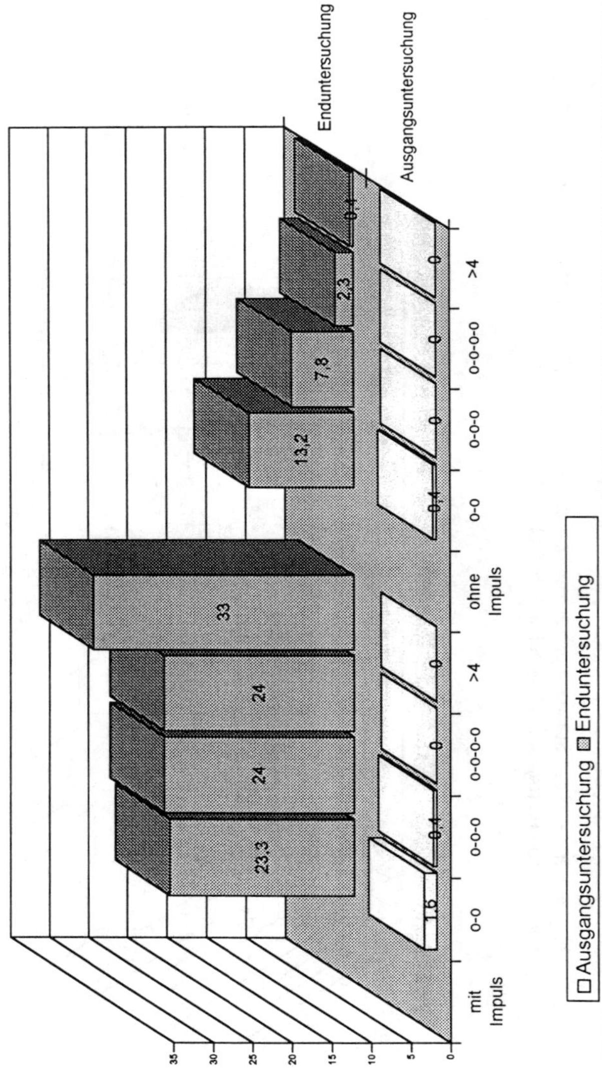

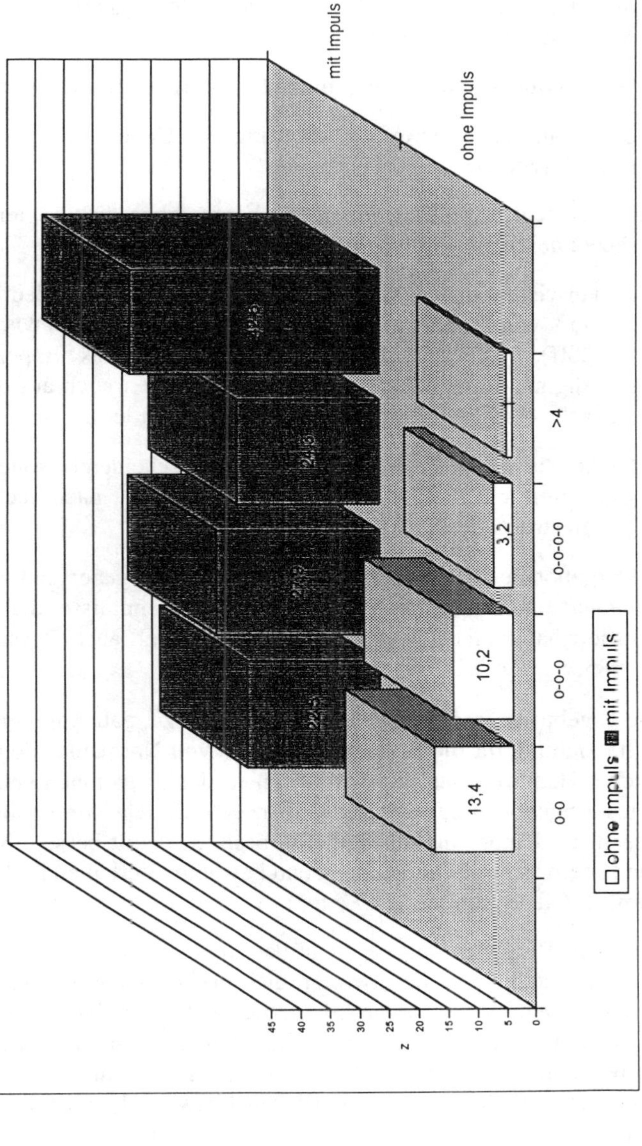

Abb. 16: Vergleich des Standes mehrfach verknüpfter Sachkenntnisse in der Fördergruppe "F2" in der Enduntersuchung im Durchschnitt aller Normen (relative Häufigkeiten in Prozent)

Wenn man die von OPWIS, GOLD, GRUBER UND SCHNEIDER vorgeschlagenen drei wesentlichen Determinanten für Gedächtnisleistungsverbesserungen:

- die zunehmende Verfügbarkeit und Automatisierung von geeigneten Memorisierungsstrategien,
- der ständig anwachsende Umfang bereichsspezifischen Vorwissens und
- die erfahrungsbasierte Verbesserung der Überwachungs- und Regulationsaktivitäten

zugrunde legt, kann man neben den bereits oben diskutierten Erklärungsansätzen bei ihnen ähnliche finden:

- Je vorwissenbezogener das Reizmaterial ist, desto "deutlicher ist der Einfluß von Expertise auf Gedächtnisleistungen"(OPWIS et al. 1990, S. 220ff). (Expertise bezieht sich hier auf das Experten-Novizen-Paradigma, könnte aber im Sinne dieser Arbeit auch auf den Kenntniszuwachs der Fördergruppen "F2" bezogen werden).
- Nicht die Menge des Wissens ist entscheidend, sondern die Organisation, die flexibel die "Wissensbestände ... nach geeigneten Kategorien strukturiert ..." (a.a.O. S. 221).
- Dargebotenes Reizmaterial wird aufgabenbezogener und effizienter enkodiert und damit die Aktualisierung der Kenntnisse, die bereits strukturiert habitualisiert vorlagen, erleichtert (vgl. auch PIPPIG/LOMPSCHER 1985, S. 149ff).

Die Ergebnisse lassen insgesamt den Schluß zu, daß Anregungen zur Umwelterziehung für die Erzieherin in Form von Normenkatalog oder methodischer Handreichung diese auf ein in vielen Situationen genutztes erweitertes Angebot orientiert, das sich in geförderten Norm- und Sachkenntnissen der Kinder manifestiert. Sie besitzen damit bessere Voraussetzungen für ein richtiges und zunehmend bewußtes Verhalten in der natürlichen Umwelt (siehe Abbildung 17 a,b,c).

Aus dem Vergleich der Resultate der Untersuchungen wird offenbar, daß die Fragestellungen beantwortet und die Hypothesen bestätigt werden konnten. Dem Anliegen der Arbeit, geeignete Materialien für die Hand der Erzieherin auf ihre Brauchbarkeit hin zu überprüfen, die Verhaltensbildung älterer Vorschulkinder durch Förderung ihrer Norm- und Sachkenntnisse über das Verhalten in der natürlichen Umwelt als einer ihrer Voraussetzungen zu unterstützen, konnte entsprochen werden.

Abb. 17 a: Vergleich der Untersuchungen zum Stand und zur Qualität der Einsichten für die Norm 1 (relative Häufigkeiten in Prozent)

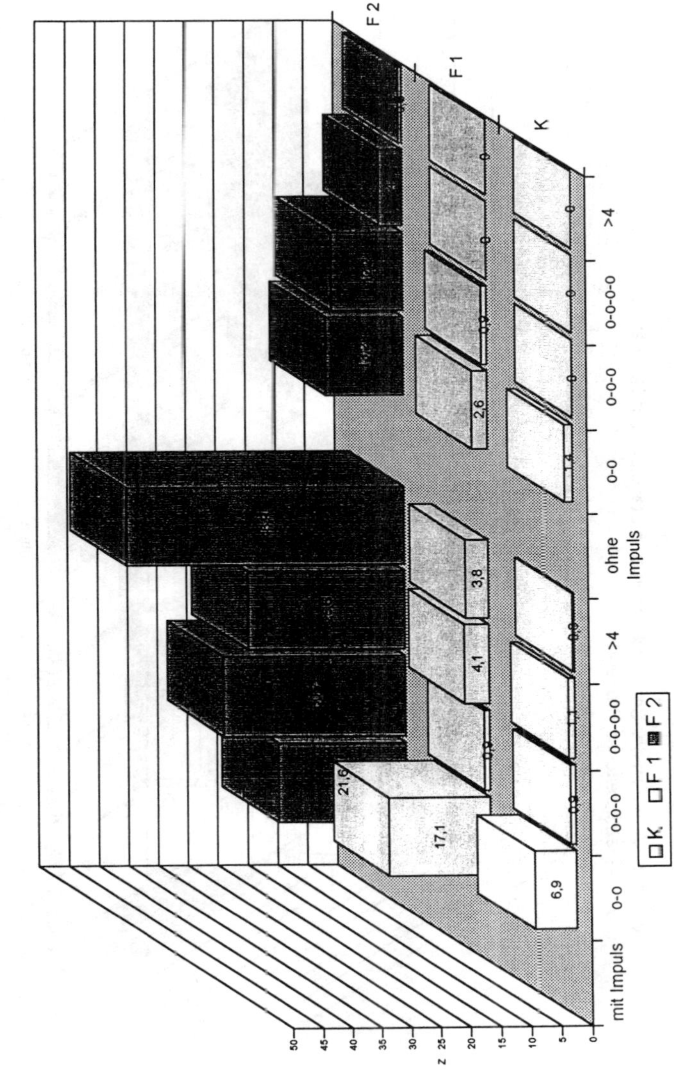

Abb. 17b: Vergleich der Untersuchungen zum Stand und zur Qualität der Einsichten für die Norm 2 (relative Häufigkeiten in Prozent)

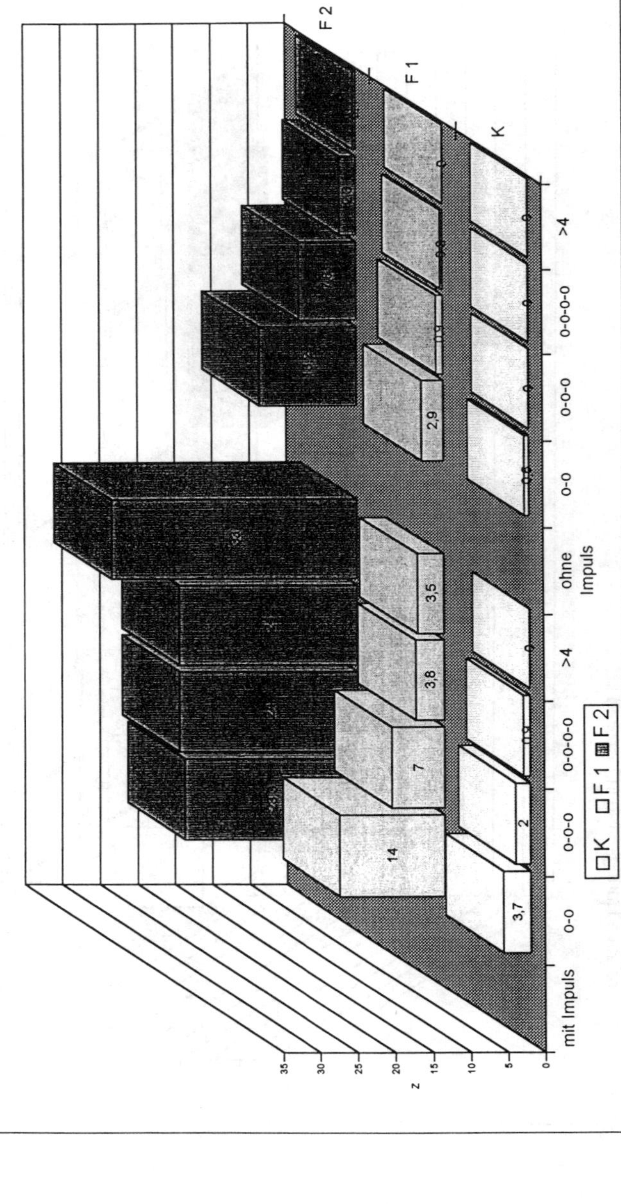

Abb. 17c: Vergleich der Untersuchungen zum Stand und zur Qualität der Einsichten für die Norm 3 (relative Häufigkeiten in Prozent)

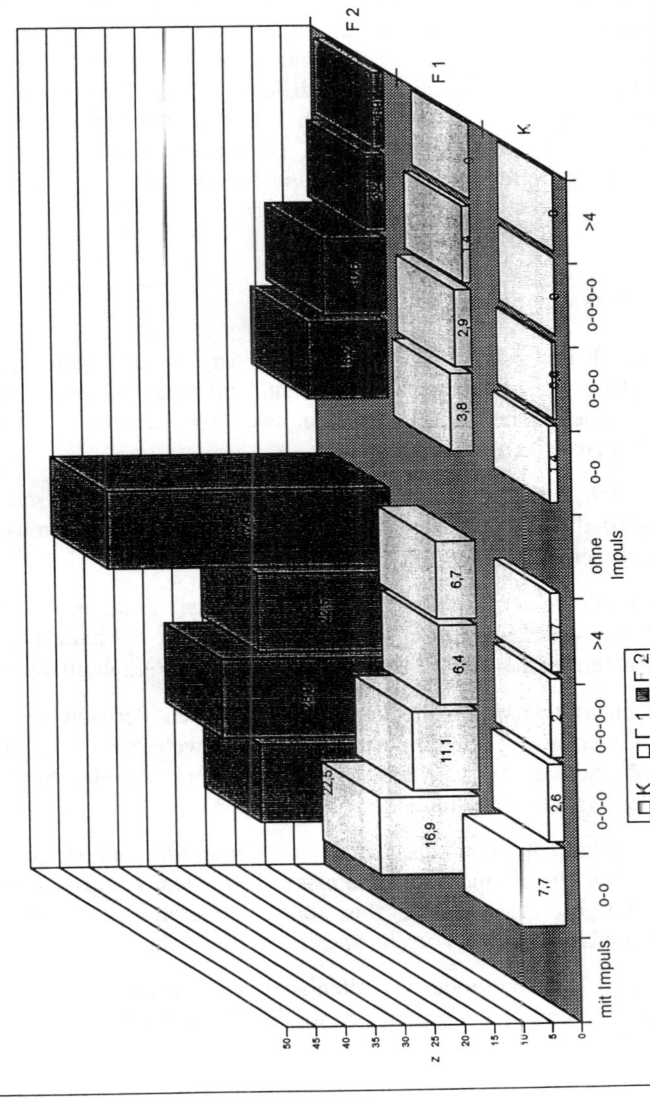

Die Ergebnisse führen aber konsequent weiter zu der Folgerung, für die Vorschulerziehung einen Vorschlag mit didaktisch-methodischem Material, jahreszeitlich und thematisch aufbereitet, einzubringen und dieses zu testen. Der Forderung der UNESCO für die neunziger Jahre, die Umwelterziehung im nationalen wie internationalen Rahmen stärker zu berücksichtigen und die Methoden ihrer Verwirklichung zu optimieren (vgl. Internationale Strategie 1987) könnte damit auch konkret entsprochen werden. Denn es sollen schließlich jene, "deren Tätigkeit eine wichtige Auswirkung auf die Umwelt haben können, gefördert werden", wird mit Verweis auf die Lehrenden vom Deutschen Nationalkomitee für das UNESCO-Programm *Der Mensch und die Biosphäre* angemahnt (1988, S. 116).

4 Zusammenfassung

1. Erhalt und schöpferische Gestaltung der Existenzbedingung des Menschen, der natürlichen Umwelt, sind im nahen Lebensumfeld bis zur globalen Dimension eine lebensnotwendige Aufgabe der gegenwärtigen und zukünftigen Generationen.

   Durch unbedachtes, leichtfertiges sowie unbewußt falsches Handeln wird dieser Aufgabe jedoch nicht entsprochen und Umweltprobleme nehmen ständig zu.

2. Erkennen der Probleme und Umweltsensibilität sind zwar wichtige Voraussetzungen für eigenes Wirken im Sinne der natürlichen Umwelt, **führen** jedoch allein noch nicht zu richtigen Verhaltensweisen.

3. Den zum aktiven Handeln fähigen Menschen, der sich richtig und verantwortungsbewußt in der natürlichen Umwelt verhält, zu bilden und zu erziehen ist Aufgabe von Umwelterziehung auf allen Stufen, so auch der Vorschulerziehung.

4. Hiervon ausgehend beschäftigt sich der Beitrag mit Möglichkeiten, die in den Norm- und Sachkenntnissen liegenden Voraussetzungen für ein richtiges, verantwortungsbewußtes Verhalten gegenüber der natürlichen Umwelt, die Vorschulspezifik berücksichtigend, zu fördern.

5. Auch Vorschulkinder verhalten sich nur dann richtig, wenn ihnen richtiges Verhalten bekannt ist, so daß Kenntnisse eine Bedingung für richtiges Verhalten sind.

   Richtiges umweltgerechtes Verhalten ist im Sinne dieses Beitrages normgerechtes Verhalten.

Voraussetzung für den Erwerb von Normkenntnissen über richtiges Verhalten in der natürlichen Umwelt ist das Bekanntwerden mit ihnen, das Angebot, die Vermittlung und Festigung von Normwissen.

Das Normwissen ergibt sich aus den in dieser Altersstufe durch situative Umwelterfahrung und umwelterzieherisch geplante Vermittlung erwerbbaren Normen, die ihrerseits ein Abbild gesellschaftlicher Anforderungen und Erwartungshaltungen über notwendiges Verhalten darstellen.

6. Da das Kind im Vorschulalter beginnt, vom anthropomorphisierenden Denken über Zweckdenken, Wenn-Dann-Denken zu erstem Kausaldenken zu gelangen und hierfür auch Sachkenntnisse benötigt, wird davon ausgegangen, daß zu Einsichten verknüpfte Sachkenntnisse auch zum sachlogischen Ableiten und Begründen von Normen herangezogen werden.

   Angenommen ist eine hiermit verbundene, sich entwickelnde bewußte Handlungsregulation, so daß Normkenntnisse und zu Einsichten verbundene Sachkenntnisse bereits beim älteren Vorschulkind zu bewußt richtigem Verhalten führen können und dann auch Voraussetzung für ein solches Verhalten sind.

7. Für das ältere Vorschulkind liegt eine Einsicht dann vor, wenn es mindestens zwei Sachkenntnisse kausal, konditional oder anders sachlogisch verknüpft.

8. Die Einsicht wird durch finales Urteilen mit einer Verhaltensnorm verbunden und dient zusammen mit dieser als kurze sprachliche Formulierung für normgerechtes Handeln.

9. Als Definition für die geistige Tätigkeit *finales Urteilen* wird vorgeschlagen:

   Finales Urteilen beim Vorschulkind ist das von psychischen Eigenschaften abhängige, schlußfolgernde Verbinden einer Einsicht mit vorhandenen Normkenntnissen (dem Kind aus Erfahrung oder durch Vermittlung bekannt) oder das Ableiten einer Orientierung und des Antriebes bei der Zielbildung einer Handlung, die normgemäß sein kann, so daß es zum eigenen Ableiten und zum Erwerb dieser Norm führt.

   Bei der Reflexion der Finalbeziehung Einsicht-Norm wertet das Kind die Zweckmäßigkeit der erforderlichen Handlung und fällt eine erste Entscheidung.

Das finale Urteil und die Entscheidung sind immer aktuell selbst zu fällen, auch wenn Einsicht, Norm oder ein Urteilsmuster nach Vermittlung gespeichert sind.

10. Das Befolgen der Norm wird als Tätigkeitseinheit "Handlung" verstanden, da es, alle Regulationsfaktoren relativ geschlossen einbeziehend, zeitlich begrenzt und inhaltlich strukturiert ist.
11. Aus handlungstheoretischer Sicht läuft umweltgerechtes, also normge mäßes Handeln dann ab, wenn, die emotionale Bereitschaft zum Handeln vorausgesetzt,
    - das Bedürfnis zum Handeln aus einem in der Umwelt erkannten Widerspruch erwächst,
    - Normkenntnisse vorhanden sind, aktualisiert werden und über einen Bedürfnis-Norm-Vergleich zur Motivbildung führen,
    - mit Sachkenntnissen das Motiv einsichtig bestärkt, eine Entscheidung über die Normeinhaltung getroffen wird,
    - durch die Einsicht zwingend ein finales Urteil gefällt wird, das richtiges Verhalten fordert,
    - alle anderen für die Motivierung und Handlungsausführung notwendigen Komponenten, wie Wert- und Verfahrenskenntnisse bereitgestellt sind und
    - die äußeren Bedingungen, der psychische Zustand und die ablaufenden Prozesse förderlich sind.
12. Dem Kindergarten als familienergänzende und familienunterstützende Einrichtung verbietet sich zwar eine einseitige Förderung und Wissenschaftsorientierung. Es fällt ihm jedoch ein spezifischer Erziehungs- und Bildungsauftrag zu, der gerade Kenntnisse über die Umwelt zu vermitteln, geistige Fähigkeiten zu entfalten, Situationen und Probleme bewußt zu erleben sowie soziale Verhaltensweisen und positive Wirkungsmöglichkeiten zu erkennen und zu üben, verlangt.

    Darin kann sich die Förderung richtigen, verantwortungsbewußten Verhaltens gegenüber der natürlichen Umwelt durch das Erweitern der Erfahrungsräume des Kindes, das Anbieten und Vermitteln von Norm- und Sachwissen einordnen.
13. Norm- und Sachwissen kann im Kindergarten daher auch nicht systematisch vermittelt und gefestigt, sondern von der Erzieherin mehr oder weniger geplant, situativ oder in gelenkten Lerntätigkeiten, angeboten werden.

Eine Förderung von Norm- und Sachkenntnissen der Kinder als Grundlage ihres richtigen Verhaltens setzt demzufolge ein erweitertes Angebot an die Erzieherin voraus und eine didaktisch-methodische Flankierung ihres umwelterzieherischen Wirkens.

14. Für die Hand der Erzieherin wurden solche Angebote erarbeitet und deren fördernde Wirksamkeit untersucht.

15. Eine Auswahl von drei Normen zur Jahreszeit Herbst, die Schutz und Erhaltung, Nutzung und Pflege repräsentiert, bildete die Grundlage für die Erarbeitung des methodischen Materials, in dem für die Ableitung und Begründung der Normen Sachwissen in vielfältigen Verknüpfungsvarianten mit sprachlichen Verknüpfungsmustern der Erzieherin als Angebot zur Verfügung stand.

16. Die methodische Handreichung wurde in einer Expertenbefragung mit 32 Probanden geprüft und als orientierendes Material für die Erzieherin bestätigt. Anschaulich kann belegt und in folgender Übersicht nachvollzogen werden, daß die Kindergärtnerin bei Auswahl geeigneten Sachwissens langkettige Verknüpfungen favorisiert und kurzkettige als zu einfach und unterfordert ablehnt.

Übersicht über favorisierte und wegen Unterforderung abgelehnter Verknüpfungen von Sachwissen (relative Häufigkeiten in Prozent)

Anzahl des verknüpften Sachwissens	1	2	3	4	5	6	7
a)bevorzugt, der Altersgruppe entsprechend	18,8	62,4	87,2	93,4	96,9	100	100
b)unterfordert, für die Altersgruppe zu leicht	77,7	30,9	8,3	0	0	0	0

17. In einem pädagogischen Experiment, 34 Gruppen mit 595 Kindern nahmen daran teil, sind zwei unterschiedliche Angebote an die Erzieherin (Normkatalog und methodische Handreichung) in ihrer Wirkung auf die Norm- und Sachkenntnisse der Vorschulkinder zu bewerten.

Den Stand der Kenntnisse ermittelt eine Ausgangsuntersuchung und das Maß der Förderung in den durch das erweiterte Angebot an die Erzieherin geförderten Gruppen eine Enduntersuchung im Vergleich zu den Kontrollgruppen.

18. Für die praktischen Untersuchungen im Vorschulalter wird eine geeignete Methode vorgestellt, die es gestattet, Norm- und Sachkenntnisse und deren Verknüpfungen zu Einsichten vorschulgerecht, rationell, objektiv, zuverlässig und gültig zu erfassen.

    Mit optischen und akustischen Provokationsmitteln, einem Bildfragebogen für Kinder sowie Interviews werden die Daten ermittelt.

19. Die Ausgangsuntersuchungen zeigen:
    Kenntnisse über Verhaltensnormen und zu ihrer Begründung vorgebrachte Sachkenntnisse zu Beginn der Jahreszeit Herbst sind vorhanden, ihre Zahl ist gering.
    Bei unverknüpften Sachkenntnissen liegen die Verhältnisse ähnlich.
    Die Anzahl der vorhandenen Einsichten ist sehr gering.
20. Die ermittelten Ergebnisse bei Versuchs- und Kontrollgruppen in der Ausgangsuntersuchung weisen keine signifikanten Unterschiede auf.
    Es wird angenommen, daß Vorschulkinder vor Beginn der Jahreszeit Herbst kaum Normen, die Jahreszeit betreffend, kennen, sie auch nur über geringe Sachkenntnisse verfügen, und es ihnen nicht gelingt, diese miteinander zu Einsichten zu verbinden.
21. Die Ergebnisse in der Enduntersuchung bestätigen, daß während der Jahreszeit Herbst die Erzieherin Verhaltensnormen anbietet und vermittelt.

    In den Kontrollgruppen nennen
    25,9 % die Norm 1; 20,7 % die Norm 2; 27,6 % die Norm 3
    in den Fördergruppen "F1"
    77,3 % die Norm 1; 71,0 % die Norm 2; 77,9 % die Norm 3 und
    in den Fördergruppen "F2"
    88,5 % die Norm 1; 83,2 % die Norm 2 sowie 86,1 % die Norm 3.
22. Deutlich wird die von Gruppe zu Gruppe signifikant unterschiedliche Zahl der genannten Normkenntnisse, die auf die differenzierte methodische Orientierung der Erzieherin und ihrem damit verbundenen unterschiedlichen Repertoire an Angeboten für die Gestaltung eines situativen umweltbezogenen Kindergartenlebens zurückgeführt wird.
23. Die signifikant nachweisbare Zunahme der Kenntnisse im Vergleich der beiden Fördergruppen bekräftigt die Vermutung, daß auch beim älteren Vorschulkind strukturiert angebotenes Wissen zu strukturierten Kenntnissen führen kann, die wahrscheinlich sicherer und verfügbarer sind.

24. Die Sachkenntnisse nehmen erwartungsgemäß in unterschiedlichem Maße zu.

Bei den unverknüpften Sachkenntnissen betragen sie insgesamt:

	in den Kontrollgruppen	in den Fördergruppen "F1"	und "F2"
für die Norm 1	18,7 %	66,6 %	17,0 %
für die Norm 2	15,5 %	58,7 %	17,0 %
für die Norm 3	20,9 %	66,9 %	16,4 %

25. Die Ergebnisse belegen, daß mit dem Anbieten von Normwissen durch die Erzieherin in den Fördergruppen "F1" zuvor Sachwissen vermittelt wird, dieses jedoch nicht einsichtig zum Begründen der Norm ausreicht, sondern "nur" als einfache kurzschlüssige Sachkenntnis-Norm-Verbindung dem Kind zur Verfügung steht.

26. Anders verhält es sich bei den Fördergruppen "F2". Die relativ niedrigen Zahlen für unverknüpfte Sachkenntnisse lassen darauf schließen, daß diese nicht mehr "nur" einzeln, sondern zu Einsichten verbunden, dargeboten werden, da den Kindern hier die Denkoperationen, Strukturen und sprachlichen Mittel geläufig sind.

27. Die in der Enduntersuchung von den Kindern angebotenen Verknüpfungen von Sachkenntnissen bekräftigen diese Vermutung ebenfalls. Die Anzahl aller von den Kindern genannten zu Einsichten verknüpften Sachkenntnisse steigt in den Fördergruppen "F2" stark an gegenüber den Fördergruppen "F1" und nur 1,3 % bei den Kontrollgruppen.

Mit sichtlichem Spaß am sprachlichen Darstellen bieten viele Kinder mehr als eine vielgliedrige Kette von folgerichtig verbundenen Sachkenntnissen an.

28. Auch die ohne Impulse völlig selbständig dargebotenen Einsichten unterstützen die oben getroffene Feststellung.

Insgesamt erhöht sich deren Zahl in den Fördergruppen "F2" auf 27,8 %, in den Fördergruppen "F1" auf 13,7 % und beträgt in den Kontrollgruppen nur 1,3 %.

29. Einzeln betrachtet zeigt sich in den Fördergruppen "F1" bei den einfachen Einsichten mit zwei verknüpften Sachkenntnissen ein Anstieg auf 17,1 % für Norm 1; 14, 0 % für Norm 2 und 16,9 % für Norm 3, während drei und mehr Verknüpfungen nur noch wenige Kinder für eine Begründung der Normen nennen.

30. Als signifikant besser in der Lage, Einsichten mit drei, vier und zum Teil mehr als vier miteinander verbundenen Sachkenntnisse zur Begründung zu formulieren, erweisen sich die Fördergruppen "F2", so treten langkettige Sachkenntnisverbindungen beim Setzen von Impulsen häufiger auf als Einsichten, die nur aus zwei Sachkenntnissen bestehen.

31. Das selbständige Abrufen der im Gedächtnis gespeicherten Sachkenntnisse und der Verknüpfungsmuster weist vermutlich auf die von den Probanden sicher beherrschten Begründungen für das Einhalten der Normen hin, während in den, durch geringe Impulse stimulierten Einsichten zuvor Habitualisiertes deutlich wird, dessen Aktualisierung jedoch noch nicht automatisiert erfolgt.
32. Die Ergebnisse lassen insgesamt den Schluß zu, daß Anregungen zur Umwelterziehung für die Erzieherin in Form von Normenkatalog oder methodischer Handreichung, diese auf ein in vielen Situationen genutztes erweitertes Angebot orientiert, das sich in geförderten Norm- und Sachkenntnissen der Kinder manifestiert, die damit bessere Voraussetzungen für ein richtiges und zunehmend bewußtes Verhalten in der natürlichen Umwelt besitzen.

    Der Zielstellung der praktischen Untersuchung wurde damit entsprochen und die handlungstheoretischen Prämissen bestätigt.

    Eine fachliche und didaktisch-methodische Fortbildung der Erzieherinnen würde sich auf das Ergebnis von Umwelterziehung im Kindergarten positiv auswirken.

5 Offene Probleme

Die Förderung richtigen und bewußten Verhaltens älterer Vorschulkinder in der natürlichen Umwelt ist vielfältig determiniert. So tangiert die vorgestellte Untersuchung Bereiche, die über Zielstellung und vorgegebenen Rahmen hinausgehen, denen jedoch zur weiteren Aufhellung von Umwelterziehung und Verhaltensbildung im Sinne der natürlichen Umwelt im Vorschulalter Aufmerksamkeit zukommen sollte.

In Untersuchungen weiter zu verfolgende Bereiche wären:

- Prozeß der Verhaltensbildung beim Vorschulkind im Übergang zur Grundschule und im frühen Schulalter,
- Wirksamkeit eines erweiterten, auf einem situationsorientierten Planungsansatz beruhenden Angebotes und die Fortbildung der Erzieherinnen,
- der Einfluß der materiell-technischen und der organisatorischen Bedingungen in den Kindergärten auf die Verhaltensbildung gegenüber der natürlichen Umwelt,
- Sensibilisierung der Öffentlichkeit für Umwelterziehung im Vorschulalter.

Folgende Fragen sind dabei für eine Weiterbearbeitung von Interesse:

- Welche Bedeutung habe emotionale Beziehungen zur natürlichen Umwelt und wodurch werden sie geprägt?
- Welche Rolle spielen Wert- und Verfahrenskenntnisse?
- In welchem Maße sind vorhandene Normkenntnisse tatsächlich in der aktuellen richtigen Handlung wirksam?
- Inwieweit führen vorhandene Einsichten über das finale Urteilen entscheidungswirksam zu bewußt richtigem Handeln?
- Wie erleben Kinder Konsequenzen ihres Handelns und wie wirkt sich dieses Erleben auf nachfolgende Handlungen aus?
- Die Spezifik einer Lernortdidaktik im Vorschulalter
- In welchen Spielinhalten und in welchem Maße reflektieren sich Normkenntnisse, Einsichten und die Fähigkeit zum finalen Urteilen im freien Spiel?

  Durch welche Situationen und welche pädagogischen Angebote wird ein solches freies Spiel angeregt?
- Welches sind in der Umwelterziehung und damit verbunden bei der Verhaltensbildung älterer Vorschulkinder die Grenzen zwischen freier Entfaltungsmöglichkeit, Indoktrination durch normierte Verhaltensvorgabe und versäumter Orientierungspflicht der Erziehenden?
- Inwieweit können Ethik und Moral bei der Bewertung des Verhaltens gegenüber der Umwelt im Vorschulalter bereits eine Rolle spielen?
- Welche Potenzen der Verhaltensbildung gegenüber der natürlichen Umwelt liegen in der religiösen Erziehung?
- Welchen Einfluß haben Eltern, Medien, Öffentlichkeit auf die Verhaltensbildung von Vorschulkindern gegenüber der natürlichen Umwelt?
- Wie korrelieren die Fähigkeit, einsichtiges Verhalten in der natürlichen Umwelt zu begründen mit der Denk- und Sprachentwicklung in anderen Bereichen?
- Entsprechen Inhalt und Umfang verwandter Begriffe den Erkenntnismöglichkeiten älterer Vorschulkinder?
- Worin liegt der tatsächliche qualitative Unterschied zwischen den mit Impuls und ohne Impuls völlig selbständig angebotenen Einsichten; wann und unter welchen Bedingungen entwickelt sich A zu B?
- Inwieweit ist die Erzieherin in der Lage die thematisch gebundenen methodischen Angebote mit integrativem Blick in andere Umwelt- und Lernbereiche (z.B. Kunst und Musik) einzubeziehen?

- Über welche pädagogischen Kompetenzen und Strategien muß die Kindergärtnerin für eine erfolgreiche Verhaltensbildung verfügen?
- Welche materiellen und organisatorischen Bedingungen im Kindergarten wirken sich weiter fördernd auf die Verhaltensbildung aus?
- Welche Mittel, - didaktische Spiele, Bildfolgen, Bilderbücher, Videos, Spielmittel usw. - unterstützen Angebot, Vermittlung und Festigung von Norm- und Sachkenntnissen als Voraussetzung für richtiges, verantwortungsbewußtes Verhalten in der natürlichen Umwelt?
- Inwieweit wird das 1990 in Thüringen neu in die Erzieherausbildung aufgenommene Fach "Umwelterziehung und Methodik" den Anforderungen an Umwelterziehung im Vorschulalter gerecht? Genügt das Rahmenprogramm den Anforderungen der zwei Ebenen von Umwelterziehung in der Ausbildung zu pädagogischen Berufen?

Diese Fragen sollen weitere Untersuchungen zur Umwelterziehung anregen, handlungstheoretische Überlegungen stimulieren und letztlich zur Herausbildung umweltgerechten Verhaltens beitragen, dieses unterstützen und dem Ziel, die natürliche Umwelt für die Zukunft zu erhalten, dienen.

Literatur

Abschlußbericht der Internationalen Konferenz über Umwelterziehung.- Tbilissi, 1977.- Zit. in: Internationale Strategie für Maßnahmen auf dem Gebiet der Umwelterziehung und -bildung in den neunziger Jahren.- UNESCO-UNEP-Kongreß. Moskau, 1987.

Aebli, H.: Einführung.- In: J. Piaget: Das Erwachen der Intelligenz beim Kinde.- Gesammelte Werke. Bd.1.- Studienausgabe. Stuttgart: Klett-Cotta, 1989.

Agenda 21: Bericht der Bundesregierung über die Konferenz der Vereinten Nationen für Umwelt und Entwicklung im Juni 1992 in Rio de Janeiro.- Bundesminister für Umwelt, Naturschutz und Reaktorsicherheit (Hrsg.): Bonn, 1992.

Al Gore: Wege zum Gleichgewicht.- Frankfurt /M.: Fischer Verlag, 1992.

Bahro, R.: Logik der Rettung.- Berlin: Union Verlag, 1990.

Baier, H.: Zur Entwicklung einer aktiven Haltung gegenüber der heimatlichen Natur.- In: Neue Erziehung im Kindergarten.- Berlin, 42 (1989) 9.

Baier, H.: Umwelterziehung in der Schule - über Ethik und Verantwortlichkeit.- In: Pädagogik.- Berlin, 45 (1990)a 5.

Baier, H.: Umwelterziehung - Erziehungsaufgabe aller Stufen unseres Bildungssystems.- In: Die Fachschule.- Berlin, 38 (1990)b 6.

Baier, H. / B. Seidler: Umwelterziehung und Methodik - Rahmenlehrprogramm.- Entwurf.- Manuskriptdruck.- Gotha, 1990.

Baldwin, A. L.: A cognitive theory of sozialization.- In: D. A. Goslin (Hrsg.): Handbook of sozialization theory and research.- Chicago: Rand Mc Nally, 1969.- Zit. in: Weiner, B. 1976.

Barres, E.: Erziehung im Kindergarten.- 4. Auflage.- Weinheim/Basel: Beltz-Verlag, 1974.

Baumann; M. / Ebersbach, G. / Friede, W. et al.: Psychologische Probleme der Entwicklung sozialistischer Verhaltenseigenschaften in der Schule.- In: A. Kossakowski / K. Otto (Hrsg.): Psychologische Untersuchungen zur Entwicklung sozialistischer Persönlichkeiten.- 2. Auflage.- Berlin: VWV, 1973.

Bayerisches Staatsministerium für Unterricht und Kultur (Hrsg.): Der Übergang vom Kindergarten zur Grundschule, Richtlinien für den Elementarbereich.-1. Auflage.- Donauwörth: Verlag Ludwig Auer, 1973.

Biermann, G.: Kinder im Schulstreß.- München, 1977.- Zit. in Lichtenstein-Rother 1989.

Bleckmann, R.: Soziales Verhalten im Kindergarten.- Freiburg: Herder, 1984.

Bolscho, D. / G. Eulefeld / K. H. Finkerle et al.: Umwelt und Erziehung.- In: H. Bick / K. H. Hausmeyer / G. Olschowy et al. (Hrsg.): Angewandte Ökologie Mensch und Umwelt II. Stuttgart: Gustav Fischer Verlag, 1984.

Breuer, H. et al.: Zur prophylaktischen Einschränkung von Lernschwierigkeiten im Anfangsunterricht.- Beiträge zur Pädagogik.- Bd.19.- 1. Auflage.- Berlin: VWV, 1982.

Büchin, I.: Kindgemäßes Erziehen im Kindergarten.- 1. Auflage.- Stuttgart: Bonz Verlag, 1978.

Bundesministerium für Bildung und Wissenschaft (Hrsg.): Zukunftsaufgabe Umweltbildung. - Dokumentation des Symposiums vom 24. - 26. 9. 1986 in Bonn: Bonn, 1986.

Bundesministerium für Umwelt, Naturschutz und Reaktorsicherheit (Hrsg.): Umweltpolitik Ziele und Lösungen.- Reihe Umwelt 90: Bonn, März 1990a.

Bundesministerium für Umwelt, Naturschutz und Reaktorsicherheit (Hrsg.): Naturschutz, Bodenschutz.- Reihe Umwelt 90: Bonn, März 1990b.

Clauß, G.: Differentielle Lernpsychologie.- Berlin: VWV, 1984.

Clauß G./H. Hiebsch: Kinderpsychologie.- 3. Auflage.- Berlin: VWV, 1962.

Correll. W. (Hrsg.): Lernen und Lehren im Vorschulalter.- 1. Auflage.- Donauwörth: Verlag Ludwig Auer, 1970.

Dawydow, W.W.: Beziehungen zwischen der Theorie der Verallgemeinerung und der Lehrplangestaltung. - In: Untersuchungen des Denkens in der sowjetischen Psychologie.- 1. Auflage.- Berlin: VWV, I967.

Dawydow, W.W.: Über das Verhältnis zwischen abstrakten und konkreten Kenntnissen im Unterricht.- In: J. Lompscher (Hrsg.): Probleme der Ausbildung geistiger Handlungen.- 1. Auflage.- Berlin: VWV, I972a.

Dawydow, W.W.: Probleme der Denkentwicklung im Prozeß der Erziehung der Persönlichkeit.- In: Psychologische Probleme der Entwicklung sozialistischer Persönlichkeiten.- Konferenzbericht.- Berlin, 23. - 25. 2. 1972.- Institut für Allg. und Päd. Psychologie der APW d. UdSSR/Institut für Allg. und Päd. Psychologie der APW der DDR.- Berlin: VWV, 1972b.

di Castri, F. / M. Hadley / I. Damlamian: Ecology in Action - an Exhibit: an Experiment in Communicating Scientific Information.- In: Nature and Resources 18 (1982) 2.

Dittrich, I.: Erhaltung, Gestaltung und Verbesserung der natürlichen Umwelt - eine globale Herausforderung der Menschheit.- In: Die Fachschule.- Berlin, 37 (1989) 3.

Edelstein, W. / D. Hopf (Hrsg.): Bedingungen des Bildungsprozesses.- Stuttgart: Klett Verlag, 1973.- Zit. in: Lichtenstein-Rother, 1989.

Eichhorn I. W. (Hrsg.): Wörterbuch der marxistisch-leninistischen Soziologie.- Berlin: Dietz Verlag, 1969.

Elkonin, D.B.: Untersuchungen zur Verbesserung des Unterstufenunterrichtes.- In: Pädagogik.- Berlin, 19 (1964) 12.

Elkonin, D.B.: Zur Psychologie des Vorschulalters.- 2. Auflage.- Berlin: VWV, 1965.

Elkonin, D.B.: Die Entwicklung der Persönlichkeit des Vorschulkindes - Psychologie des Spiels im Vorschulalter.- In: A. W. Saporoshez / D. B. Elkonin (Hrsg.): Psychologie der Persönlichkeit und Tätigkeit des Vorschulkindes.- 2. Auflage.- Berlin: VWV, 1974.

Engel / Holfelder / Czeray: Kindergartenrecht in Baden-Württemberg.- 4. Auflage.- Stuttgart: Verlag Kohlhammer, 1983.

Erlebach, E. / U. Ihlefeld / K. Zehner: Einführung in die Psychologie für Lehrer und Erzieher.- 4. Auflage.- Berlin: VWV, 1979.

Feiner, W. / Ch. Niederle / E. Michelic: Kinder erleben ihre Umwelt - Modelle und Methoden zur Umwelterziehung im Vorschulalter.- 2. Auflage.- Wien: Österreichischer Bundesverlag GmbH, 1985.

Feldstein, D.I.: Psychologische Gesetzmäßigkeiten der sozialen Entwicklung des Kindes.- In: Sowjetwissenschaft, gesellschaftswiss. Beiträge.- Berlin, 40 (1987) 1.

Fischer C.: Kenntnisse aus dem Biologieunterricht der Klassenstufe 10 - ein Beitrag zur Verhaltens- und Überzeugungsbildung unserer Schüler.- Diss. A.- PH Erfurt/ Mühlhausen, 1986.

Gallwitz. H.: Zu Inhalt und Struktur von Einsichten in Normen behandelter Stoffgebiete im Biologieunterricht der Klassenstufe 8.- Diplomarbeit.- PH Erfurt/Mühlhausen, 1985.

Galperin, P.J.: Die Entwicklung der Untersuchungen über die Bildung geistiger Operationen. - In: Ergebnisse der sowjetischen Psychologie.- 1. Auflage.- Berlin: Akademie Verlag, 1967.- Zit. in: Pippig/Lompscher 1985.

Galperin, P.J. / A. W. Saporoshez / D. B. Elkonin: Probleme des Erwerbs von Kenntnissen und Fertigkeiten und neue Unterrichtsmethoden in der Schule.- In: Probleme der Lerntheorie.- Berlin: VWV, 1972.

Gärtner, H. / H. Kurz: Stadterkundung und Stadtplanung.- In: Unterricht Biologie 193 (18.Jg.).- H. Gärtner / G. Winkel (Hrsg.): Velber: Friedrich Verlag, April 1994.

Gärtner, H. / M. Hoebel-Mävers (Hrsg.): Umwelterziehung - Ökologisches Handeln im Ballungsraum - Hamburg: Krämer, 1991.

Geißler, E. E.: Allgemeine Didaktik: Grundlegung eines erziehenden Unterrichts.- 2. Auflage.- Stuttgart: Klett Verlag, 1983.

Gehlhaar, K. H.: Entwicklung der Normkenntnisse der Schüler als eine Voraussetzung für umweltbewußtes Verhalten in Abhängigkeit von der Altersstufe.- In: WZ der PH Erfurt/Mühlhausen, MNR 18 (1982) 3.

Griwatz, M. / K.-H. Walter: Ergebnisse und Probleme der effektiven Gestaltung des Unterrichtsprozesses und die koordinierte Weiterentwicklung der Disziplinen der Unterrichtsforschung.- In: Pädagogik: Berlin, 40 (1985) 9.

Groothoff, H. H. (Hrsg.): Pädagogik.- (Fischer Lexikon).- Frankfurt/M.: Fischer, 1974.

Grüneberg, L. / P. Hauser: Erziehen als Beruf - Eine Praxis- und Methodenlehre.- Köln: Stam-Verlag GmbH, 1988.

Guthke, J.: Mitteilung über einen Lerntest zur Untersuchung des schlußfolgernden Denkens.- In: Böttcher / Seeber / Witzlack (Hrsg.): 1974.- Zit. in: Witzlack et al. 1986.

Guthke, J.: Psychodiagnostische Aspekte und Verfahren für Vergleichs- und Effektivitätsuntersuchungen zur Ermittlung von Bildungs- und Erziehungsergebnissen.- In: Witzlack et al. (Hrsg.): Einführung in die Psychodiagnostik in der Schule.- 3. Auflage.- Berlin: VWV, 1986.

Hansen, K.: Vorwort.- In: Umweltschutz im Kindergarten.- Ministerium für Soziales und Familie, Rheinland-Pfalz (Hrsg.): 2. Auflage.- Mainz, 1990.

Hartung, K. (Hrsg.): Schulbeginn und seelische Gesundheit des Kindes.- (Konferenzbericht über eine interdisziplinäre Tagung 13. - 14. 6.1975 in Mainz).- Marburg, 1975.- Zit. in: Lichtenstein-Rother 1989.

Hasdorf, W.: Zur Herausbildung der Fähigkeit älterer Vorschulkinder zum selbständigen Handeln bei praktisch-gegenständlichen Aufgaben.- Forschungsbericht.- Berlin: APW, 1976.

Hasdorf, W. / H. Marks: Zur Erhöhung der Qualität der geistigen Bildung und Erziehung auf der Grundlage des Programms der Bildung und Erziehung im Kindergarten.- (Teil 1; geistige Bildung und Erziehung).- In: Neue Erziehung im Kindergarten.- Berlin, 39 (1986) 2/3.

Haug-Schnabel, G.: Umwelterziehung - maßgeschneidert für Kinder.- In: Kindergarten heute.- 1-2/ 1993.

Heinzel, I.: Erziehung im Biologieunterricht.- In: Biologie in der Schule.- Berlin, 29 (1980) 9.

Heinzel, I.: Normkenntnisse im Biologieunterricht.- In: Biologie in der Schule.- Berlin, 31 (1982)a 1.

Heinzel, I.: Der Beitrag des Biologieunterrichts zur Verhaltensbildung unserer Schüler. - In: WZ der PH Erfurt/Mühlhausen, MNR 18 (1982)b 3.

Heinzel, I.: Verhaltensbildung durch Biologieunterricht - Stand und Probleme.- In: WZ der PH Erfurt/Mühlhausen, MNR 24 (1988) 1.

Heinzel, I.: Erziehung und Biologieunterricht.- In: Biologie in der Schule.- Berlin, 29 (1989) 9.

Heinzel, I. / A. Hirmer: Zu einem Katalog des Normwissens für den Biologieunterricht der Klassenstufe 5.- In: Biologie in der Schule.- Berlin, 31 (1982) 1.

Heinzel, I. / W. Rödiger: Kausales Denken im Biologieunterricht aus den Klassenstufen 5 und 9.- In: Biologie in der Schule.- Berlin, 29 (1980) 11.

Helenius, A. : Die Bedeutung des schöpferischen Rollenspiels der Vorschulkinder für ihre moralische Erziehung.- Diss. A.- Berlin: Humboldt-Universität, 1979.

Hentschel, G.: Tätigkeitskonzept und Persönlichkeitsentwicklung in der Psychologie Ausbildung bei Lehrerstudenten. - In: Pädagogische Forschung.- Berlin: APW, 20 (1988)1.

Herbarth, J.F.: Allgemeine Pädagogik aus dem Zweck der Erziehung abgeleitet.- Bd.2.- Herbarth, J.F.: Sämtliche Werke.- Kehrbach (Hrsg.): Langensalza: Kehrbach, 1937.- Zit. in: Geißler, 1983.

Herold, D.: Zur Herausbildung von Überzeugungen - Beispiele aus Klassenstufe 7.- In: WZ der PH Erfurt/Mühlhausen, MNR 18 (1982) 3.

Herold, D.: Kenntnisse aus dem Biologieunterricht der Klassenstufe 7 - ein Beitrag zur Erziehung unserer Schüler.- Diss. A.- PH Erfurt/Mühlhausen, 1984.

Hirmer, A.: Normkenntnisse und Einsichten im Biologieunterricht der Klassenstufe 5 - ein Beitrag zur Verhaltensbildung unserer Schüler.- Diss. A.- PH Erfurt/Mühlhausen, 1982a.

Holdgate, M. W:: The Environmental Information Needs of the Decision-maker.- In: Nature and Resources 18 (1982) 1.

Hundertmarck, G.: Umweltschutz im Kindergarten.- In: D. Engelhard / G. Ortner (Hrsg.): Kinderzeit.- Paderborn: B u. B Verlags GmbH, 1989, 4. Dez.

Internationale Strategie für Maßnahmen auf dem Gebiet der Umwelterziehung und -bildung in den neunziger Jahren: UNESCO/UNEP-Kongreß.- Moskau, 1987.

Jantos, W. / I. Lompscher: Lerntätigkeit und Lernleistung.- In: Pädagogik.- Berlin, 26 (1971) 9.

Jilesen, M.: Soziologie.- 2. Auflage.- Köln-Porz: Stam-Verlag GmbH, 1982.

Jurko, G.P. et al.: Der Gesundheitszustand von Kindern im Vorschulalter und der Einfluß einiger Umweltfaktoren.- In: Ärztliche Jugendkunde.- Leipzig, 79 (1988) 2.

Kerber-Ganse, W.: Umwelterziehung im Vorschulbereich.- In: D. Engelhard / G. Ortner (Hrsg.): Kinderzeit.- Paderborn: B u. B Verlags GmbH, 1989, 4. Dez.

Keune, H.: Kenntnisse - Struktur und Bedeutung.- In: WZ der PH Erfurt/Mühlhausen, MNR 18 (1982) 3.

Kirchhöfer, D.: Die Herausbildung der Individualität des Vorschulkindes - lebensverbunden und entwicklungsgemäß auf der Grundlage des neuen Programms.- In: Neue Erziehung im Kindergarten.- Berlin, 41 (1988) 9.

Klafki, W. et al.: Erziehungswissenschaft.- Bd.1.- Fischer Tb. Allgemeine Rh.Nr. 106.- Frankfurt/M.: Fischer Taschenbuch Verlag, o.J.

Klingberg, L.: Einführung in die Allgemeine Didaktik.- 2. Auflage.- Berlin: VWV, 1974.

Koch, G. (Hrsg.): Herausforderung Umwelt, Anstiftung zum ökologischen Lehren und Lernen.- Frankfurt/M.: extrabuch Verlag GmbH, 1985.

Koralewski, P.: Kenntnisse im Biologieunterricht der Klassenstufe 8 - ein Beitrag zur Verhaltensbildung unserer Schüler.- Diss. A.- PH Erfurt/Mühlhausen, 1985.

Korotow, V.: Die Forderung im Unterricht.- Berlin: VWV, 1973.

Kossakowski A.: Grundlegende Komponenten der Interiorisation von Normen des Sozialverhaltens.- In: Pädagogik 1. Beiheft Berlin, 1968.

Kossakowski, A.: Zur Periodisierung der psychischen Entwicklung in der Ontogenese.- In: Jugendforschung.- 1969 a 9.

Kossakowski, A.: Altersnormen - Alterspositionen und alterstypische Verhaltensweisen im Schuljugendalter.- In: Jugenforschung.- 1969 b 10.

Kossakowski, A.: Psychologische Untersuchungen zur Entwicklung sozialistischer Persönlichkeiten.- Berlin: VWV, 1971.

Kossakowski, A. (Hrsg.): Zur Psychologie der Schuljugend.- Berlin: VWV, 1972.

Kossakowski, A.: Über persönlichkeitstheoretische Grundlagen der Pädagogischen Psychologie.- Berlin: VWV, 1972.

Kossakowski, A.: Psychologische Fragen der Entwicklung selbständig handelnder sozialistischer Persönlichkeiten.- In: Pädagogisch-psychologische Beiträge zur Entwicklung sozialistischer Persönlichkeiten.- Berlin: VEB Deutscher Verlag der Wissenschaften, 1974.

Kossakowski, A.: Handlungspsychologische Aspekte der Persönlichkeitsentwicklung.- In: Beiträge zur Psychologie.- Berlin, 1980 5.

Kossakowski, A.: Entwicklungstheoretische und methodologische Probleme einer Periodisierung der psychischen Ontogenese der Persönlichkeit.- In: Pädagogische Forschung.- Berlin: APW, 25 (1984) 1.

Kossakowski, A. / J. Lompscher: Zum Tätigkeitskonzept in der Psychologie.- In: Pädagogische Forschung.- Berlin: APW, 29 (1988) 1.

Kossakowski, A. / K. Otto: Persönlichkeit - Tätigkeit - psychische Entwicklung.- In: APW (Hrsg.): Psychologische Grundlagen der Persönlichkeitsentwicklung im Pädagogischen Prozeß.- 4. Auflage.- Berlin: VWV, 1985.

Krutezki, W. A.: Psychologie.- 1. Auflage.- Berlin: VWV, 1979.

Kühn, H. / I. Salz: Das Vorschulalter.- In: A. Kossakowski (Hrsg.): Psychische Entwicklung der Persönlichkeit im Kindes- und Jugendalter.- 1. Auflage.- Berlin: VWV, 1987.

Laabs, H.-J. / G. Dietrich / E. Drefenstedt (Hrsg.): Pädagogisches Wörterbuch.- 1. Auflage.- Berlin: VWV, 1987.

Lange, I : Zur Entwicklung des schöpferischen Denkens und Handelns der Vorschulkinder.- In: APW-Arbeitsstelle Vorschulerziehung (Hrsg.): Zur Herausbildung der Individualität jedes Kindes im Erziehungsprozeß im Kindergarten.- Berlin: APW, 1988.

Landis, W. Ja.: Strojenie prozessa zapminanija.- B: Problemy psichologii pamjati.- Charkow, 1969.- Zit. in: Pippig/Lompscher 1985.

Lauenroth, E. / L. Dietrich: Fragebogenuntersuchungen zur Erfassung des sozialen Verhaltens bei Klein- und Vorschulkindern.- Dipl. Arbeit.- Friedrich-Schiller-Universität Jena, 1976.

Launer, I.: Zu einigen Problemen der wissenschaftlichen Arbeit auf dem Gebiet der Vorschulerziehung.- In: Neue Erziehung im Kindergarten.- Berlin, 31 (1978) 2/3.

Launer, I.: Das Spiel im pädagogischen Prozeß des Kindergartens - Aufgaben und Methoden der pädagogischen Führung der Kinder bei schöpferischen Spielen.- In: N. Christensen / I. Launer (Hrsg.): Über das Spiel der Vorschulkinder.- Berlin: VWV, 1979.

Lebensraum Kindergarten: Pädagogische Anregungen für Ausbildung und Praxis.- W. Barth / E. Bannmüller / E. Baumgärtner, et al. (Hrsg.): Sonderausgabe.- Freiburg und Lahr: Verlag Herder und Verlag E. Kaufmann, 1983.

Lefèvre, B.: The Ecology of Scientific Information: Telling what we know, Asking what we need.- In: Ecology in Practice.- Vol. 2.- The Social Response.- Dublin/Paris: Tycooly and UNESCO, 1984.

Leontjew, A.: Tätigkeit-Bewußtsein-Persönlichkeit.- In: W. Forst / W. Kessel / A. Kossakowski et al. (Hrsg.): Beiträge zur Psychologie.- Bd. 1.- 1. Auflage.- Berlin: VWV, 1979.

Lichtenstein-Rother, I.: Grundschule: der pädagogische Raum für Grundlegung der Bildung.- 4. Auflage (grüne Reihe).- Weinheim/Basel: Beltz Verlag, 1989.

Ljublinskaja, A. A.: Die psychische Entwicklung des Kindes.- Berlin: VWV, 1961.

Lohse, H./ R.H. Ludwig: Statistik für Forschung und Beruf.- Ein programmierter Lehrgang - Erfassung, Aufbereitung und Darstellung statistischer Daten.- Thun/Frankfurt/M.: Verlag Harri Deutsch, 1977.

Lotz, K.: Keine Zukunft ohne Umweltbewußtsein.- In: M. Würmli (Hrsg.): Hilf der Natur.- München: Naturalis Verlags- und Vertriebsgesellschaft, 1985.

Markosjan, A. A.: Probleme der Entwicklungsphysiologie.- 3. Auflage.-
Moskau/Berlin: MIR Verlag/VWV, 1978.

Merz, Ch.: Umweltbewußtsein - Umweltschutz - ein Erziehungsziel für den Kindergarten?.- In: Kindergarten heute.- Zeitschrift für Erziehung im Vorschulalter.- Freiburg: Herder Verlag, 1/1984.

Metzinger, A.: Umwelterziehung - so früh wie möglich beginnen.- In: D. Engelhard / G. Ortner (Hrsg.): Kinderzeit.- Paderborn: B. u. B. Verlags GmbH, 4. Dez. 1989.

Morris, R. J. : A Typology of Norms.- In: ASR, XXI. oct. 1965.- Zit. in: Jilesen, 1982.

Neisser, U.: Cognitive psychology.- New York: Appleton-CenturyCrofts, 1966.- (Dt. Ubers.: Kognitive Psychologie).- Stuttgart: Klett, 1974.- Zit. in: Weiner, B., 1976.

Niederle, Ch./ E. Michelic / L. Lenzeder: Bildung und Erziehung im Kindergarten.- Rahmenplan.- Wien: Westermann Verlag, 1980.

Noble, J.: The Application of Expert Systems in MAB.- In: Programme on Man and the Biosphere: (general Scientific Advisory Panal.- Final Report.- MAB Report. Series No.59.- Paris: UNESCO, 1986.

Opwis, K. / A. Gold / H. Gruber / W. Schneider: Zum Einfluß von Expertise auf Gedächtnisleistungen sowie deren Selbsteinschätzung bei Kindern und Erwachsenen.- In: Zeitschrift für Entwicklungspsychologie und Pädagogische Psychologie, Bd.XXII (1990) 3.

Otto, K.H.: Gesellschaftliche Normen als wesentliche Bedingungen für die erzieherisch gesteuerte Persönlichkeitsentwicklung - alters- und geschlechtsspezifische Bedingungen der Verhaltensentwicklung.- In: A. Kossakowski / K. H. Otto (Hrsg.): Psychologische Untersuchungen zur Entwicklung sozialistischer Persönlichkeiten.- 2. Auflage.- Berlin: VWV, 1973.

Parthey, H. / D. Wahl: Die experimentelle Methode in Natur- und Gesellschaftswissenschaften.- Berlin: VEB Deutscher Verlag der Wissenschaft, 1966.

Petrowski, A. W. (Hrsg.): Entwicklungspsychologie und pädagogische Psychologie.- 1. Auflage.- Berlin: VWV, 1977.

Petrowski, A. W.: Allgemeine Psychologie.- 5. Auflage.- Berlin: VWV, 1986.

Piaget, J.: Gesammelte Werke.- Studienausgabe.- Bd.1.- Das Erwachen der Intelligenz beim Kinde.- 2. Auflage.- Stuttgart: Klett/Cotta, 1989.

Pippig, G.; et al.: Pädagogische Psychologie.- 1. Auflage.- Berlin: VWV, 1988.

Pippig, G. / J. Lompscher: Entwicklung fester und disponibler Kenntnissysteme.- In: APW (Hrsg.): Psychologische Grundlagen der Persönlichkeitsentwicklung im pädagogischen Prozeß.- 4. Auflage.- Berlin: VWV, 1985.

Poddjakow, N.: Die Denkentwicklung beim Vorschulkind.- In: W. Forst / W. Kessel / A. Kossakowski et. al. (Hrsg.): Beiträge zur Psychologie.- Bd.9.- 1. Auflage.- Berlin: VWV, 1981.

Rauscher, H.: Methoden und Techniken der pädagogischen Forschung im Ablauf einer empirischen Untersuchung.- Manuskriptdruck.- Berlin: Humboldt-Universität, Sektion Pädagogik, 1972.

Reinke, Chr.: Zur methodischen Gestaltung der Aneignung von Normen und Einsichten.- In: WZ der PH Erfurt/Mühlhausen, MNR 18 (1982) 3.

Renner, E.: Entwurf einer sozialisationsorientierten Konzeption von Sachunterricht. . In: E. Renner (Hrsg.): Akzente für den Unterricht in der Primarstufe.- Heinsberg: Dieck, 1982.

Renner, E.: Sachunterricht - ein lebensweltlich-regionaler Ansatz.- In: E. Renner (Hrsg.): Grundschule zwischen Theorie und Praxis. Festschrift für Heinrich Klein.- Landauer Schriften zur Grundschulpädagogik, Bd. 7.- Landau, 1990a.

Renner, E.: Kulturvergleichende und sozialisations-orientierte Ansätze in der Grundschulpädagogik.- Landauer Schriften zur Grundschulpädagogik. Bd. 8.- Landau, 1990b.

Renner, E./ H. Gärtner: Lebenswelt - Umwelt - Lernort.- In: Umweltbildung von Lehrern.- Umwelterziehung Band 8.- K. Schleicher (Hrsg.): Hamburg: Krämer, 1994.

Retter, H.: Typen pädagogischer und didaktischer Ansätze im Elementarbereich.- In: R. Dollase (Hrsg.): Handbuch der Früh- und Vorschulpädagogik.- Bd.2 Düsseldorf, 1978.

Robinsohn, S. B.: Bildungsreform als Revision des Curriculum.- 1. Auflage.-Berlin/ Neuwied: Hermann Luchterhand Verlag, 1967.

Rödiger, W.: Ableiten kausaler Abhängigkeiten.- In: WZ der Friedrich-Schiller-Universität Jena, MNR 18 (1969) 3.

Rödiger, W.: Ableiten kausaler Beziehungen.- In: WZ der Friedrich-Schiller-Universität Jena, MNR 25 (1976) 3.

Rödiger, W.: Entwicklung von Fähigkeiten selbständigen geistigen Schaffens sowie die Ermittlung ihres Ausprägegrades - untersucht und dargestellt am Ableiten kausaler Abhängigkeiten.- Diss. A: Friedrich-Schiller-Universität Jena, 1980.

Röseberg, U.: Verantwortung als philosophische Herausforderung.- In: Einheit.- Berlin 44 (1989) 12.

Rosenfeld, G.: Theorie und Praxis der Lernmotivation.- 1. Auflage. Berlin: VEB Deutscher Verlag der Wissenschaften, 1967.

Roth, H.: Pädagogische Anthropologie.- Bd. 1.- Bildsamkeit und Bestimmung.- 4. Auflage.- Hannover: Schroedel, 1966.

Roth, H. (Hrsg.): Begabung und Lernen.- Stuttgart: Klett Verlag, 1971.

Rubinstein, S. L. : Sein und Bewußtsein.- Berlin: Akademie-Verlag, 1970.

Rubinstein, S. L.: Grundlagen der allgemeinen Psychologie.- Berlin: VWV, 1958.

Salz, I./ H. Kühn / I. Zimmer: Zur Entwicklung im Vorschulalter.- In: APW (Hrsg.): Stand und Tendenzen der Entwicklung wesentlicher Seiten sozialistischer Persönlichkeiten in unterschiedlichen Altersstufen.- Fortschrittsberichte und Studien.- Manuskriptdruck.- Berlin: APW, 1983.

Saporoshez, A. W. / D. B. Elkonin: Psychologie für Kindergärtnerinnen.- 2. Auflage.- Berlin: VWV, 1969.

Schenk-Danzinger, L.: Entwicklungspsychologie.- Wien: Österreichischer Bundesverlag, 1969.- Zit in: Schmidt und Schneeweiß, 1989.

Schmidt, H.-D.: Empirische Forschungsmethoden der Pädagogik - Einführung.- Berlin: VWV, 1961.

Schmidt, W. (Hrsg.): Gesundheitserziehung des Kindes im Vorschulalter.- 3. Auflage.- Berlin: VWV, 1975.

Schmidt, H.-D. / B. Schneeweiß (Hrsg): Schritt um Schritt.- 4. Auflage.- Berlin: VEB Verlag Volk und Gesundheit, 1989.

Schmidt-Kolmer, E.: Die organischen Grundlage der Persönlichkeitsentwicklung.- In: A. Kossakowski (Hrsg.): Psychische Entwicklung der Persönlichkeit im Kindes- und Jugendalter.-1. Auflage.- Berlin: VWV, 1987.

Scholz, I.: Aufgaben, Standpunkte und Probleme in Theorie und Praxis bei der Herausbildung der Individualität jedes Kindes im Erziehungsprozeß im Kindergarten.- In: APW, Arbeitsstelle Vorschulerziehung (Hrsg.): Zur Herausbildung der Individualität jedes Kindes im Erziehungsprozeß im Kindergarten.- Berlin: APW, 1989.

Schwarz, H. (Hrsg.): Empfehlungen zur Umwelterziehung in der Grundschule.- In: Haarmann (Hrsg.): Beiträge zur Reform der Grundschule.- Bd.71.-Frankfurt/M.: Arbeitskreis Grundschule e.V. und WWF-Deutschland, 1987.

Schweizer Kindergärtnerinnen-Verein (Hrsg.): Rahmenplan für die Erziehungs- und Bildungsarbeit im Kindergarten.- 3. Auflage.- s. l.: 1984.

Seve, L.: Wissen und Verantwortung.- In: M. Buhr / H. J. Sandkühler (Hrsg.): Philosophie in weltbürgerlicher Absicht und wissenschaftlicher Sozialismus.- Köln: Pahl-Rugenstein-Verlag, 1985.

Sintschenko, P. J.: Probleme der Gedächtnispsychologie.- In: Ergebnisse der sowjetischen Psychologie.- Berlin: AkademieVerlag, 1967.

Smirnow, A. A.: Problemy psichologii pamjati.- Moskwa: 1966.- Zit. in: Pippig/Lompscher, 1985.

Soffner, B.: Zur Herausbildung von Zielstrebigkeit bei älteren Vorschulkindern.- In: APW, Arbeitsstelle Vorschulerziehung (Hrsg.): Zur Herausbildung der Individualität jedes Kindes im Erziehungsprozeß im Kindergarten.- Berlin: APW, 1989.

Specht, F.: Beanspruchung von Schülern.- Der Bundesminister für Bildung und Wissenschaft (Hrsg.): Bonn: Oktober 1977.

Starck, W.: Grundfragen der Erziehung.- 11. Auflage.- Hamburg: Dr. Felix Büchner. - Handwerk und Technik, 1990.

Steußloff, H.: Über das Ziel und den gnostischen Mechanismus der moralischen Erziehung sozialistischer Persönlichkeiten.- In: Pädagogische Forschung.- Berlin: APW, 9 (1968) 5/6.

Teubner, M.: Leitlinien und Erziehung im Biologieunterricht.- In: WZ der PH Erfurt/Mühlhausen: MNR 18 (1982) 3.

Theuß, M.: Die Nutzung des biologischen Lehrstoffes zur Entwicklung der Fähigkeit des finalen Urteilens für die weltanschauliche Erziehung der Schüler und die Ermittlung sowie Bewertung der jeweils erreichten Ergebnisse.- Diss. A.- Friedrich-Schiller-Universität Jena, 1972a.

Theuß, M.: Die Gestaltung von Prüf- und Meßverfahren zur Ermittlung der Bildungs- und Erziehungsergebnisse im Biologieunterricht bei der Entwicklung des finalen Urteilens unter besonderer Berücksichtigung der weltanschaulichen Erziehung.- In: WZ der Friedrich-Schiller-Universität Jena, MNR 21 (1972) 2b.

Theuß, M.: Finales Urteilen.- In: WZ der Friedrich-Schiller-Universität Jena, MNR 25 (1976) 3.

UNESCO-Verbindungsstelle für Umwelterziehung im Umweltbundesamt (Hrsg.): Umwelterziehung in Bund und Ländern.- Berlin, 1987.

UNESCO-Verbindungsstelle für Umwelterziehung im Umweltbundesamt (Hrsg.): Umwelterziehung im Vorschulbereich.- Berlin, 1988.

UNO-Konferenz: Konferenz der Vereinten Nationen über die menschliche Umwelt.- Stockholm, 1972.- Zit. in: Internationale Strategie für Maßnahmen auf dem Gebiet der Umwelterziehung und -bildung in den neunziger Jahren.-UNESCO/UNEP Kongreß.- Moskau, 1987.

Unterbruner, U.: Thesen zur Umwelterziehung in der Grundschule.- In: Die Grundschulzeitschrift.- Seelze: Friedrich, 3 (1989) 7.

Ussowa, A. P.: Unterricht im Kindergarten.- Berlin: VWV, 1973.

Vier, W.: Der diagnostische Aussagewert der Methode der Beispielgeschichten für die Ermittlung von Erziehungsergebnissen.- In: Bericht über die 1. Wissenschaftliche Arbeitsberatung der Forschungsgemeinschaft der Sektion Erziehungswissenschaften der Universität Greifswald.- Manuskriptdruck.- Greifswald: 1972.

Wagner, B: Normen-Grundwissen im Biologieunterricht der Klassenstufe 9 - ein Beitrag zur Verhaltensbildung unserer Schüler.- Diss. A.- PH Erfurt/Mühlhausen, 1988.

Weiner, B: Theorien der Motivation.-1. Auflage.- Stuttgart: Klett Verlag, 1976.

Weiner, B. / A. Kukla: An attributional analysis of achievement motivation.- In: Journal of Personality and Social Psychology.- 1970; 15.- Zit. in: Weiner, 1976.

Weinert, F. E. / C. F. Graumann / H. Heckhausen et al. (Hrsg.): Funk-Kolleg.- Pädagogische Psychologie.- Bd.1 Frankfurt/M.: Fischer Taschenbuch Verlag, 1974.

Weizsäcker, E. U. v.: Erdpolitik.- Frankfurt /M.: Büchergilde Gutenberg, 1990.

Weltkommission für Umwelt und Entwicklung: Unsere gemeinsame Zukunft.- (Brundtland Bericht).- 1. Auflage.- Berlin: Staatsverlag der DDR, 1988.

Werwick, M. : Zwischenbilanz zur Leserdiskussion: Wie lebensverbunden ist unsere Erziehung?.- In: Neue Erziehung im Kindergarten.- Berlin, 40 (1987) 11.

Wildauer, G.: Zur Entwicklung der geistigen Tätigkeit im Vorschulalter.- Berlin, 1968.

Winkelmann, H.: Selbständige Handlungskontrolle als eine wesentliche Bedingung der eigenständigen Handlungsregulation.- In: G. Clauß / A. Kossakowski (Hrsg.): Pädagogisch-psychologische Beiträge zur Entwicklung sozialistischer Persönlichkeiten.- Berlin: VEB Deutscher Verlag der Wissenschaften, 1974.

Witzlack, G. et al.: Einführung in die Psychodiagnostik in der Schule.- 3. Auflage.- Berlin: VWV, 1986.

Wygotski, L. S.: Denken und Sprechen.- Berlin: Akademie Verlag, 1964.

Zimmer, I.: Pädagogische Arbeit in jüngeren Gruppen des Kindergartens.- Berlin, 1984.

Zöpfl, H./ H. Huber: Über Grundlagen von Bildung und Erziehung.- Schriftenreihe der Pädagogischen Stiftung Cassianeum in Donauwörth.- Donauwörth: Verlag Ludwig Auer, 1990.

Grundschule als ökologischer Lernort

- eine pädagogische Konzeption -

von Erich Renner

5.0 Das Konzept ökologischer Bausteine als spezieller Arbeitsplan
5.1 Vorbereitung des Kollegiums
5.2 Implementation des Arbeitsplans
5.3 Schulinterne Lehrplanarbeit: Ausstattung der Bausteine mit Materialien
5.3.1 Sichtung, Auswahl vorliegender Materialien
5.3.2 Entwicklung und Bereitstellung von Materialien
5.3.3 Entwicklung von Unterrichtsmodellen
5.4 Schulinterne Entwicklung und Erprobung
5.4.1 Entwicklung der Nachbereitungskompetenz des Kollegiums
5.4.2 Organisationsmodell A
5.4.3 Organisationsmodell B

6.0 Begleitforschung (Wiss. Begleitteam)
6.1 Externe Evaluation des Unterrichts im Kontext der Bausteine anhand qualitativer Methoden:
6.1.1 Protokollanalysen
6.1.2 Rekonstruktion von Lehrerhandlungen
6.1.3 Rekonstruktion von Lehrer- und Schülerrückmeldungen
6.2 Externe Erprobung einzelner Bausteine
6.3 Ziele:
6.3.1 Entwicklung eines unterrichtlich erprobten Arbeitsplanes von ökologischen Bausteinen
6.3.2 Erarbeitung eines Lehrerhandbuches
6.4 Untersuchung der Schülerentwicklung:
6.4.1 Entwicklungspsychologische Grundlagen der Umwelterziehung
6.4.2 Entwicklung eines Konzeptes zur Schülerbefragung
6.5 Untersuchungen
6.6 Ziel: Erarbeitung eines Längsschnittvergleichs der Schülerentwicklung im Versuchszeitraum

Literatur

Vorbemerkungen

Im Herbst 1992 wurde die Aufgabe an mich herangetragen, die Leitung eines Schulversuchs zu übernehmen, bei dem die Grundschule 21 Thomas Müntzer in Erfurt-Möbisburg zu einem ökologischen Lernort umgestaltet werden sollte. Zu diesem Zeitpunkt sah es so aus, als ob bestimmte notwendige Sanierungen im Schulgebäude als Voraussetzungen für diesen Versuch finanziert werden könnten.

Mit meinen Mitarbeitern habe ich daraufhin eine Konzeption ausgearbeitet, bei der wir die Vorgaben des damaligen Thüringer Heimat- und Sachkundelehrplans anhand von insgesamt neun ökologischen Bausteinen ausdifferenziert haben. Dieses Lehrplan-Bausteine-System sollte als spezieller Arbeitsplan für diese Grundschule fungieren und im Kontext schulinterner Lehrerfortbildung, didaktisch-methodischer Arbeit mit Materialien, Unterrichtsmodellen erprobt und evaluiert werden. Außerdem wurde die Untersuchung der Schülerentwicklung für die Dauer des Versuchs konzipiert.

Obwohl das pädagogische Konzept beim Thüringer Kultusministerium auf Zustimmung stieß, verzögerte sich die Genehmigung des Schulversuchs immer wieder, weil die notwendigen finanziellen Ressourcen für die Sanierung bei der Stadt Erfurt nicht vorhanden waren. Schließlich schien es mir notwendig, den Schwebezustand durch die Rücknahme meines pädagogischen Konzeptes zu beenden.

Mit dieser Publikation soll die für den Schulversuch entworfene Konzeption zur Diskussion gestellt werden. Möglicherweise könnte sie mit bestimmten Modifikationen als Modell für andere Schulversuche fungieren.

1.0 LEITGEDANKE:

"Alles Leben, die Natur insgesamt, hat einen Wert in sich selbst, unabhängig vom menschlichen Gebrauch oder Nutzen" (nach Döbler 1992, S. 357).

In dieser Formulierung ist die Dominanz des Menschen über die Natur aufgehoben. Außerdem wird der Vorstellung Raum gegeben, daß der Mensch selbst Teil der lebendigen Natur ist. In Konsequenz ergibt sich daraus, daß das Verhältnis des Menschen zur Natur als Abhängigkeitsverhältnis gesehen werden muß. Die Natur bildet die Grundlage menschlicher Existenz.

Verantwortung gegenüber der Natur bedeutet deshalb, die natürlichen Lebensgrundlagen um ihrer selbst willen zu bewahren.

2.0 RICHTZIEL: ÖKOLOGISCHE MÜNDIGKEIT

Der Begriff ökologische Mündigkeit wurde von Mertens (1989) vorgeschlagen. Er verbindet damit die eigenverantwortliche Aufgabe, den interdependenten Zusammenhang von natürlicher und sozialer Umwelt zu realisieren. Ökologisch mündig wäre jemand dann, wenn er die menschliche Abhängigkeit von den natürlichen Lebensgrundlagen komplex verstünde und sozial verantwortlich danach handelte.

2.1 Grundlegung ökologischer Kenntnisse und Zusammenhänge (wissenschaftlicher Aspekt)

Die vielseitige Erschließung der unmittelbaren Lebenswirklichkeit, zentrale Aufgabe der Thüringer Gesamtkonzeption für die Grundschule, erhält durch eine ökologische Zentrierung, wie sie in den nachfolgenden Bausteinen vorgenommen wird, keine Veränderung oder gar Verzerrung, sondern eine umweltspezifische Intensivierung. Das zu erarbeitende Wissen über die unmittelbare Lebenswirklichkeit legitimiert sich vor allem durch seine grundlegende Bedeutung für das Verstehen ökologischer Zusammenhänge.

2.2 Grundlegung umweltbewahrenden und umweltpflegenden Verhaltens (ethischer Aspekt)

Die intensive Beschäftigung mit den unmittelbaren Lebensbedingungen kann nur unter vielfältiger Beteiligung der Schüler sinnvoll verwirklicht werden. Beteiligung der Schüler am Erkunden und Erforschen ihrer Umwelt erfordert in vielfacher Hinsicht verantwortliches Verhalten und Handeln; und nur darin können die Wurzeln einer umweltethischen Haltung gesehen werden.

2.3 Grundlegung von Anschauung und Phantasie (ästhetischer Aspekt)

Erkenntnisse, Verstehen, Verantwortung gewinnen ihre Qualität erst durch Entwicklung der Fähigkeit zur Anschauung und durch Entwicklung der Einbildungskraft. Die Erkundung und Erforschung der unmittelbaren Lebenswirklichkeit bedürfen deshalb der Verknüpfung mit den künstlerischen Fächern, die über Bildende Kunst, Literatur, Musik, Bewegung den ästhetischen Bedürfnissen der kindlichen Entwicklung entsprechen. Ökologisches Lernen entspricht vor diesem Hintergrund dem anthropologischen Bedürfnis nach ästhetischer Wahrnehmung und Orientierung.

3.0 PRINZIPIEN

3.1 Lebensweltorientierte Aufklärung

Die grundlegenden Phänomene ökologischen Lernens müssen in der Lebenswelt der Schüler aufgesucht werden. Zu dieser Lebenswelt gehören die Schule, das Dorf, die Umgebung, und zwar nicht vor allem in ihrer Gesamtheit, sondern insbesondere in überschaubaren Milieu-Ausschnitten. Zusammen mit den als Bausteine konzipierten thematischen Konstrukten bilden sie die Lernorte, an denen Wissen und Verstehen (d.i. Aufklärung) durch möglichst selbständiges Lernen erreicht werden sollen.

Da ökologisches Lernen immer verantwortungsbewußtes Denken und Handeln einschließt, wird vermieden, daß etwa das Thema "Umweltschutz" überstrapaziert wird und als Dauerthema gewissen Abnützungserscheinungen bei den Lernenden unterliegt.

3.2 Erkunden/Experimentieren/Simulieren

Während vielfältiges Erkunden als das Verfahren des Lernens vor Ort bezeichnet werden kann, bedarf es vielfältiger Experimente und Simulationen zur Er- und Verarbeitung der Erkundungen und der dabei erworbenen Erfahrungen.

Die besonderen schulischen Lernorte zur Verarbeitung ökologischer Erfahrungen sind in speziellen Arbeitsräumen zu sehen, und zwar in je einer naturwissenschaftlichen sowie einer sozialwissenschaftlichen Experimentier-Werkstatt. Bei dem sozialwissenschaftlichen Experimentier-Raum handelt es sich um eine Puppenspiel-Werkstatt.

3.3 Interne Praxis

Darunter ist zu verstehen, daß die Erfahrungen und Erkenntnisse ökologischen Lernens in einen Handlungsrahmen eingehen müssen, der in der eigenen Schule bedeutsam ist. Eine Grundschule kann auf Dauer nur dann ein sinnvoller ökologischer Lernort sein, wenn die Kinder die Erfahrung machen, daß das erarbeitete Umweltwissen, daß die erreichten Erkenntnisse nicht den Lebens- und Lernbedingungen der Schule zuwiderlaufen.

Zu den Lebens-und Lernbedingungen gehören der bauliche Zustand der Schule und des Schulgeländes; der Zustand und die Ausstattung der Klassen-, Arbeits- und Freizeiträume; die Organisationsweise der Schule; die Formen des schulischen Zusammenlebens; das Selbstverständnis der Lehrenden und der Eltern.

3.4 Externe Praxis

Die Verknüpfung der schulischen Arbeit mit Lebenszusammenhängen des schulischen Einzugsfeldes (z.B. Dorf, Ortsteil, Stadtviertel) kann als Konsequenz der vorangegangenen Prinzipien angesehen werden. Eine Grundschule, deren Lebens- und Lernbedingungen auf ökologisches Wissen, Verstehen, Handeln ausgerichtet wird, ist in einem ökologiefeindlichen Einzugsgebiet nicht vorstellbar. Es ist geradezu unabdingbar, daß die Lernenden die Lebensbedeutsamkeit ihrer ökologischen Erfahrungen spüren können, zumindest in Wirkungen auf wichtige Ausschnitte von Öffentlichkeit, an denen sie selbst beteiligt sind. Interne Praxis ohne Konsequenz für die umgebende Öffentlichkeit (externe Praxis) ist ein Widerspruch in sich.

Man kann das Prinzip der externen Praxis unter dem Leitmotiv zusammenfassen: **Das schulische Umfeld lernt mit**!

(Vgl. dazu Popp 1976)

4.0 AUSDIFFERENZIERUNG von LEHRPLÄNEN zur ENTWICKLUNG SPEZIELLER SCHULKONTUREN (hier: GRUNDSCHULE als ÖKOLOGISCHER LERNORT)

4.1 Lehrplantheoretische Aspekte

Die vorläufigen Thüringer Lehrpläne, gültig seit 1991, bilden die Grundlage für die Entwicklung unserer speziellen Schulkontur "ökologischer Lernort". Dabei ist der Heimat- und Sachkunde-Lehrplan, verknüpft mit den beiden wichtigsten inhaltlichen Ebenen des Lehrplans Schulgarten, das zentrale Bezugsfeld der Ausdifferenzierung.

Die Aufgabe einer Ausdifferenzierung vorliegender Lehrpläne problematisiert zwangsläufig die allgemeine Frage nach der Art und Weise, wie Lehrpläne die konkrete Unterrichtswirklichkeit bestimmen.

Jede unterrichtliche Umsetzung von Lehrplanvorgaben vollzieht sich auf drei Ebenen, und zwar auf der Ebene von Arbeitsplänen, auf der Ebene von Medien, auf der Ebene des Zugriffs der Lehrenden. Diese Ebenen stehen in wechselwirksamen Zusammenhängen. Auch Arbeitspläne, die sich sehr eng an Lehrplanvorgaben halten, stellen letztlich ein Interpretationskonzept dar. Sie bleiben eine mögliche Version, die durch bestimmte Medien und spezielle Zugriffe der Lehrenden als weitere Varianten verstanden werden müssen (vgl. Renner 1981, 1989, 1990).

4.1.1 Lehrplan/Bausteine als verbundenes System

Das nachfolgende Verfahren der Ausdifferenzierung arbeitet mit "Bausteinen" als Organisationsprinzip. Das Bausteine-Prinzip ermöglicht eine inhaltliche Konzentration im Sinne der Zielvorgabe mit gleichzeitiger Anzeige der Verankerung in den Lehrplänen. Der Lehrplan Heimat- und Sachkunde bildet so ein mit den Bausteinen verbundenes System, von dem aus weitere fächerübergreifende Bezüge hergestellt werden können (siehe Abbildung 1).

Mit der unterrichtlichen Behandlung der Bausteine gelten die damit verknüpften Lehrplanbestandteile als abgearbeitet.

Die Konzentration der Ausdifferenzierung auf ein Geflecht von Bausteinen kann gleichzeitig als eine Art Operationalisierung der ökologischen Schulkontur angesehen werden, so daß eine überschaubare und praktikable Begleitforschung möglich wird.

Abb. 1: Bausteine als Organisationskonzepte der Ausdifferenzierung
Die Thüringer Lehrpläne Heimat- und Sachkunde im Verbund ökologischer Bausteine
(Die Ausdifferenzierung wurde erarbeitet von:
Hans Baier, Marco Brand, Wolfgang Heinke, Erich Renner,
Dagmar Schlüter, Ilona Schneider

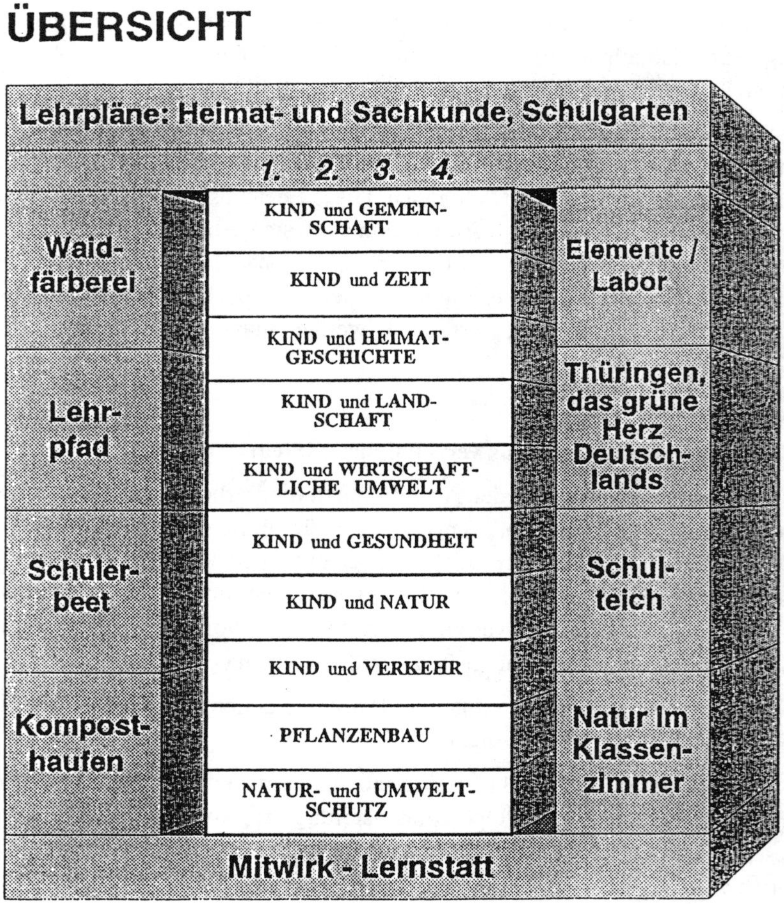

4.1.2 Bausteine als thematische Lernort-Konstrukte

Lernortforschung bezeichnet ein Konzept von Unterricht, in dem Schüler vor Ort an konkreten Gegebenheiten Sachverhalte ihrer Umwelt explorierend kennen- und verstehen lernen sollen. Bisherige Versuche dieser Art wurden vor allem mit Schülern des Mittel- und Oberstufenalters unternommen.

Um eine sinnvolle Synthese mit den gültigen Lehrplänen zu ermöglichen, um eine angemessene Verknüpfung schulinterner und schulexterner thematischer Aspekte zu gewährleisten, wurde für die Grundschule Möbisburg ein Verfahren praktiziert, das man als Entwerfen thematischer Lernort-Konstrukte bezeichnen kann.

In der Formulierung Lernort-Konstrukte ist aufgefangen, daß es sich bei den entworfenen Bausteinen nicht jeweils nur um Orte handelt, die für bestimmte Lernaktivitäten einfach aufzusuchen wären, sondern auch um Orte, die erst durch Lernaktivitäten thematisch entstehen.

4.2 BAUSTEINE als Organisationskonzepte der Ausdifferenzierung:

4.2.1 Baustein "Waidfärberei"

4.2.2 Baustein "Elemente-Labor"

4.2.3 Baustein "Lehrpfad"

4.2.4 Baustein "Thüringen, das grüne Herz Deutschlands"

4.2.5 Baustein "Schülerbeet"

4.2.6 Baustein "Schulteich"

4.2.7 Baustein "Komposthaufen"

4.2.8 Baustein "Natur im Klassenzimmer"

4.2.9 Baustein "Mitwirk-Lernstatt"

Waidfärberei

Inhalte	1. Klasse	2. Klasse	3. Klasse	4. Klasse
Waidanbau	Pflege (LP HSK, S. 13) Erntehilfe (LP HSK, S. 13)	Anzucht Waidbau in Möbisburg und Umgebung (LP HSK, S. 18)	Ernte (LP W/SCH, S. 22) Ein Waidhof Waidmühlen in Erfurt	Vermehrung (LP W/SCH, S. 29) Anzucht Geschichte des Waidhandels
Biofarbe	---	Waidbällchen aus Blättern	Farben aus Naturstoffen (LP HSK, S. 39)	Färben
Blaudruck	Gestalten von Mustern	Gestalten von Mustern	Ein Waidfärber bei der Arbeit (LP HSK, S. 39)	Blaudruck selbst hergestellt
Waidfest als Umweltfest	Einladungskarten	Ausstellung zum Heimatfest	Ein Theaterstück zum Waidfest	Planen und Organisieren des Heimatfestes (LP HSK, S. 9, 18)

Lernziele	Fächerübergreifende Themen
- Wachstum und Kulturbedingungen der Waidpflanze - Waid als eine Biofarbe - Naturnahe Produktion (LP, S. 22) - Waid in der thüringischen Handwerkskunst - Arbeiten mit Waid - Geschichtliche Bedeutung des Waidbaus und Waidhandels - Gestalten eines Heimatfestes	W/SCH : Modell einer Waidmühle (LP, S. 16) KG : Entwerfen von Druckmustern für Blaudruck; Blaudruck (LP, S. 6) D : Erzählung über den Waidbau in Thüringen (LP, S. 7) Schreiben, Einstudieren und Spielen eines Theaterstückes zum Waidhandel in Erfurt

Elemente-Labor

Inhalte	1. Klasse	2. Klasse	3. Klasse	4. Klasse
Wind und Windenergie	Spielerische Erfahrungen mit Wind	Windmessung (LP HSK, S. 26)	Wetterhahn (LP HSK, S. 34, 45)	Windrad - Energie durch Wind
Wasser und Wasserkraft	Spielerische Erfahrungen mit Wasser	Niederschlagsmessung (LP HSK, S. 26)	Wasserspeicher - natürliche und künstliche (LP HSK, S.44)	Wasserrad - Energie durch Wasser
Temperatur und Sonnenenergie	Versuche mit Sonnenenergie	Temperaturmessung, Licht und Schatten (LP HSK, S. 26, 27)	Brennglas, Energie aus Holz, Kohle, Gas, Öl (LP HSK, S. 44)	Sonnenkollektor - warmes Wasser durch Sonne, Smog

Fehler! Textmarke nicht definiert. Lernziele	Fächerübergreifende Themen
- Führen einer Wettermappe - Witterungsgerechtes Verhalten - Wettererscheinungen und ihre Ursachen - Naturkräfte und ihre Nutzung - Experimenteller Vergleich von Energieträgern	Ma : Arbeiten mit Größen und Mengen W/SCH : Modelle bauen (LP, S. 16) D: Texte zum Kreislauf der Natur und zu Umweltproblemen; Entwickeln und Spielen szenischer Texte zur Thematik Mu : Geräusche in der Natur (LP, S. 9)

Lehrpfad

Inhalte	1. Klasse	2. Klasse	3. Klasse	4. Klasse
Bäume	Birke,Linde,Bergahorn, Eibe (LP HSK, S. 13)	Apfel, Birne, Kirsche (LP, S. 13) Fichte, Kiefer (LP HSK, S. 28)	Eiche, Buche, Weide, Eberesche	Hasel, Hainbuche, Pappel, Erle, Spitzahorn, Feldahorn (LP HSK, S. 62)
Sträucher		Schwarzer Holunder, Flieder, Wacholder	Schneebeere, Stachelbeere, Johannisbeere	Himbeere, Heckenrose, Vogelbeere
Frühblüher	Schneeglöckchen Priemel, Krokus (LP HSK, S. 14)	Märzenbecher (LP HSK, S. 31)		Buschwindröschen

Lernziele	Fächerübergreifende Themen
- Artenkenntnis - Jahreszeitlicher Wandel - Schautafeln erarbeiten - Wegeplan für Lehrpfad erarbeiten (LP HSK, S. 35) - Bestimmungskarten erarbeiten (Spiel) - Lehrpfadherbarium (Ausstellung) - Lehrpfadordnung (Schutz)	D: "Bäume" im Gedicht, "Die Raupe Nimmersatt"; Übungen im Beschreiben KG: Malen und Zeichnen von Bäumen und Frühblühern (LP, S. 6) W/SCH: Schautafel anfertigen Bestimmungskarten anfertigen Mu: "So ziehn wir durch die Wälder" "Im Wald da wachsen die Beern" "Hier ist's grün, da ist's grün" "Der Frühling" (Mozart), "Im Wald" (Orff)

Thüringen - das Grüne Herz Deutschlands

Inhalte	1. Klasse	2. Klasse	3. Klasse	4. Klasse
Landschaften	Schulort im Geratal (LP HSK, S. 12)	Entlang der Gera (LP HSK, S. 19)	Die Gera von der Quelle bis zur Mündung (LP HSK,S. 34 - 37, 45)	Thüringer Landschaften (LP HSK, S. 54)
Thüringer Wald und Rennsteig	Rennsteiglied	Märchen, Sagen, Legenden	Orte und ihre Namen	Rennsteig - Grenze und Verbindung
Blumen und Heil-pflanzen	Tee aus heimischen Krautern	Blumen und Heilkräuter am Wegesrand (Herbarium)	Blumenstadt Erfurt	Rucksackapotheker
Bräuche in Thüringen	Osterfest (LP HSK, S. 9)	Kirmes/Erntedankfest (LP HSK,S. 18)	Bauernregeln und Rede-wendungen (LP HSK, S. 44)	Besuch im Thüringer Volkskundemuseum in Erfurt (LP HSK, S. 52)

Lernziele	Fächerübergreifende Themen
- Orientierung in der Landschaft - Natürliche Umwelt als Bedingung wirtschaftlicher Entwicklung - Natürliche und kulturelle Merkmale der Region als Vor-setzung von Heimat	D : Lesen von Märchen, Sagen und Legenden, Geschichten erzählen, (LP, S. 23, 24, 29) KG : Ein Bild über einen Wandertag Mu : Volkslieder von Thüringen, (LP, S. 9, 20) Ma : Größenordnungen, Streckenlängen, Geometrische Grundformen, (LP, S. 29, 31, 45)

Schülerbeet:

Inhalte *	1. Klasse	2. Klasse	3. Klasse	4. Klasse
Nutzpflanzen	Erbse Steckzwiebel Sonnenblume	Radieschen Kartoffel	Möhre Tomate Kohlrabi Roggen	Salat Tomate Weizen
Zierpflanzen	Ringelblume	Stiefmütterchen	Studentenblume Zwergdahlie	Fette Henne
Kräuter	Kapuzinerkresse	Dill	Petersilie	Schnittlauch

Lernziele	Fächerübergreifende Themen
- Zusammenhang Wachstum und Pflege - Erfahrungen mit biologischem Anbau - Verantwortung für ein Beet übernehmen - Verwertung der Ernte	HSK : Gemeinschaftliches Arbeiten, siehe Baustein "Der Komposthaufen" (LP, S. 7, 10, 12) Ma : Arbeiten mit Größen und Mengen; Geometrische Grunderfahrungen

* die Inhalte sind als Konkretisierung des Lehrplanes "Schulgarten" zu verstehen

Schulteich (Feuchtbiotop)

Inhalte	1. Klasse	2. Klasse	3. Klasse	4. Klasse
Teich als Element des Schulgeländes	Beobachtungen am Schulteich	Darstellung des Teiches als Teil des Schulgeländes (LP HSK, S. 19) Der Frosch (LP HSK, S. 32)	Darstellung der Schule als zentralen Umwelt-Lernort (LP HSK, S. 35/36) Gestaltung und Pflege des Teiches (LP HSK, S. 32)	Gestaltung und Pflege des Teiches (LP HSK, S. 50)
Feuchtbiotop			Flora und Fauna an und in Gewässern (LP HSK, S. 49)	Feuchtbiotop als Baustein der Landschaft (LP HSK, S. 54, 60) Flora und Fauna an und in Gewässern (LP HSK, S. 64/65)

Lernziele	Fächerübergreifende Themen
- Anpassung der Pflanzen und Tiere an den Lebensraum - Lebensraum - Gewässerschutz - Gebrauch von Bestimmungsbüchern - Beobachtungsprotokolle und -zeichnungen (langfristig)	D : Sachverhalte und Beobachtungen erfassen und wiedergeben (LP S. 10, 69) Mu : Geräusche in der Natur (LP S. 9)

Der Komposthaufen

Inhalte	1. Klasse	2. Klasse	3. Klasse	4. Klasse
Ursachen für Abfall	Betrachten von Abfall (LP HSK, S.10)	Abfall durch Einkauf (LP HSK, S. 21)	Abfall durch Produktion	Abfälle früher und heute, Naturnahe Lebensweise (Ökobauer)
Die Natur - ohne Abfall	Sortieren von Abfällen, Abfalltrennung im Klassenraum/in der Schule - kompostierbar - nicht kompostierbar (LP HSK, S. 10)	Kompostieren in der Schule	Kompostieren in der Schule Wald als Kompostanlage (Heimatwald)	Kompostanlagen, Wald als Kompostanlage (Urwald)
Müll - ein Produkt der Menschen -	Müll im Klassenraum	Müll im Familien-haushalt (LP HSK, S. 22)	Müll in der Gemeinde	Müllverwertungsan-lagen, Naturnahe Lebensweise (Naturvölker)

Lernziele	Fächerübergreifende Themen
- Bewertungskriterien für Abfall und Müll - Ursachen für Abfall- und Müllprobleme - Verminderung von Abfall und Müll (Vorbild Natur) - Verfahren zur Abfall- und Müllverwertung	W/SCH : Kompostieren (Praxis) W/SCH : Herstellen eines Produktes aus Abfallpapier (z.B. Pflanzschale, Ballonfigur) KG : Müll"kunst" (LP, S. 5 - 7)

Natur im Klassenzimmer

Inhalte	1. Klasse	2. Klasse	3. Klasse	4. Klasse
Fensterbank (Vgl. LP Schulgarten)	Aufzucht von Sonnenblumen Kräuterschale: Schnittlauch, Petersilie, Kresse; Grünlilie,Cissus, Fleißiges Lieschen	Pestwurz und Gänseblümchen in der Pflanzschale, Kräuterschale: Schnittlauch, Petersilie, Kresse; Tradeskantia, Elefantenohr, Crassula	Aufzucht von Tomaten, Treiben von Hyazinthen, Kräuterschale: Schnittlauch, Petersilie, Kresse; Bryophyllum, Schiefblatt, Kaktus	Aufzucht von Tomaten, Kräuterschale: Schnittlauch, Petersilie, Kresse; Buntnessel, Usambaraveilchen, Zyperngras
Aquarium/Terrarium	Zahnkarpfen	Barsche	Wasserschildkröte (LP HSK, S. 47)	Landschildkröte (LP HSK, S. 47)
Sammlungen/ Ausstellungen	Blätter, Früchte, Rinde	Schneckengehäuse, Muscheln	Steine, Herbarium	Steine, Herbarium
Thematische Varianten und Erweiterungen	Tanzmaus	Goldhamster	Meerschweinchen	Zwergkaninchen

Lernziele	Fächerübergreifende Themen
- Lebensbedingungen für Pflanzen und Tiere im Zimmer - Vermehrung von Pflanzen und Tieren - Umweltästhetische Gestaltung des Klassenzimmers	D : Beobachten und Beschreiben von Tieren und Pflanzen (LP, S. 61, 74) KG : Bildnerische und plastische Darstellung von Tieren und Pflanzen (LP, S. 5 - 7)

Mitwirk-Lernstatt

Inhalte	1. Klasse	2. Klasse	3. Klasse	4. Klasse
Arbeit	Partner: Erkunden der Klassen (LP HSK, S. 7, 16)	Gruppen: Erkunden der Schule (LP HSK, S.32)	Gruppen: Erkunden des Dorfes (LP HSK, S. 33, 34)	Projekte: Bach-Partnerschaft; Puppentheater für Eltern
Spiel	Mitspielen lassen, Bekannte Spiele (LP HSK, S. 9)	Mitspielen lassen, Neue Spiele (LP HSK, S. 9)	Mitspielen lassen, Fremde Spiele (LP HSK, S. 9)	Mitspielen lassen, Erfundene Spiele (LP HSK, S. 9, 51)
Feier	Umweltfest (LP HSK, S. 9)	Umweltfest (LP HSK, S. 9, 18)	Umweltfest (LP HSK, S. 9, 18)	Umweltfest (LP HSK, S. 9, 18)

Lernziele	Fächerübergreifende Themen	
- Miteinander arbeiten, spielen, feiern - Kooperationsformen üben - Selbständiges Planen und Durchführen von Erkundungen und anderen Aufgaben - Darstellen von Erfahrungen, Ergebnissen in Zeichnungen, Texten, Tabellen - Entwerfen und Spielen szenischer Texte	Mu :	Geräusche in der Umgebung (LP, S. 9), Szenisches Gestalten (LP, S. 9, 18, 20, 23, 25, 28, 37)
	KG :	Ausgestaltung von Festen (LP, S. 5 - 7)
	D :	Beschreiben von Spielen (LP, S. 61, 74), Erfassen von Spielanleitungen (LP, S. 7, 18)
	Sp :	Sportspiele (LP, S. 4)
	W/SCH :	Herstellen von Spielgegenständen

5.0 Das Konzept ökologischer Bausteine als spezieller ARBEITSPLAN

5.1 Vorbereitung des Kollegiums

Unter Abschnitt 3.3 (Interne Praxis) wurde herausgearbeitet, daß es bei der Ausrichtung einer ökologisch orientierten Schule ganz besonders auf das Selbstverständnis der dort Lehrenden ankommt. Das Lehrerkollegium muß sich mit einem Konzept, wie es in "Grundschule als ökologischer Lernort" entworfen worden ist, identifizieren können. Zur Entwicklung einer solchen Identifikation wird es notwendig, die beruflichen und persönlichen Befindlichkeiten der Betroffenen ernstzunehmen. Die dafür notwendigen Gespräche sollen dazu führen, daß die Kolleginnen und Kollegen selbst mitbestimmen, wie sie ihre Kompetenzen einbringen und welche aus sachlichen Notwendigkeiten heraus weiterentwickelt werden müssen. Die genannten offenen Gespräche können dabei ergänzt werden anhand sogenannter Fortbildungsbedarfsanalysen, d.h. systematischer Verfahren zur Feststellung notwendiger Fortbildungs-Maßnahmen (vgl. Hülshoff, WSB, Baustein 118, Landau 1992).

Insgesamt geht es darum, daß die Vorbereitung des Kollegiums in kooperative Arbeitsformen einmündet, die zunächst unter der Leitung des Wissenschaftlichen Begleitteams stehen sollen.

5.2 Implementation des Arbeitsplans

Unter Implementation sind die Maßnahmen zu verstehen, mit denen das Lehrplan/Bausteine-Konzept des Wissenschaftlichen Begleitteams für die Unterrichtsarbeit verfügbar gemacht werden soll.

Die erste Phase dieser Arbeit befaßt sich deshalb mit dem unter 4.0 dargestellten Gesamtkonzept. Ziele, Prinzipien, Inhalte müssen in gemeinsamen Konferenzen mit dem Kollegium erläutert und diskutiert werden, wobei standortbezogene Erfahrungen des Kollegiums berücksichtigt werden können.

5.3 Schulinterne Lehrplanarbeit: Ausstattung der Bausteine mit Materialien

5.3.1 Sichtung, Auswahl vorliegender Materialien (Wissenschaftliches Begleitteam, Kollegium)

5.3.2 Entwicklung und Bereitstellung von Materialien (Wiss. Begleitteam, Kollegium)

5.3.3 Entwicklung von Unterrichtsmodellen (Wiss. Begleitteam, Kollegium)

5.4 Schulinterne Entwicklung und Erprobung:

5.4.1 Entwicklung der Nachbereitungskompetenz des Kollegiums

5.4.2 Organisationsmodell A (siehe Abbildung 2)

5.4.3 Organisationsmodell B (siehe Abbildung 3)

6.0 BEGLEITFORSCHUNG (Wiss. Begleitteam)

6.1 Externe Evaluation des Unterrichts im Kontext der Bausteine anhand qualitativer Methoden:

Das unter 4.0 vorgelegte Bausteine-Konzept ist einerseits inhaltliches Programm des Schulversuchs und andererseits Grundlage und Gegenstand der Evaluation des Unterrichts.

Es geht insgesamt darum, die ausgerasterten Themen im Zusammenhang mit den formulierten Zielen in ihrer Bedeutsamkeit für ökologisches Lernen zu prüfen.

Die Aufgabe einer solchen Prüfung konzentriert sich nicht auf quantitatives Ergebnisabfragen, sondern auf wirkungsorientierte Untersuchungen. Wichtig ist, wie und was Schüler unter welchen Bedingungen innerhalb des Bausteine-Konzepts lernen im Sinne einer Grundlegung ökologischer Mündigkeit. Dazu bedarf es qualitativer Untersuchungsverfahren, mit denen Schüler und Lehrer im Zusammenhang erfaßt werden.

6.1.1 Protokollanalysen

Sie sollen komplexe Unterrichtsverläufe dokumentieren, damit Wechselwirkungen zwischen Unterrichtskonzepten und Lernweisen von Schülern erkennbar werden.

6.1.2 Rekonstruktion von Lehrerhandlungen

In diesem Kontext werden die Planungskonzepte von Lehrenden für sich analysiert im Hinblick auf ihre Effektivierung.

6.1.3 Rekonstrukion von Lehrer- und Schülerrückmeldungen

Neben den Unterrichtkonzepten der Lehrenden sollen hier Arbeitsmaterialien der Schüler in ihrem Wechselwirkungszusammenhang analysiert werden (vgl. Renner 199o).

6.2 EXTERNE ERPROBUNG EINZELNER BAUSTEINE

6.3 ZIELE:

6.3.1 Entwicklung eines unterrichtlich erprobten Arbeitsplanes von ökologischen Bausteinen

6.3.2 Erarbeitung eines Lehrerhandbuches

6.4 Untersuchung der Schülerentwicklung:

6.4.1 Entwicklungspsychologische Grundlagen der Umwelterziehung

Dollase (1992) hat in einem Grundsatzartikel das "multifaktorielle Grundmodell" als "Denkrahmen für Handlungs- und Erklärungsmöglichkeiten" kindlicher Entwicklung herausgearbeitet. "Das bedeutet nichts anderes als die schlichte Erkenntnis, daß die Phänomene der Praxis, seien es nun Verhaltensstörungen, Kenntnisse oder Einstellungen von Kindern, meist durch eine Vielzahl von Ursachen, die miteinander in komplexen Wechselbeziehungen stehen, zu erklären sind" (S. 41/42).

Und er zieht daraus den Schluß, daß "zur Erreichung von Zielen der Umwelterziehung" nicht einzelne Maßnahmen, sondern "Maßnahmenbündel" unerläßlich sind. Konsequenz daraus wäre, Umwelterziehung als fächerübergreifendes Prinzip zu etablieren.

Es wäre eine Schule zu konturieren, in der die Lehrkräfte vorbildhaft Umwelterziehung als Konzept ihrer Schule verstehen und es gemeinsam mit den Kindern praktizieren. Dollase fordert sogar die Einrichtung eines Modellversuchs, in dem geprüft werden kann, ob eine ökologisch gestaltete Grundschule einen effektiven Beitrag zur Umwelterziehung ohne viele Worte" (S. 48) leisten könnte.

In diesem Zusammenhang hebt er hervor, daß es bisher keine empirischen Daten über Umwelteinstellungen und ihre Entwicklung bei Grundschulkindern gibt. Studien aus Finnland und USA beziehen sich auf Kinder höherer Altersgruppen.

6.4.2 Entwicklung eines Konzeptes zur Schülerbefragung:

Untersuchungen im Vorschulalter haben gezeigt, daß Kinder durchaus Zusammenhänge zwischen grundlegendem Sach- und Normwissen herstellen können (Baier 1990). Diese Erfahrungen sollen aufgenommen und bei Grundschulkindern in drei methodischen Varianten untersucht werden.

a) Interviews (Öko-Interview) sollen in möglichst offener Form die Schülerperspektiven zum Öko-Komplex ermitteln.

b) Einstellungsitems umfassen einen standardisierten Anteil an Untersuchungen, in denen Schüler unter vorgegebenen Einstellungen auswählen können.

c) Der magic man-Test ist ein experimentelles Instrument, das hier für ökologische Zusammenhänge adaptiert werden soll. Schüler können dabei gedanklich experimentierend zu Öko-Fragen Stellung nehmen.

6.5 Untersuchungen:

Auf der Basis der skizzierten mehrperspektivischen Schülerbefragungen sollen drei Untersuchungsschwerpunkte verwirklicht werden.

a) Ausgangslage der Einstellungen zur Öko-Problematik zu Beginn des Untersuchungszeitraumes,

b) Entwicklung der Einstellungen während der Versuchsphase,

c) Einstellungsmuster verschiedener Altersgruppen und ihre Konfiguration, z.B. Typenbildung, Altersgruppierung

6.6 ZIEL: Erarbeitung eines Längsschnittvergleichs der Schülerentwicklung im Versuchszeitraum:

Das Hauptanliegen der Schüleruntersuchung ist die Erarbeitung eines Längsschnitts der kindlichen Entwicklung bezogen auf die Öko-Problematik.

Literatur

BAIER, H: Umwelterziehung in der Vorschule - methodische Grundlagen der Verhaltensbildung. Erfurt 1990

BUNDESMINISTERIUM FÜR BILDUNG UND WISSENSCHAFT (Hrsg.): Ergebnisbericht der Enquete-Kommission "Schutz der Erdatmosphäre - eine Herausforderung an die Bildung" 1990

BUNDESMINISTERIUM FÜR BILDUNG UND WISSENSCHAFT (Hrsg.): Schlußbericht der Enquete-Kommission "Bildung 2000" 1990

BUDDENSIEK, W.: Wege zur Öko-Schule. Göttingen/Lichtenau 1991

DOLLASE, R.: Entwicklungspsychologische Grundlagen der Umwelterziehung. In: H. Gesing, R. Lob (Hrsg.): Umwelterziehung in der Primarstufe. - Heinsberg: Agentur Dieck 1991, S. 32 - 63

DÖBLER, M.:In: K. Schleicher, Hrsg., Lernorte in der Umwelterziehung, Hamburg: Krämer 1992, S. 357

HÜLSHOFF, T.: Probleme und Verfahren der Bildungsbedarfanalyse. Baustein 118

KAUFMANN, W.: Biologische Schulgärten. Krefeld 1984

MERTENS: Die ethische Dimension der Umwelterziehung.

RENNER, E.: Organisationsformen und Inhalte für die Arbeit mit ausländischen Kindern. In: R. Bessoth u.a.: Schulleitung - Ein Lernsystem für Schulleitung und Schulaufsicht, Band 4, Pädagogische Führung/Unterricht, Neuwied: Luchterhand 1985, Lerneinheit 46.02

RENNER, E.: Kulturvergleichende sozialisationsorientierte Ansätze in der Grundschulpädagogik. Landauer Schriften zur Grundschulpädagogik, Band 8, Landau: Uni Koblenz-Landau, 1990; darin: Baustein "Verfahren qualitativer Evaluation, Entwicklungen, Erprobungen, Ergebnisse", S. 334-374

RENNER, E.: Lehrplangeneration und Unterrichtswirklichkeit. In: Sachunterricht und Mathematik in der Primarstufe, 17. Jg., Heft 2, Februar 1989, S. 50-58

SEKRETARIAT DER KULTUSMINISTERKONFERENZ (Hrsg.): Beschluß der Kultusministerkonferenz "Umwelt und Unterricht" 1991

STAATSINSTITUT FÜR SCHULPÄDAGOGIK UND BILDUNGSFORSCHUNG: Umwelterziehung - Richtlinien für die Umwelterziehung an Bayerischen Schulen. München 1990

UMWELTBUNDESAMT (Hrsg.): Ökologisches Bauen. Wiesbaden/Berlin 1982

VESTER, F.: Denken, Lernen, Vergessen. München 1978

Abb. 2:

Modell A: Schulinterne Entwicklung und Erprobung

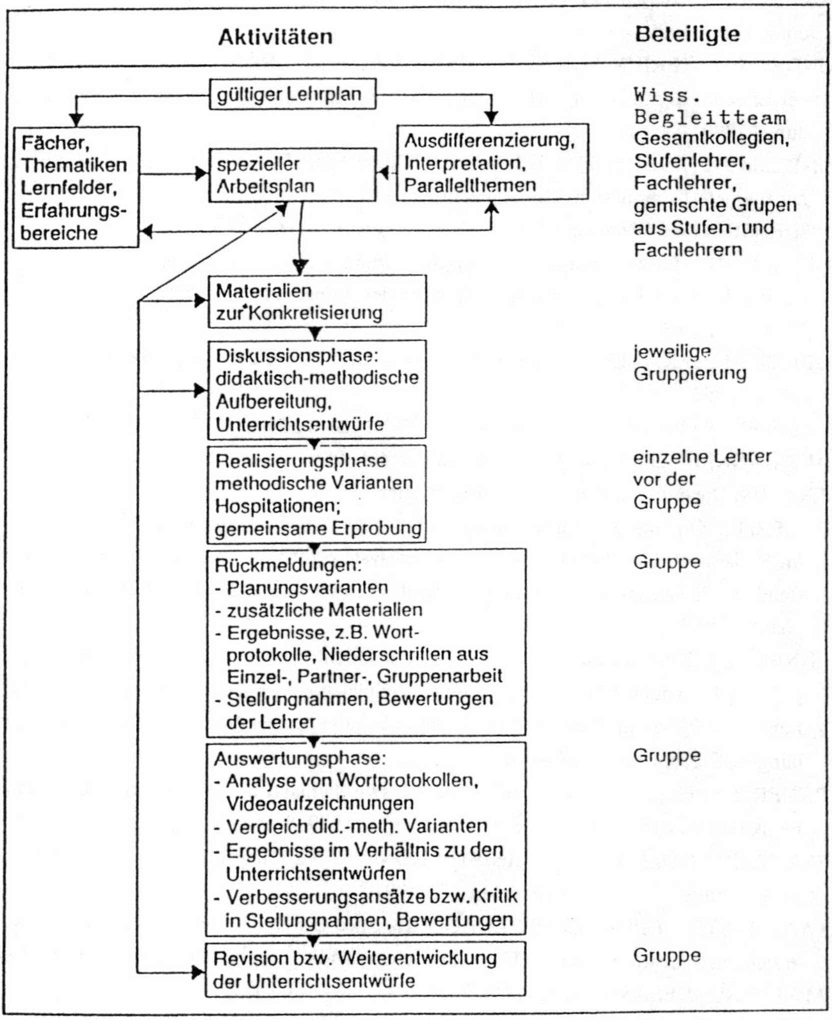

(Renner 1985)

Abb. 3:

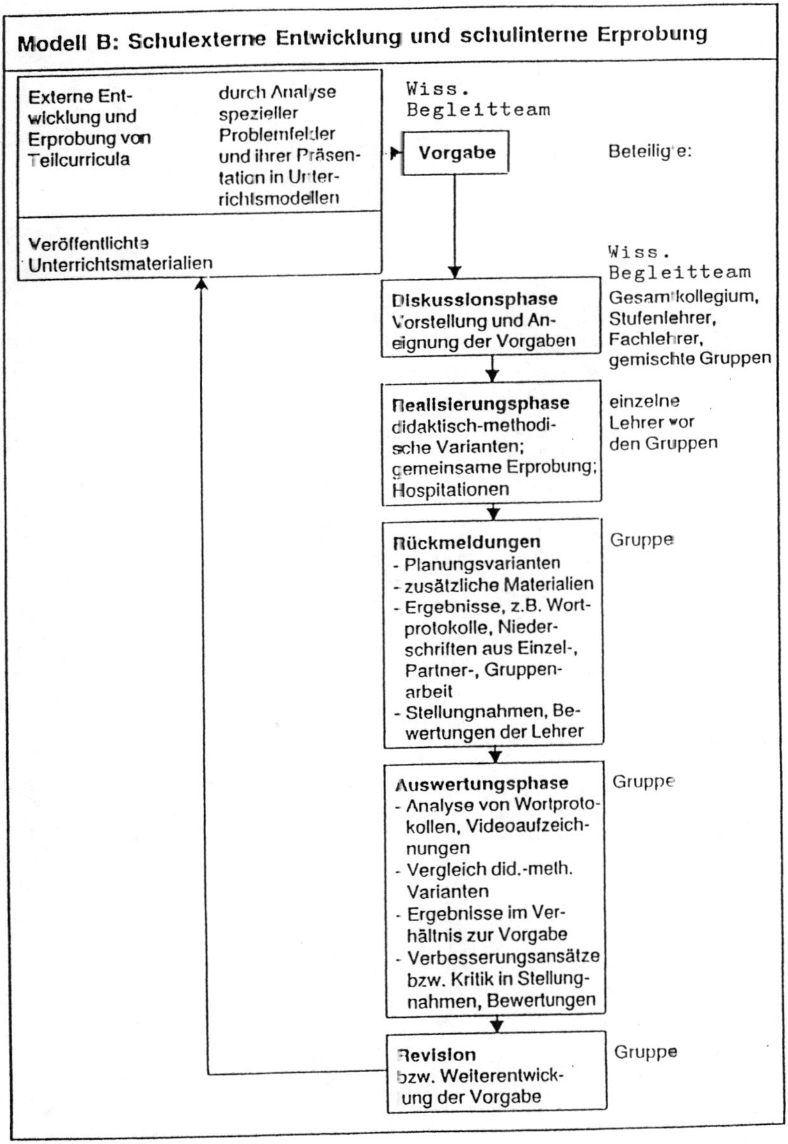

(Renner 1985)

Kindergerechte und naturnahe Spielplatzgestaltung
- ein Konzept -

von Sabine Riemann, Susan Siptroth, Antje Wagner

1. Einleitung

Es ist selbstverständlich, daß zu einem Kindergarten bzw. einer Kindertagesstätte auch ein eigener Spielplatz gehört. Doch wie sollte ein solcher Kindergartenspielplatz ausgestattet und gestaltet sein? Hierzu konkrete Entscheidungen zu treffen, ist angesichts der Vielfalt von Orientierungsgrundlagen zur Planung von Spielplätzen (s. u.a. Schottmayer & Christmann 1977) wohl keine leichte Aufgabe für Kommunalpolitiker/innen, Erzieher/innen und Eltern vor Ort. Welchen Kriterien sollte man dabei Priorität einräumen - pädagogischen, entwicklungspsychologischen, spieltheoretischen, ästhetischen und baukünstlerischen, ökologischen, ökonomischen, hygienischen und anderen Sicherheitskriterien? Es muß wohl vor allem darum gehen, sinnvolle Kriterienkombinationen zu finden und diese angemessen umzusetzen.

Alle verantwortlichen Beteiligten haben im Interesse der Kinder meist die allerbesten Absichten, was aber nicht immer ausreichend zu sein scheint, denn die Art der Gestaltung von Kinderspielplätzen ist seit vielen Jahren immer wieder Gegenstand massiver Kritik gewesen. Dies war sicherlich ein Hauptgrund dafür, daß seit Mitte der 70er Jahre verstärkt zielgerichtete wissenschaftliche Untersuchungen zur Problematik durchgeführt wurden (z.B. Seidel 1975; Schottmayer & Christmann 1977; Forsch 1980; Kluge & Oberfrank 1984; Bartsch, Otto et al. 1985; Keller 1991). Die relativ übereinstimmenden Ergebnisse sind besonders für den Typ "Gerätespielplatz", der noch bzw. z.T. wieder in Kindereinrichtungen dominiert, bezeichnend. Die Monofunktionalität der Spielgeräte führt bekanntlich zu einer niedrigen Spielmotivation, was sich meist in der geringen Verweildauer von nur zwei bis drei Minuten pro Element zeigt. Außerdem dominieren Bewegungsspiele in reiner Form. Die Untersuchungen zeigten also, daß dieser Spielplatztyp auf Dauer kaum ausreichende Möglichkeiten für vielseitiges, kreatives und den unterschiedlichen Bedürfnissen der Kinder gerecht werdendes Spielen bietet.

Während auf öffentlichen Spielplätzen (z.B. in Wohngebieten), es den Kindern wenigstens bei Langeweile jederzeit freisteht, diesen Platz zu verlassen und nach anderen Spielmöglichkeiten Ausschau zu halten, ist dies dem Kindergartenkind in der Regel nicht möglich. Zieht man also in Betracht, daß Kindergartenkinder "ihren" Spielplatz fast täglich über eine gewisse Zeit - und dies oftmals über mehrere Jahre - aufsuchen (müssen), so ist es um so mehr angezeigt, darüber nachzudenken, was es bedeutet, optimale kindliche

Spiel- und Entwicklungsbedingungen zu schaffen und dabei die Kinder selbst mit einzubeziehen (ihre Wünsche und Vorstellungen) bzw. mit ihrer Eigenaktivität verstärkt zu rechnen.

Und noch ein weiterer Fakt ist nicht mehr zu ignorieren: Neuere Untersuchungen machen darauf aufmerksam, daß kindliche Spielmöglichkeiten in der heutigen Lebens- und Alltagswelt erheblich beeinträchtigt sind (Spanhel 1991). Das betrifft insbesondere auch räumliche und materielle Spielbedingungen (z.B. geringer Bewegungs- und Freiraum in der häuslichen Wohnumwelt, Überangebot oder Mangel an Spielzeug).

Kindergartenerziehung wird sich deshalb zunehmend ihrer kompensatorischen Funktionen, einschließlich des Erhalts und der Erweiterung angemessener kindlicher Spielmöglichkeiten, bewußt werden müssen.

Vor einiger Zeit wandte sich der Erfurter Kindergarten "Am Nordpark" an die Pädagogische Hochschule mit der Bitte um wissenschaftlich fundierte Hilfe bei der Um- und Neugestaltung ihrer Freifläche in einen Platz zum Spielen.

Wir haben uns gern dieser Aufgabe angenommen. Nach Sichtung einschlägiger Publikationen zeigte sich, daß es seit einiger Zeit eine neue Alternative bei der Spielplatzgestaltung gibt, die man mit dem Motto: "Zurück zur Natur!" charakterisieren könnte. Die Grundidee ist einfach, nämlich Bereiche zu schaffen, die im Spiel Natur erfahrbar und erlebbar machen.

Unser Anliegen soll es deshalb auch sein, genauer zu prüfen, ob naturnahe Gestaltungskonzepte (etwa Oberholzer & Lässer 1991; Seeger 1993) den Spielbedürfnissen der Kinder besser gerecht werden können, zumal diese Art Plätze zum Spielen nachweislich ökologisch und auch finanziell günstigere Alternativen zu den herkömmlichen Geräteplätzen darstellen.

Im einzelnen verfolgt die Studie folgende Ziele:

(1) Erarbeitung von pädagogisch-psychologischen, spieltheoretischen, ökologischen, gesetzlichen u. a. Orientierungsgrundlagen zur Planung, Anlage und Ausstattung kindergerechter und naturnaher Spielplätze;

(2) Erfassung spielplatzbezogener kindlicher Wünsche und Vorstellungen von Vorschulkindern;

Auf der Grundlage von (1) und (2):

(3) Konzeptentwicklung zur Gestaltung der Freifläche zum Spielen im Kindergarten "Am Nordpark" in Erfurt.

Wir möchten an dieser Stelle die Gelegenheit nutzen, um uns bei der Leiterin des Kindergartens, bei allen Erzieherinnen, Kindern und Eltern für die gute Zusammenarbeit zu bedanken.

Zugleich wünschen wir der gemeinsamen, tatkräftigen Umsetzung dieses Spielplatzkonzepts viel Erfolg.

2. Kindliche Entwicklung

2.1 Die motorische Entwicklung in den ersten 6 Lebensjahren

Die vorliegenden Ausführungen befassen sich mit der Darstellung der motorischen Entwicklung von Kindern im Kindergartenalter, da diese eine große Bedeutung für die kindliche Gesamtentwicklung hat und demzufolge auch bei der Gestaltung von Spielplätzen nicht außer acht zu lassen ist.

Im Mittelpunkt der Betrachtung steht die Entwicklung von konditionellen und koordinativen Fähigkeiten[1] sowie die Entwicklung der einzelnen Bewegungsformen und der Beweglichkeit. Insgesamt kann natürlich nur ein Überblick über die motorische Entwicklung im Kindergartenalter gegeben werden. Ausgangspunkt sind aber zunächst einige Ausführungen über die generelle Bedeutung der Motorik für die Persönlichkeitsentwicklung.

2.1.1 Zur Bedeutung der Motorik für die Entwicklung des Kindes

Wie schon festgestellt, ist die Motorik für den Menschen überaus wichtig. In den ersten beiden Lebensjahren wird dies ganz besonders deutlich, und zwar wenn man bedenkt, daß in diesem relativ kurzen Zeitraum fast alle Grundformen der Lokomotion (Gehen, Laufen, Klettern, Werfen, Fangen) ausgebildet werden und dabei zugleich die Entwicklung in vielen anderen Persönlichkeitsbereichen (besonders in kognitiver und sozialer Hinsicht) stimuliert wird.

---

[1] **Koordinative Fähigkeiten** beinhalten die motorische Lernfähigkeit, die motorische Orientierungs-, Kopplungs- und Umstellungsfähigkeit, die motorische Differenzierungsfähigkeit, die Gleichgewichtsfähigkeit und die Beweglichkeit

Konditionelle Fähigkeiten sind Kraft, Ausdauer und Schnelligkeit (Meinel/Schnabel 1987).

Hobmair (1993) stellt hinsichtlich der Bedeutung der motorischen Entwicklung folgende Zusammenhänge heraus:

1. Bewegungen erlauben den Menschen, seine Umwelt kennenzulernen, sie zu "begreifen" (betasten), zu den verschiedenen Gegenständen Kontakt aufzunehmen, mit ihnen zu spielen und zu arbeiten sowie zu kommunizieren. Auf diese Weise ist es möglich, Erfahrungen unterschiedlicher Art zu sammeln und schließlich ein gesundes Selbstvertrauen und Selbstwertgefühl aufzubauen.
2. Durch die Möglichkeit, sich in der Umwelt zu bewegen, wird die Wahrnehmung geschult, das Denken angeregt und die Intelligenz gefördert.
3. Erst die Motorik ermöglicht es, daß wir mit anderen Menschen in Kontakt treten und mit ihnen Informationen austauschen.
4. Und nicht zu vergessen: Emotionen können auch nur über Bewegungen ausgedrückt werden.

Aus diesen vier wesentlichen "Bedeutungsmerkmalen" der Motorik leitet Hobmair (1993, S. 224) folgende Schlußfolgerung ab: *"Sich bewegen können heißt: Die Welt erobern!"*.

Die Beziehung zwischen der Motorik und den übrigen Persönlichkeitsmerkmalen ist wechselseitig (Hobmair 1993).

Die motorische Entwicklung kann demzufolge nicht nur als eigenständige Entwicklung betrachtet werden, sie vollzieht sich immer in Verbindung mit anderen Entwicklungsbereichen.

Im folgenden geben wir einen knappen Überblick über die motorische Entwicklung im Kindergartenalter, wobei in Kleinkind- und Vorschulalter differenziert wird.

2.1.2 Das Kleinkindalter (etwa 1. bis 3. Lebensjahr)

Mit der Aneignung des zielgerichteten Greifens, der aufrechten Haltung und besonders den Anfängen des freien Gehens um die Wende des 1. Lebensjahres haben die Kinder einen wesentlichen Abschnitt in ihrer motorischen Entwicklung bewältigt (Meinel/Schnabel 1987, S.289). Die Grundvoraussetzungen für die weitere motorische Entwicklung wurden damit gelegt und müssen nun erweitert und ausdifferenziert werden.

Der ausgeprägte Bewegungsdrang sowie das Bedürfnis des Kindes, sich ständig mit der Umwelt auseinanderzusetzen, führen zur Aneignung vielfältiger neuer Bewegungsformen (Meinel/Schnabel 1987). Die Fähigkeit, den Körper im Gleichgewicht zu halten, hat dabei eine besonders wichtige Bedeutung (Schenk-Danzinger 1990).

Das Kind lernt im Kleinkindalter wichtige neue Bewegungen, wie:

- Gehen (vorwärts und rückwärts),
- Klettern und Steigen (steigt z.B. Treppen, hält sich dabei jedoch fest),
- Laufen und Springen (hüpft mit beiden Beinen),
- Werfen und Fangen,
- Schieben und Ziehen (zieht einen Gegenstand hinter sich her oder schiebt diesen).
- Hängen und Schwingen,
- Wälzen und Rollen,
- Tragen und Balancieren.

Mit der Entwicklung dieser Bewegungsformen ist die Entwicklung motorischer Fähigkeiten von Kleinkindern eng verbunden. Diese entwickeln sich allerdings relativ langsam, so daß ihr Entwicklungsniveau eher gering einzustufen ist (Meinel/Schnabel 1987).

Es lassen sich folgende altersspezifische Eigenheiten in der Bewegungsausführung im Kleinkindalter feststellen: geringe Bewegungsstärke, langsames Tempo, zumeist enger und kleiner räumliche Umfang der Bewegungen sowie die besonders auffälligen Mit- und Nebenbewegungen (Meinel/ Schnabel 1987). Am Ende des Kleinkindalters ist die Grobmotorik (Bewegungen von Rumpf, Bauch, Becken, Rücken, Schultern, Armen, Beinen und Kopf) im wesentlichen ausgebildet (Hobmair 1993).

Insgesamt gesehen, erweitert sich durch die motorische Entwicklung der Gesichtskreis des Kindes sehr. Die vielfältigen Bewegungsformen ermöglichen das Erkunden der Umwelt und die Bewältigung immer neuer Bewegungsaufgaben. Hinzu kommt die verstärkte Kontaktmöglichkeit zur mitmenschlichen Umwelt (Eltern, Geschwistern, Spielgefährten oder Erziehern). Deren Anregungen, Hilfen oder gezielte Einwirkungen ermöglichen den Kindern eine zunehmende Aktivität bei der motorischen Auseinandersetzung mit der Umwelt insgesamt (Meinel/Schnabel 1987).

Es lassen sich einige Folgerungen für die Förderung der motorischen Entwicklung ableiten, die zugleich auch bei der Planung und Ausgestaltung von Spielplätzen Beachtung finden sollten.

Folgerungen für die Förderung der motorischen Entwicklung bezogen auf das Kleinkindalter

Eine grundlegende Folgerung für die Förderung der motorischen Entwicklung besteht darin, Kindern genügend **Bewegungsraum und Bewegungsfreiheit** zu geben sowie für eine Umgebung zu sorgen, die ihren Bedürfnissen entspricht (Meinel/Schnabel 1987). Was bedeutet diese allgemein bekannte und triviale Feststellung genau? Kinder brauchen verschiedene Möglichkeiten zum Laufen, Springen, Klettern, Steigen, Hängen, Schwingen, Tragen, Werfen, Balancieren usw., um die eigene körperliche Geschicklichkeit zu erproben und zu erweitern. Die erforderlichen Bedingungen sind in geschlossenen Räumen oftmals sehr eingeschränkt. Um so wichtiger ist das ausgedehnte Spiel im Freien. Ein Spielplatz sollte also möglichst viele **unterschiedliche bewegungsstiftende Elemente** enthalten und Bedingungen für abwechslungsreiche Bewegungsformen bieten.

2.1.3 Das Vorschulalter

War die vorangegangene Entwicklungsphase besonders durch die Aneignung vielfältiger Bewegungsformen gekennzeichnet, so bestehen die Haupttendenzen der motorischen Entwicklung zwischen dem 4. und 7. Lebensjahr in der beträchtlichen **Vervollkommnung der Bewegungsformen** sowie in der **Aneignung erster Bewegungskombinationen** (Meinel/Schnabel 1987). In dieser Zeit können ganz erhebliche Fortschritte in der Körpermotorik beobachtet werden (Nickel/Schmidt-Denter 1991). Individuell unterschiedliche, zumeist jedoch deutliche Fortschritte sind besonders bei folgenden Bewegungsformen festzustellen:

- Gehen (auch auf Zehenspitzen),
- Klettern und Steigen (Treppen steigen, ohne sich festzuhalten),
- Fangen und Werfen,

- Ziehen und Schieben,
- Hängen und Schwingen,
- Wälzen und Rollen,
- Tragen, Schlagen und Balancieren.

Im Vorschulalter erlernt das Kind z.B. folgende Bewegungskombinationen:

- Dreirad- und Fahrradfahren,
- Purzelbäume schlagen,
- Kopfstand machen,
- auf einem Bein hüpfen,
- Bewegungen abrupt zu beenden, ohne dabei umzufallen.

In der Ausbildung der Feinmotorik (Bewegungen von Fingern, Zehen und des Gesichts) läßt sich ebenfalls ein großer Fortschritt erkennen (Hobmaier 1993). Die Muskeln des Handgelenkes sind soweit gereift, daß die Voraussetzungen zum Schreibenlernen gegeben sind.

Ungeschulte oder wenig geschulte Kinder erlernen zumeist nur solche Bewegungsformen, die mit den motorischen Grundformen Gehen und Laufen verbunden werden können (Meinel/Schnabel 1987).

Die hohe Beweglichkeit der Kinder dieses Alters ist Voraussetzung für die Schulung von besonderen Leistungen, wie Rollen (vorwärts und rückwärts), Spagat, Kopfstand oder gar Judoübungen, die schon in einer recht guten Qualität und Quantität vorgezeigt werden können (Schenk-Danzinger 1991).

Die Entwicklung der konditionellen Fähigkeiten variiert sehr stark (Meinel/Schnabel 1987). Zurückzuführen ist der unterschiedliche Entwicklungsstand auf die verschiedenen Voraussetzungen, Bedingungen und Möglichkeiten, die jedes Kind hat. Jene Kinder, die sportlich gefördert und trainiert werden, können auch einen deutlichen Fortschritt in der Ausbildung der konditionellen Fähigkeiten erzielen.

Wenngleich es bei den koordinativen Fähigkeiten zu Fortschritten kommt, bleibt das absolute Niveau der motorischen Fähigkeiten jedoch bis zum Ende des Vorschulalters noch immer recht niedrig, besonders dann, wenn den Kindern keine wirksame sportliche Ausbildung zuteil wird (Meinel / Schnabel 1987).

Das Vorschulkind weist aber im Vergleich zum eher "tapsigen" Kleinkind zunehmend mehr Sicherheit und Geschicklichkeit bei der Ausführung von Bewegungen auf (Nickel/Schmidt-Denter 1991). Ein relativ gutes Niveau erreichen besonders die Sechs- und Siebenjährigen bei Gleichgewichtsübungen und Übungen zur Beweglichkeit (Meinel/Schnabel 1987).

Neben der Freude an der eigenen Bewegungssicherheit zeigt sich bereits ein deutliches Leistungsbewußtsein (Nickel/Schmidt-Denter 1991). Beobachtet und vergleicht man Kleinkinder und Vorschulkinder bei ihrem Spiel, so kann man das steigende Leistungsbewußtsein sehr deutlich erkennen. Das Vorschulkind gibt sich beispielsweise nicht mehr oder nur ungern mit einem langsamen Roller ab. Es bevorzugt den schnelleren Roller oder auch schon ein Fahrrad. Das Einsetzen des Leistungsstrebens ist sehr deutlich in wettkampforientierten Spielen zu beobachten.

Die lnformationsverarbeitung im motorischen Handeln bleibt allerdings noch sehr begrenzt (Meinel/Schnabel 1987). Verbal gestellte Bewegungsaufgaben können zwar erfüllt werden, aber über bereits vollzogene Bewegungen kann immer noch wenig Informationsaustausch erfolgen.

Insgesamt läßt sich feststellen, daß die Bewegungen der Fünf- und Sechsjährigen deutlich kraftvoller, schneller und großräumiger geworden sind. Sowohl körperliche Voraussetzungen als auch Bedingungen zur optimalen Entwicklung sind Gründe für die beträchtlichen Entwicklungsunterschiede in dieser Altersgruppe.

Dennoch lassen sich allgemeine Folgerungen für die motorische Entwicklung ableiten.

Folgerungen für die Förderungen der motorischen Entwicklung im Vorschulalter

Es sind dem Vorschulkind für die Förderung seiner motorischen Entwicklung sowohl das mögliche und notwendige Maß an Bewegungsfreiheit zu gewähren als auch günstige Bedingungen zu schaffen (Meinel/Schnabel 1987).

Der Bewegungsraum der Kinder sollte ausreichend Gelegenheit für vielfältige körperliche Betätigungen bieten (z.B. Ballspielen, Fahrradfahren, Seilspringen, Tauziehen, Klettern, Baden und Schwimmen, Tauchen, Rodeln, Skilaufen, Tanzen, Jonglieren,). Besonders in Kindertagesstätten und Kindergärten ist dem starken Bedürfnis der Kinder nach Bewegung Rechnung zu tragen, wofür, wie schon für das Kleinkindalter herausgestellt, das Spiel im Freien ausgiebig genutzt werden kann.

Die Körpererziehung sollte auf viele Arten der Bewegung eingehen. Ein abwechslungsreiches, zielstrebiges, aber unbedingt freudbetontes Üben ist dabei anzustreben. Bewegungskorrekturen sind auf ein unabdingbares Maß zu beschränken. Die Förderung motorischer Fähigkeiten und Fertigkeiten im Vorschulalter schafft eine Grundlage für den Sportunterricht in der Schule.

Zusammenfassung: motorische Entwicklung und Spielplatzgestaltung

Motorische Entwicklung	Gestaltungsgrundsätze für Spielplätze
Grobmotorik/koordinative Fähigkeiten	**Schaffung von Möglichkeiten für unterschiedliche Bewegungsformen** (einfache und kompliziertere) und vielfältige Koordinationsleistungen, wie z.B. * Gehen - Laufen - Anschleichen * Klettern - Steigen - Springen * Tragen - Werfen - Fangen * Kriechen - Hangeln - Schaukeln * Verstecken - Suchen * Balancieren **Zusätzliches Bereitstellen von bewegungsstiftenden Spielelementen**, wie z.B. * Bälle, Dreirad, Roller, Fahrräder, Rollschuhe, Stelzen, Schlitten, Kreisel, Jongliergeräte, Reifen **Schaffung eines größeren Bewegungsfreiraumes**, der genügend Platz bietet für z.B. * Springseilspringen * Rollerrennen * Gummihopse und andere Hüpfspiele * Ballspiele in größeren Gruppen * Kreisspiele
Feinmotorik	**Schaffung von Voraussetzungen für Feinbewegungen**, z.B. für * Bauen und Basteln * Werkzeuggebrauch (etwa mit dem Hammer Nägel einschlagen oder Schnitzarbeiten u.ä.) * Finger-, Zehen- und Gesichtsspiele aller Art (etwa das Weitergeben kleiner Steinchen mit nur einem Finger; das Pusten, damit eine Feder/ein Luftballon in der Luft bleibt usw.) * Malen an Tafeln bzw. Wänden oder Pflasterzeichnen * "Sandmatschen"

2.2 Zur psychischen Entwicklung

Im folgenden soll in sehr kurzer Form auf die Entwicklung

- der Wahrnehmung und des Denkens,
- der Sprache,
- der Gefühle,
- der Bedürfnisse und
- des Sozialverhaltens eingegangen werden.

Diese Entwicklungskomponenten sind - so meinen wir - ebenfalls für die Spielplatzgestaltung von Bedeutung.

Uns ist dabei bewußt, daß alle Komponenten sich nicht einzeln und unabhängig voneinander entwickeln, sondern in einem untrennbaren Zusammenhang stehen. Lediglich aus Gründen der Übersichtlichkeit werden sie nacheinander betrachtet. Alle folgenden Ausführungen (mit Ausnahme der tabellarischen Übersicht am Kapitelende) basieren - wenn nicht anders ausgewiesen - im wesentlichen auf den Darstellungen von Hobmair (1993).

2.2.1 Wahrnehmung und Denken

Unter Wahrnehmung versteht man den Prozeß und das Ergebnis der Gewinnung und Aufnahme von Reizen und Informationen aus der Umwelt und dem Körperinneren. Solche Informationen werden vor allem mit Hilfe des Denkens verarbeitet. Zugleich steuert das Denken als innerer psychischer Vorgang hauptsächlich die Wahrnehmungsprozesse, besonders die Auswahl der Informationen.

Das Denken selbst kann vereinfacht als geistiger Prozeß gekennzeichnet werden, in dem eine bestimmte Situation erfaßt oder ein Problem erkannt und verarbeitet wird.

Die Entwicklung der Wahrnehmung vollzieht sich auf der Basis der Entwicklung der Empfindungen (fünf Sinne) und deren Integration in verschiedene komplexere Wahrnehmungsleistungen. Zuerst entwickeln sich die körpernahen Empfindungen (Geruchssinn, Tastsinn, Geschmackssinn), dann die körperfremden Sinne (Hören, Sehen). Bei der Entwicklung der Wahrnehmung lassen sich drei Bereiche unterscheiden:

1. **Die Entwicklung der räumlichen Wahrnehmung**: Das Tiefensehen ist zwar angeboren, dennoch ist erstmals beim etwa zweijährigen Kind die Wahrnehmung von Raumtiefe und -entfernungen festzustellen. Zunächst kann das Kind die tatsächliche Größe der nahen und entfernten Dinge im Raum nicht erfassen. Ab dem vierten Lebensjahr sind die Leistungen im Tiefen- und Entfernungssehen dem Erwachsenen schon recht ähnlich.

2. **Die optische und akustische Gestaltwahrnehmung**: Die Besonderheit besteht hier darin, daß bis zum Schulalter dieser Wahrnehmungsbereich ganzheitlich verläuft, d.h., Wörter, Melodien, Bilder u.a. werden global erfaßt und erst später, in Abhängigkeit vom Bekanntheitsgrad der Dinge, in ihre Einzelelemente zerlegt.

3. **Die Entwicklung der zeitlichen Wahrnehmung**: Zunächst lebt das Kind in einer kontinuierlichen Gegenwart. Erst mit ca. 2 ½ Jahren kann es die sprachliche Bezeichnung „Zukunft" richtig und mit drei Jahren auch den Begriff „Vergangenheit" richtig verwenden. Mit fünf Jahren ist es in der Lage, die Wochentage richtig anzugeben, mit sieben Jahren die Monate, Jahreszeiten und die Uhrzeit.

Folgt man den Aufzeichnungen Jean Piaget (1993, Original 1972), so verläuft die geistige Entwicklung des Kindes in verschiedenen Stadien:

I. **Die Phase der sensomotorischen Intelligenz** (etwa die ersten beiden Lebensjahre): In dieser Phase operiert das Kind vor allem auf der Ebene der Wahrnehmung und der Motorik, die miteinander gekoppelt sind (z.B. Koordinierung des Sehens und Greifens). Bedeutsam ist in diesem Stadium, daß das praktische Handeln des Kindes allmählich dazu führt, sich selbst als von den Objekten seiner Umwelt getrennt wahrzunehmen. Außerdem erwirbt es in diesem Stadium die Fähigkeit zum Nachahmen.

II. **Vorbereitungs- und Aufbauphase der konkreten Operationen** (vom 2. bis zum 11./12. Lebensjahr): Dieses Stadium wird etwas detaillierter dargestellt, da sich die folgenden Entwicklungsprozesse vor allem bei Kindern im Vorschulalter vollziehen. Piaget differenziert dieses Stadium selbst sehr stark.

A: Die Teilphase der präoperationalen Vorstellungen

1. **Auftreten der Symbolfunktionen und Anfänge der Verinnerlichung der Handlungsschemata in Form von Vorstellungen (2. bis 4. Lebensjahr):** Das Kind ist allmählich immer besser in der Lage, zwischen realen und vorgestellten (symbolischen) Objekten zu unterscheiden. Ein bestimmter Begriff tritt als Symbol an die Stelle von Personen und Gegenständen (sogenannte Vorbegriffe).

2. **Ausbildung von Vorstellungsschemata, sei es auf der Grundlage statischer Gestalten, sei es durch Assimilation an die Eigentätigkeit, in der das Kind die Umwelt seinen Vorstellungen anpaßt (etwa vom 4. Lebensjahr bis zum Alter von 5 ½ Jahren):** Das Denken des Kindes ist in dieser Zeit als ausgesprochen egozentrisch zu kennzeichnen. Begriffe werden entsprechend den Vorstellungen des Kindes aktiv gestaltet und auch umgestaltet. Gegenstände und Sachverhalte vermenschlicht, bestimmte Vorgänge sehr einfach erklärt (z.B. durch Angabe des Zweckes).

3. **Artikulierte Abstimmung der Vorstellungsschemata (5 ½ bis 7 bzw. 8 Jahre): Anfänge der Herstellung von Beziehungen zwischen Zuständen und Veränderungen:** Das Denken ist immer noch sehr an die Anschauung gebunden. Jedoch erwirbt das Kind z.B. folgende Fähigkeiten (vgl. Gage & Berliner 1979): * es ist in der Lage, Objekte zu klassifizieren (allerdings noch nicht bewußt). * es kann logische Beziehungen verstehen, * es entwickelt die Fähigkeit, mit Zahlenbegriffen umzugehen. Die Möglichkeit, in einer Situation gleichzeitig mehrere Aspekte zu berücksichtigen, ist bei Kindern dieser Entwicklungsstufe im allgemeinen noch nicht gegeben.

B: Die Teilphase der konkreten Operationen (7./8. bis 11./12. Lebensjahr):

Das Denken ist zwar immer noch an konkrete Sachverhalte gebunden, aber schlußfolgerndes Denken wird nun immer besser möglich. Gleichfalls ist das Kind in der Lage, sich nur gedanklich, also unabhängig von seiner Wahrnehmung, wechselseitige Beziehungen von Gegenständen und Sachverhalten vorzustellen.

III. **Die Phase der formalen Operationen (etwa 11 bis 14 Jahre):** In diesem Stadium sind Personen zur Abstraktion fähig. Sie können Schlußfolgerungen allein aus logischen Regeln ableiten. Es entwickelt sich eine Art Metadenken (ein Nachdenken über das Denken).

Um Störungen in der Entwicklung der Wahrnehmung und des Denkens vorzubeugen bzw. zu vermeiden, ist eine Förderung angebracht. Einige Folgerungen für die Förderung der Wahrnehmung und des Denkens (primär auf Kindergartenkinder bezogen):

- Emotionale Zuwendung ist eine wesentliche Voraussetzung für eine gesunde geistige Entwicklung.
- Schaffung vielfältiger Anregungen und Anreize aus der Umwelt (Wecken von Neugierde und Interesse).
- Schulung **aller** Sinne mit geeigneten Materialien (z.B. Geräuschbüchse, Farbtafeln, Geschmacksproben) und Handlungen (z.B. Spiele, wie „Blinde Kuh", Gegenstände mit verbundenen Augen ertasten lassen, verschiedene Düfte erraten).
- Vorbereitung auf die Schule, z.B. durch Aufgaben zur Entwicklung der Differenzierungsfähigkeit besonders im visuellen und akustischen Bereich (Voraussetzung für das Schreibenlernen).
- Vielfältige Bastel- und Beschäftigungsmöglichkeiten, um das Denken zu aktivieren.
- Schaffung eines Freiraumes (im Sinne eines Handlungsspielraumes), damit Kinder selbständig Erfahrungen machen und etwas entdecken können. Auf diese Weise wird problemlösendes Denken gefördert.

Auch Spielplätze stellen eine Möglichkeit dar, Wahrnehmungs- und Denkentwicklung zu fördern (siehe nachfolgende Tabelle am Kapitelende).

2.2.2 Sprache

Die Entwicklung der Sprache vollzieht sich in 6 Stufen:

1. Vorstadium: Es beinhaltet den Geburtsschrei und das sogenannte Unlustschreien (Kundgabe von Unbehagen) des Säuglings. Etwas später treten erste Lustäußerungen auf, die keine reinen Schreie mehr sind.
2. Stufe der Lallmonologe (ab 6 Monate): Das Kind hört seine eigenen Äußerungen, wie „la-la-la" oder „da-da-da" und ahmt sich zunächst

selbst nach. Diese Lallmonologe werden jedoch auch noch durch Fremdnachahmung gefördert, und zwar ahmt das Kind das Lallen von Erwachsenen nach, die zuvor das Kind nachgeahmt haben.

3. Ein-Wort-Sätze: Es handelt sich meist nur um einzelne Wörter, die für Kinder im Alter von etwa einem Jahr die Bedeutung eines ganzen Satzes haben.

4. Zwei- und Mehr-Wort-Sätze: Kinder gebrauchen diese erstmals ab der zweiten Hälfte des zweiten Lebensjahres. Der Wortschatz ist bereits sehr umfangreich, allerdings nehmen Hauptwörter den Hauptteil der sprachlichen Äußerungen ein, grammatikalische Regeln werden kaum beachtet, so werden die Wörter auch nicht gebeugt.

5. Flexionen: Das Beugen der Wörter beginnt etwa im dritten Lebensjahr. Sprechenlernen vollzieht sich in dieser Zeit vor allem nach dem Denkprinzip der Analogie (z.B. gut - güter; gegangen - gesitzt; machte - schlafte). Wortneuschöpfungen sind typisch für dieses Alter.

6. Zunehmende Strukturierung und Differenzierung: Mit dem 5. Lebensjahr können Kinder dann richtig mit Grammatik und Syntax (Wort- und Satzgefüge) umgehen. Bis zum Schuleintritt ist die fundamentale Sprachentwicklung abgeschlossen. Auf dieser Basis vollzieht sich eine zunehmende Differenzierung und Strukturierung der sprachlichen Ausdrucksfähigkeit.

Der Spracherwerb beruht nur teilweise auf Nachahmung. Auf keinen Fall handelt es sich um eine direkte Nachahmung, sondern eher um Selektion und Assimilation der sprachlichen Äußerungen eines Modells (Vorbildes) an das eigene Sprachniveau (vgl. Oerter 1987). Sprachentwicklung steht im engen Zusammenhang mit dem Denken (z.B. dem Egozentrismus im Kindesalter) und ist bis ins Schulalter vorzugsweise als Wahrnehmungslernen aufzufassen.

Außerdem ist Sprache ein integrativer Bestandteil menschlichen Handelns. Nach Oerter (1987) ist Sprache in die gesamte handlungsbezogene soziale Interaktion einzubetten, d.h. ohne diese Handlungskomponente würden sich Kinder in ihrem Sprachniveau nicht weiterentwickeln.

Folgerungen für die Förderung der Sprachentwicklung:

– Eine positive Beziehung des Kindes zu seinen Bezugspersonen (Eltern, Erzieher) besonders in den ersten Lebensjahren.

- Richtiges Vorsprechen und behutsame, jedoch nicht zu häufige Korrekturen.
- Sprechfreudige Umgebung und Ermutigung zum Sprechen.
- Förderung spezieller Spiele (Rollenspiele, Sprechverse, Fingerspiele) und Nacherzählen von Kinder- und Märchenbüchern usw.
- Interessiertes Zuhören und bereitwillige Beantwortung von Fragen der Kinder.

Auch der Spielplatz kann zur Förderung der Sprachentwicklung beitragen (siehe Tabelle), stellt er doch für Kinder einen sehr wichtigen Kommunikationsort dar.

2.2.3 Gefühle

Die Gefühle entwickeln sich aus einer recht undifferenzierten, diffusen Erregung des Neugeborenen heraus. Bis zum 2. Lebensjahr zeigt das Kleinkind alle Grundemotionen (Interesse, Leid, Widerwillen, Freude, Zorn, Überraschung, Scham, Furcht, Verachtung usw.). Die Ausdifferenzierung dieser Grundemotionen erfolgt in der Auseinandersetzung mit der Umwelt. Dabei verändern sich sowohl die gefühlsauslösenden Reize als auch die Ausdrucksformen der Gefühle und die Reaktionsformen auf die Gefühle. Das Gefühl selbst wird nicht gelernt, sondern die Art und Weise, es zu äußern. Eine Förderung der Entwicklung der Gefühle basiert vor allem auf ausreichender emotionaler Zuwendung.

Folgerungen für die Förderung der Gefühlsentwicklung

Günstige Bedingungen können geschaffen werden:

- durch die Möglichkeiten des Zeigens der vielfältigen Gefühle,
- durch Akzeptieren und offenes Aussprechen von Gefühlen,
- durch Aufzeigen von Möglichkeiten, wie man mit Gefühlen umgeht,
- durch klares Äußern von belastenden Gefühlen und
- durch Vermeidung von Erziehungsmaßnahmen, die Angst machen.

Einen Spielplatz mit Kindern ohne emotionale Ausdrucks- und Reaktionsformen gibt es wohl nicht. Spielen selbst ist ein Geschehen, in dem positive

Erlebnisqualitäten dominieren (Freude, Spaß, Lust), aber auch Emotionen wechseln können. Gerade im Spiel ist es möglich, wechselnde Gefühle zu zeigen und auszuleben.

2.2.4 Bedürfnisse

Ein Bedürfnis bezeichnet einen physischen oder psychischen Mangelzustand. Es drückt z.B. einen Bedarf nach Essen, Trinken, Zuwendung, Liebe aus. Die primären Bedürfnisse sind physiologischer Art und angeboren. Sie bestimmen die Motivation des Säuglings. Im Laufe der Entwicklung entstehen jedoch mehr „höhere", sogenannte sekundäre Bedürfnisse, z.B. Bedürfnisse nach Sicherheit, nach Geborgenheit, nach Selbstverwirklichung. Diese Bedürfnisse werden erlernt, und zwar u.a. durch Nachahmung, Konditionierung und Verstärkung einer Bedürfnisdifferenzierung.

Mit ca. drei bis vier Jahren entwickeln sich Ansätze für eine Leistungsmotivation. Schon das Vorschulkind zeigt in seinem Leistungsverhalten alle Merkmale, die bei der Leistungsmotivation der Erwachsenen auftreten, wie Furcht vor Mißerfolg, Hoffnung auf Erfolg, Setzung eines Anspruchsniveaus, Anstrengungsbereitschaft (Orter 1987).

Grundlegende Bedürfnisse sollten schon beim Kleinkind hinreichend befriedigt werden. Das sind Bedürfnisse nach Sicherheit, Geborgenheit oder Liebe. Eine fehlende oder unzureichende Bedürfnisbefriedigung kann auch zu Aggressionen, Machtstreben oder Angst führen. Um das zu vermeiden, ist es sinnvoll, die Möglichkeiten der Förderung zu kennen.

Förderung der Bedürfnisentwicklung:

- durch ausreichende Befriedung der Grundbedürfnisse,
- durch das richtige Maß an Liebe, Geborgenheit und Sicherheit und
- durch die Vermeidung von Über- oder Unterforderung,
- indem Interesse auf Neues geweckt wird.

Auf einige Bedürfnisse, die bei der Gestaltung von Spielplätzen beachtet werden sollen, ist schon im Zusammenhang mit der motorischen Entwicklung eingegangen worden (z.B. Bewegungsbedürfnis). Weitere Aspekte werden in der Tabelle noch genannt.

2.2.5 Sozialverhalten

Sozialverhalten entwickelt sich in Interaktion und Kommunikation, angefangen vom ersten sozialen Lächeln über die Ausbildung stabiler Beziehungen zu den festen Bezugspersonen hin zu den ersten sozialen Kontakten mit Gleichaltrigen. Die Entwicklung sozialer Verhaltensweisen hängt aufs engste mit der Entwicklung des Spielverhaltens zusammen. Diese verläuft in folgenden Sequenzen: (1) gegenseitiges Zuschauen im Alter von ca. zwei Jahren, (2) das Parallelspiel - Kinder spielen vorzugsweise nebeneinander, nicht miteinander -, (3) assoziatives Spiel (Kontakte des Gebens und Nehmens) ab dem dritten Lebensjahr, (4) organisiertes Spiel, in dem erstmals wirklich gemeinsam bzw. miteinander gespielt wird, und zwar besonders Rollen- und Regelspiele (etwa 5. bis 8. Lebensjahr), (5) Teamspiele, in denen vor allem verstärkt auf Zusammenarbeit gesetzt wird, wobei aber auch Eigeninitiative gefragt ist. Mit der Spielentwicklung werden grundlegende soziale Verhaltensmuster ausdifferenziert.

Die zweite Form der Entwicklung des Sozialverhaltens verläuft im Sinne der Schaffung des „sozialen Wesens". Hier ist jene Entwicklung gemeint, die auf die Übernahme von Werten, Normen, Rollen usw. zielt und mit der Gewissensbildung im Zusammenhang steht.

Störungen des Sozialverhaltens können durch spezielle Fördermaßnahmen vermieden werden.

Das Sozialverhalten kann gefördert werden:

- durch viel emotionale Zuwendung,
- durch Erziehung zu Selbständigkeit, Selbstbewußtsein und Kritikfähigkeit,
- durch offene partnerschaftliche Gespräche,
- durch Förderung der Kompromißbereitschaft, Toleranz usw.,
- durch viel Kontakt zu Spielkameraden,
- durch Gruppengespräche und
- durch sozialpädagogische Betreuung bzw. gute Vorbilder.

Wie bereits festgestellt, stehen Sozialverhalten und Spielentwicklung im engen Zusammenhang. Gestaltungselemente auf einem Spielplatz, die zur Förderung der einzelnen Spielarten beitragen, sind der nachfolgenden Tabelle zu entnehmen.

Zusammenfassung: psychische Entwicklung und Spielplatzgestaltung

Psychische Entwicklungsmerkmale	**Grundsätze für die Spielplatzgestaltung**
Wahrnehmung/ Denken	**Ermöglichung vielfältiger Sinneserfahrungen durch:** * verschiedene Untergrundmaterialien, z.B. Kies, Sand, Gras, Moos, Erde * Bereitstellen verschiedener Naturmaterialien (Natur hören, riechen, fühlen, schmecken, sehen) **Schaffung von Möglichkeiten für entdeckendes Lernen** **Erfahrungsverarbeitung über Prozesse in Natur und Gesellschaft**
Sozialverhalten/ Sprache	**Schaffung von Kommunikationsorten und „sozialen Räumen", in denen:** * Verhaltensnormen/Spielregeln entwickelt werden können, * einerseits Körperkontakte möglich sind und andererseits persönliche Freiräume erhalten bleiben, * eine konstruktive Bewältigung von Konflikten erfolgen soll, * sich Möglichkeiten der Kooperation ergeben, * Spiele in großen und kleinen Gruppen möglich sind und * Vertrautheit und Geborgenheit erlebt werden können.
Bedürfnisse/ Gefühle	**Schaffung von Diskrepanzerlebnissen und entsprechenden Anreizpotentialen, wie etwa Neuigkeit und Überraschung** **Förderung der Leistungsmotivation und des Schaffensdranges, z.B. durch Bedingungen, indem** * Sicherheit - Risiko, * Ausgelassenheit - Ruhe in einem angemessenen Verhältnis stehen **Möglichkeiten zur Selbsterprobung, Selbstverwirklichungs sowie Risiko- und Anstrengungsbereitschaft schaffen**

3. Kinderspiel

Für Kinder ist Spielen mehr als nur bloßer Zeitvertreib (Brachmann 1974). Man hat errechnet, daß Kinder von der Geburt bis zum Schulanfang ungefähr 15000 Stunden spielen. Damit ist das Spiel für die Kinder bis zum Schuleintritt die Hauptbeschäftigung. Sie spielen täglich etwa 6 bis 8 Stunden. Nickel / Schmidt-Denter (1991) gehen davon aus, daß das Spielen die dem Kind angemessene Form der Auseinandersetzung mit der Umwelt darstellt und zugleich auch einen wesentlichen entwicklungsfördernden Einfluß ausübt.

Spiel und kindliche Entwicklung gehören untrennbar zusammen.

3.1 Wesentliche Merkmale des Spiels

Unter der Bezeichnung „Spiel" werden Phänomene von beeindruckender Vielfalt zusammengefaßt. Spiel erscheint zunächst jedem selbstverständlich und einfach, jedoch bei näherer wissenschaftlicher Betrachtung wird deutlich, wie problematisch es ist, in das Wesen des Spiels einzudringen. Ein einheitlicher Spielbegriff ist aus verschiedenen Gründen kaum möglich (etwa Vielfalt und Heterogenität der Erscheinungsformen; die Schwierigkeit, es eindeutig von anderen typischen Alltagshandlungen, z.B Arbeiten, Musizieren, Sport treiben, abzugrenzen).

In vielen einschlägigen Publikationen (z.B. Flitner 1972, Heckhausen 1978, Sutton-Smith 1978, Schmidtchen-Erb 1979, Kluge 1981, Garvey 1987, Scheuerl 1990, 1991, Einsiedler 1991) wird versucht, wesentliche Merkmale des Spiels herauszuarbeiten. Im allgemeinen werden dabei folgende Merkmale favorisiert:

1. **Selbstbestimmtheit und Freiwilligkeit des Spiels**: Abgesehen davon, daß Spiel frei von existentiellen Zwängen sein sollte, muß man davon ausgehen, daß Spielen nicht erzwungen werden kann. Ein Spiel wird meist freiwillig begonnen und beendet. In der Regel entscheidet/en der/die Spieler was, mit wem und wie lange gespielt wird. Trotz der **Selbstbestimmtheit** des Subjekts gibt es **spielinterne Zwänge**, z.B. Regeln in Regelspielen, soziale Normen in Rollenspielen. Spiel stellt also keinesfalls ein völliges "Reich der Freiheit" dar.

2. **Zweckfreiheit bzw. Selbstzweckcharakter des Spiels**: Spiel ist eine **Tätigkeit, die sich selbst genügt**, d.h. sie verfolgt keine Ziele außer-

halb des Spiels. Es wird also gespielt, um zu spielen (intrinsische Motivation). Diese Tatsache darf jedoch keinesfalls so interpretiert werden, daß das Kind im Spiel keine Ziele verfolge. Die Qualität der **Spielziele** ist einerseits von subjektiven Entwicklungsvoraussetzungen (z.B. Fähigkeit zur Antizipation) und objektiv auch von der Art des Spiels abhängig (Otto & Riemann 1990). Je jünger Kinder sind, um so einfacher wird die Zielstruktur sein, um so stärker werden die Spielziele wechseln bzw. schwanken, was u.a. auch ein Zeichen dafür ist, daß das Kind das Spiel seinen Wünschen anpaßt.

3. **Freude, Spaß, Vergnügen im Spiel**: Das Spiel besitzt eindeutig primär positive Erlebnisqualitäten. Spielfreude stellt eine seiner unverzichtbaren subjektiven Bedingungen dar, ist aber keinesfalls schon von vornherein und voraussetzungslos gegeben. Mitunter entsteht z.B. Freude erst, wenn Kinder eine Spielsituation gemeistert haben. Deshalb muß ein gewisser Grad an Spielfähigkeit vorhanden sein, um Spaß zu haben. **Spielfreude kann** darüber hinaus **schwanken**, wenn z.B. die Angst vor dem Verlieren o.ä. hinzukommen.

4. **Quasi-Realität (Heckhausen 1978) und Realität im Spiel**: Zwar wird Spiel irgendwie abgehoben von der Alltagswelt erlebt, dennoch ist es aber für den Spielenden ein Teil seiner ganz realen Welt, die nicht völlig den Charakter des Fiktiven bzw. Irrealen trägt. Eine pauschale Merkmalszuweisung wie Quasi-Realität kann demzufolge dem Wesen des Spiels nicht gerecht werden, denn Spiele besitzen u.E. **verschiedene Realitätsebenen und Realiätsbezüge** (Gegenstände, Mittel usw. stellen mehr oder weniger nachgestaltete Wirklichkeit dar).

5. **Gegenwärtigkeit des Spiels**: Obgleich es im Spiel vielfältige Wechselbeziehungen zwischen individueller Vergangenheit und Zukunft gibt, erlebt das Kind sein **Spiel als konzentrierte Gegenwart**, was sogar alles Zeitmaß vergessen lassen kann (Otto & Riemann 1992). Kinder geben sich in der Regel völlig ihrem Spiel hin, gehen voll in ihrem Tun auf, ohne dabei an die Zeit zu denken.

3.2 Funktionen des Spiels

Obwohl Spiel allgemein als zweckfreies Geschehen gekennzeichnet wird, gibt es nicht wenige Theorien, die im Spiel zugleich auch noch einen höheren Sinn erkennen. Danach kann man dem kindlichen Spiel unterschiedliche

Funktionen zuordnen, die sicherlich niemals alle gleichzeitig auf jedes konkrete Kinderspiel zu generalisieren sind, aber partiell durchaus ihre Gültigkeit besitzen.

Diese Funktionen, die jeweils auf bekannte klassische und moderne Spieltheorien sowie wissenschaftliche Schulen zurückgehen, sollen im folgenden nur kurz benannt werden:

Spiel

- hat Sozialisationsfunktion (Aneignung von kulturellen und sozialen Werten, Erwerb sozialer Kompetenzen, Ausgleich sozialer Defizite usw.);
- hat Vorübungsfunktion (Vorwegnahme der Bewältigung künftiger Lebensaufgaben);
- hat Übungsfunktion (z.B. Übung kognitiver, aber auch biologischer Funktionen);
- ist kindgemäßes Mittel der Realitätsverarbeitung und -bewältigung;
- hat Erholungsfunktion (Wiedergewinnung verbrauchter Kräfte);
- hat Katharsis- und Ersatzbefriedigungsfunktion (Abreagieren überschüssiger Energien bzw. unbefriedigter Wünsche und Triebe oder unbewältigter Konflikte, Verarbeitung von Frustrationen);
- dient der Angstabwehr (aktive Gestaltung von passiv erlittenen angstauslösenden Situationen);
- ist Mittel der Ich-Entwicklung (dient der eigenen Identitätsfindung und Selbstbestimmung).

Prinzipiell ist davon auszugehen, daß **alle** genannten Funktionen kindlichen Spielens auch auf Spielplätzen zum Tragen kommen dürften. Dies ist aber nur dann zu erwarten, wenn die Gesamtgestaltung ein vielseitiges und abwechslungsreiches Spielen zuläßt, das primär den jeweils aktuellen subjektiven Bedürfnissen der verschiedenen Kinder Rechnung tragen kann. Viel häufiger trifft man den umgekehrten Fall dieser Relation an, daß nämlich die Gestaltungselemente nur ganz bestimmte und relativ einseitige Spielhandlungen festlegen (z.B. in Form von spezifischen motorischen Bewegungen). Dadurch wird das Spielverhalten primär außendeterminiert und einem Teil der o.g. Funktionen (etwa Angstabwehr, Identitätsfindung, Sozialisation) kann auf diese Weise kaum noch entsprochen werden.

3.3 Entwicklung des Spiels und der Spielarten

Das Spiel entsteht zu einem bestimmten Zeitpunkt der menschlichen Ontogenese und differenziert sich allmählich in verschiedene Formen (Spielarten), die sich mit zunehmender Entwicklung der kindlichen Persönlichkeit (vgl. Kap. 2) selbst quantitativ und qualitativ weiterentwickeln.

Besonders die entwicklungspsychologische Forschung geht der Frage nach, in welcher Reihenfolge einzelne Spielarten entstehen und warum.

Die folgende im Überblick dargestellte Spielentwicklungssequenz basiert schon auf frühe Untersuchungen von Charlotte Bühler (1928) und ist durch spätere entwicklungspsychologische Forschungen im wesentlichen bestätigt worden (etwa Piaget 1969; Hetzer 1948, 1979; Château 1974; Otto 1979; Einsiedler 1991; Ettrich 1991).

FUNKTIONSSPIELE

(Übungsspiele, psychomotorische oder sensomotorische Spiele)

Kinder beginnen bereits im ersten Lebensjahr zunächst mit dem eigenen Körper und dann zunehmend auch mit all jenen Gegenständen, die man ihnen gibt bzw. die sie selbst in die Finger bekommen, auf unspezifische Weise zu manipulieren. Dabei läßt das Kind den spezifischen Zweck und die Funktionsweise des Sachverhaltes unbeachtet (Otto 1985). Typisch sind hierbei die häufigen Wiederholungen, die offensichtlich mit einem hohen Lustgewinn, der sogenannten Funktionslust (Karl Bühler 1929) einhergehen.

Beispiele:

* ausdauerndes Strampeln, "Lallmonologe"
* Rassel, Bauklötze, Quietschfiguren betasten, belecken, hin- und herbewegen, beklopfen usw.
* mit Wasser plantschen (mit und ohne Gegenstände)

Entwicklungsgewinn (Otto 1979):

* Differenzierung der Sinnestätigkeit

* Training der Motorik
* Erfahrungen über verschiedene Objektqualitäten (Gewicht, Farbe, Form...)

Etwa gegen Ende des zweiten Lebensjahres bilden sich die beiden folgenden Spielarten (anfangs in relativ elementarer Form) heraus.

KONSTRUKTIONSSPIELE

(Herstell-, Bauspiel; kindliches Schaffen)

Diese Spielart ist dadurch gekennzeichnet, daß aktiv auf bestimmte Gegenstände eingewirkt wird, so daß diese eine Umwandlung erfahren bzw. etwas Neues entsteht.

"Die Entdeckung des eigenen Werkes, wenn Kinder einige Klötze aufeinandergestellt haben, im Hantieren innehalten und das Bauwerk als ein hergestelltes Gebilde betrachten, ist eine sie erregende Erfahrung" (Hetzer 1979, S. 77).

Kinder entwickeln hierbei meist einen unermüdlichen Schaffensdrang und Baueifer.

Beispiele:

* mit Sand und Wasser "Kuchen backen" und "Burgen" bauen
* Figuren aus Knete oder Ton formen
* Gebilde aus Papier falten oder schneiden
* Puzzeln
* mit dem Lego-System reale Objekte modellhaft nachbauen
* Umgang mit technisch komplizierten Baukästen
* Baumhäuser oder Höhlen bauen

Entwicklungsgewinn (Otto 1979):

* zielklares, planendes, konstruktiv-schöpferisches Denken und Handeln
* Geduld, Ausdauer, Selbstbeherrschung

* emotionale Bindung an den Gegenstand des Spiels/der Handlung
* Erfahrungen über Materialbesonderheiten und objektiver Gesetze der Statik, Mechanik usw.

ROLLENSPIELE

(Sujet-, Illusions-, Fiktions-, So-tun-als-ob-, Phantasie-, schöpferische Spiele)

Das Hauptmerkmal dieser Spielart besteht darin, daß bestimmte Handlungen, Bewegungen, Verhaltensweisen von Tieren, das Funktionieren von Maschinen u.ä. sowie vor allem soziale Rollen auf spezifische Weise widergespiegelt, imitiert und gestaltet werden.

Beispiele:

* sich schlafend stellen
* mit einen Stift "rauchen"
* auf allen "Vieren" wie ein Hund durch die Wohnung kriechen
* mit ausgebreiteten Armen durchs Zimmer laufen und dazu Geräusche machen ("Flugzeug")
* die Babypuppe "füttern"
* Vater-Mutter-Kind-Spiele in verschiedenen Varianten (mit leblosen "Spielgefährten", mit richtigen Spielpartnern, in der Puppenstube usw.)

Entwicklungsgewinn (Otto 1979):

* Erwerb sozialer Erfahrungen und Normen
* Entwicklung sozialer Eigenschaften
* Fähigkeiten zur sozialen Ein-, Unter- und Überordnung

REGELSPIELE

Bereits bei älteren Kindergartenkindern zeigen sich einfache Regelspiele, ihre Blütezeit erleben sie allerdings erst im Schulalter und darüber hinaus, was wohl in engem Zusammenhang mit der Anforderungsstruktur dieser Spiele steht (Riemann 1990). Typisch für diese Spielart sind Regeln, die ausdrücklich formuliert, das Spiel vordergründig und unausweichlich bestimmen.

Regelspiele besitzen einerseits oftmals eine lange Tradition und sind andererseits stark von gesellschaftlichen Neuentwicklungen geprägt. Häufig können sie nur in der Gemeinschaft gespielt werden. Auffällig ist zudem der mehr oder weniger stark ausgeprägte Zufalls- und Wettbewerbscharakter dieser Spielart.

Beispiele:

* Sing- und Tanzspiele (z.B. "Auf der Donau woll'n wir fahren")
* "Katz' und Maus", "Herr Fischer, wie tief ist das Wasser"
* "Mensch, ärgere dich nicht" und viele andere Würfelspiele, Lotto- und Legespiele
* Gummihopse, Abwerfball, Fußball
* Kartenspiele, Domino, Dame
* viele in der aktuellen Situation frei erfundenen Spiele, bei denen vor dem eigentlichen Spielen die Regeln detailliert besprochen und festgelegt werden

Entwicklungsgewinn:

* Entwicklung von Regel- und Strategiebewußtsein
* Entwicklung der Fähigkeit, sowohl ehrlich zu gewinnen als auch fair und mutig zu verlieren
* Entwicklung sozialer Handlungskompetenzen
* je nach Spielanforderungen Entwicklung motorischer und/oder kognitiver Fähigkeiten

Um Mißverständnissen vorzubeugen, muß bei diesen grob umrissenen Spielsequenzen folgendes angemerkt werden:

- Spielentwicklung vollzieht sich nicht in der Art, daß eine Spielart durch die andere abgelöst oder gar ersetzt wird, sondern vielmehr so, daß sie die individuelle Spielbiographie ergänzen.
- Obwohl es besonders auch beim Spiel beträchtliche individuelle Unterschiede gibt, kann man davon ausgehen, daß sich bis zum Schuleintritt meist alle Spielarten herausgebildet haben und koexistieren.

- Jede Spielart entwickelt sich selbst und in Beziehung zu den anderen Arten besonders in qualitativer Hinsicht weiter. Damit erhöht sich das Spielniveau beträchtlich. Es wächst das Bedürfnis für anspruchsvollere Spiele.
- Dennoch ist Spielentwicklung nicht immer nur als stetige Aufwärtsentwicklung zu verstehen, es kommt gelegentlich auch zu einem Aufgreifen einfacher, früherer Spielformen.

3.4 Ausgewählte Spielarten und ihre Bedeutung auf Spielplätzen

3.4.1 Das Funktionsspiel

Die körper- und objektbezogenen Funktionsspiele der Ein- und Zweijährigen haben zwar für deren sensomotorische Entwicklung große Bedeutung, für die Gestaltung von Kindergartenspielplätzen sind sie jedoch weniger relevant. Diese frühen Formen der Funktionsspiele entwickeln sich weiter und gehen teilweise über in **Bewegungs- und Sportspiele**. Zu diesen Spielen gehören, z.B. Hin- und Herlaufen bzw. Rennen, Springen (über verschiedene Hindernisse: hoch, 'runter, weit springen), sich Drehen (Drehschwindelspiele), Balance halten und Balancieren, Toben und einfach nur Herumtollen, Schlittern, Schaukeln, Klettern, aber auch Roller- oder Dreiradfahren, Ballspiele (fangen, werfen, prellen, rollen usw.). Solche Spiele lassen sich auf allen vorgesehenen und nicht vorgesehenen Plätzen zum Spielen beobachten. Sehr deutlich ist dabei die Funktionslust (K. Bühler 1929) - hier im Sinne der Lust an der reinen Bewegung und dem Erproben von motorischer Gewandtheit und Geschicklichkeit - zu erkennen.

Auf Spielplätzen sollten genügend und geeignete Flächen für die bewegungsintensiven Spiele vorhanden sein, denn besonders im Freien sind diese Spiele gut möglich. Für das Realisieren von weitläufigen Bewegungsspielen ist es günstig, Plätze und Wege mit unterschiedlichen Bodenbelegen, interessante Wegeführungen, unterschiedliche Geländehöhen, Abfahrtrampen, Hindernisse, wie Tunnel, Brücken usw., zu gestalten (vgl. Baeseler & Andrä 1985). Aber nicht nur an die Schaffung der **Möglichkeiten für weitläufige Bewegungsspiele** ist zu denken, sondern ebenso daran, daß im Freien auch gerne Funktionsspiele im Sinne von feinmotorischer Geschicklichkeit ausprobiert werden, z.B. das Kreiseln (Schnurkreisel oder Kreisel mit Peitsche). Hierzu bedarf es Abschnitte mit entsprechend festen Untergrundbelägen. Für andere **feinmotorische Spiele** ist es auch sinnvoll, Sitzgelegenheiten bzw. relativ ruhige Ecken einzurichten.

Insgesamt läßt sich feststellen, daß Spielplätze so zu konzipieren sind, daß Kinder hier ihre **natürlichen Bewegungsbedürfnisse ausleben** können. In Anbetracht der häufig anzutreffenden häuslichen Wohnenge und der oft viel zu kleinen Innenraumbedingungen in Kindertagesstätten brauchen sie die verschiedenen Bewegungsmöglichkeiten im Freien, um sich motorisch allseitig und gesund entwickeln zu können (vgl. Kap. 2).

Mit bewegungsanregenden Spielplätzen kann man den Kindern also helfen, mögliche Bewegungsdefizite auszugleichen. Dennoch ist es nicht gutzuheißen, daß manche Spielplätze nur auf Bewegungsspiele ausgerichtet sind. Das ist auf Dauer viel zu einseitig und wird für Kinder langweilig.

3.4.2 Das Konstruktionsspiel

Für die meisten Spielplätze trifft zu, daß die Möglichkeiten, selbständig bzw. gemeinsam mit anderen etwas zu bauen, herzustellen oder zu gestalten, sehr begrenzt sind und höchstens auf den kreativen Umgang mit Sand und evtl. noch mit Wasser beschränkt bleiben. Damit werden jedoch wichtige Entwicklungspotenzen, die technisch-konstruktive Tätigkeiten besitzen, für die kindliche Persönlichkeitsentfaltung verschenkt.

Das Ausführen konstruktiver Spiele bedarf verschiedener Materialien (z.B. Holz, Ton, Lehm, Pappe) und Werkzeuge (z.B. Hammer, Säge, Zange, Bohrer, Leim) und z.T. auch bestimmter räumlicher Vorrichtungen (ebene Arbeitsplatte, Bastelecke), die auf öffentlichen Spielplätzen meist nicht zur Verfügung stehen. In Kindereinrichtungen handelt es sich aber um pädagogisch betreute Spielplätze, in denen ohne viel zusätzlichen Aufwand die **Bedingungen für Konstruktionsspiele unterschiedlicher Art** deutlich verbessert werden könnten. Dazu etwa folgende Vorschläge:

* Einrichtung einer **Material- und Bastelecke**, in der eine Werkzeugkiste zur Verfügung steht und viele verschiedene Materialien aus unserem Alltag (auch bestimmte Abfallprodukte) und der natürlichen Umwelt (Steine, Kastanien) ständig ergänzt werden können: Kinder haben so die Möglichkeit, nach eigenen Ideen und Vorstellungen etwas zu bauen bzw. zu basteln, worauf sie stolz sind und von anderen Anerkennung erhalten; außerdem können sie jederzeit etwas herstellen, was zugleich

auch für andere Spiele (etwa Rollen- oder Phantasiespiele) genutzt werden kann;

* Bereitstellen eines großen, stabilen Baukastensystems (Elemente könnten zugleich zusätzliche Sitzgelegenheiten sein), von Naturmaterialien (z.B. Reisig, größere Stangen, Bretter), großen Pappkartons, die Höhlen- und Hüttenbauten im Großraumformat anregen und für weiterführende Spiele (Familie, Arzt, Krankenhaus, Supermarkt) genutzt werden können;
* Anlegen von **großzügigen Sandspielbereichen**, in denen es selbstverständlich wird, das Element Wasser zum Formen und Gestalten zu benutzen, wobei Materialien, wie Lehm und Ton ebenfalls zur Verfügung gestellt werden sollten (Herstellen von Puppengeschirr u.ä.).

Wenngleich das Spielen mit technischen Baukästen (Fischertechnik oder Legotechnik) und komplexen Modellbauten auf Spielplätzen weniger geeignet scheint, so eröffnen sich im Freien jedoch - wie wir sehen konnten - Möglichkeiten und Dimensionen zum Bauen und Gestalten ganz anderer Art, die zudem eine gute Ergänzung zum Konstruieren mit industriell vorgefertigten Bausätzen darstellen.

3.4.3 Das Rollenspiel

Auch Rollenspiele findet man, insgesamt gesehen, noch viel zu selten auf Spielplätzen, und zwar trifft dies insbesondere für alle Geräteplätze zu, die bestimmte Bewegungsformen vorprogrammieren. Es ist aber keinesfalls so, daß Rollenspiele generell kaum im Freien gespielt werden. Bei günstigen Witterungsverhältnissen kann man überall Kinder (besonders im Vor- und Grundschulalter) in Hauseingängen, hinter Büschen, in Hofecken, in Nischen auf Wäschetrockenplätze, in Kinderzelten auf Rasenflächen in Wohnsiedlungen, in Baumhäusern, in stillen Winkeln von Gartenkolonien usw. bei ihrem Spiel mit Puppen (Mädchen) und Fahrzeugen (Jungen) sowie allerlei Zubehör beobachten.

Für Rollenspiele im Freien sind relativ **abgeschirmte, nicht von jedermann einsehbare Ecken und Nischen** erforderlich, in die sich die Spielenden zurückziehen können, um unbeobachtet und ungestört ihre Phantasien und Gedanken umzusetzen (vgl. Otto 1985). Dieser Aspekt ist bei der Gestaltung von Spielplätzen relativ einfach (z.B. durch Hecken, Büsche) zu realisieren.

In Kindereinrichtungen sollte er aus folgendem Grund unbedingte Beachtung finden: Rollenspiele in entfalteter Form benötigen eigentlich immer einen oder mehrere Spielpartner, was in Kindereinrichtungen überhaupt kein Problem ist. Demgegenüber müssen Rollenspiele zu Hause häufig allein (Einzelkinder, wenig Interesse der Eltern) oder mit fiktiven Gefährten (Plüschtiere, Puppen) gespielt werden. Die günstigen sozialen Bedingungen für Rollenspiele, die Kindereinrichtungen generell bieten, sollten deshalb auch bei der Spielplatzgestaltung erhalten bleiben. Wenn dann noch jene Aspekte, die im Zusammenhang mit der Förderung von Konstruktionsspielen auf Spielplätzen Berücksichtigung finden, besonders was die Bereitstellung verschiedener Materialien betrifft, und darüber hinaus typische Rollenspielzeuge mit ins Freie genommen werden dürfen, so sind beste Voraussetzungen für diese spezifische Spielart geschaffen.

3.4.4 Das Regelspiel

Regelspiele werden von jüngeren Kindern anfangs nur nachgeahmt, erst später erkennen sie die Bedeutung der Regeln und beachten sie bewußt.

Ein Großteil der Regelspiele erfordert motorische Handlungen (Bewegungsregelspiele). Die unter 3.4.1 ausgeführten Aspekte können demzufolge auch zum Gelingen von Regelspielen auf Spielplätzen beitragen, zumal die Grenzen zwischen "reinen" Bewegungsspielen und Regelspielen fließend sind.

Ausgesprochen beliebt bei Vorschulkindern sind Sing- und Tanzspiele sowie Kreisspiele ("Plumpssack", "Dornröschen..."). Freiflächen sollte deshalb so bemessen sein, daß diese Spiele ohne Einschränkung möglich sind.

Für die Regelspiele, die stärker kognitiven Charakter tragen (Brett-, Karten-, Legespiele usw.), brauchen Kinder auf Spielplätzen ebenfalls ruhige Ecken mit Sitzgelegenheiten und tischähnlichen Flächen und Erhöhungen.

Wenn ein Spielplatzkonzept bezüglich der Realisierung der anderen Spielarten bereits gründlich durchdacht wurde, so kann man im allgemeinen davon ausgehen, daß für Regelspiele keine zusätzlichen Elemente mehr bereit gestellt werden müssen.

4 Kinderspielplätze

Die Meinungen und Einstellungen zum Spielplatz gehen weit auseinander. Während einige der Ansicht sind, daß der Spielplatz noch mehr dazu beiträgt, Kinder aus dem Erwachsenenleben auszuschließen und damit ihre soziale Entwicklung in "unzumutbarer Weise eingeschränkt" wird (Thomas 1984, S. 623), sehen andere den Spielplatz als geschützten Raum, in denen Kinder ungestört und relativ gefahrlos ihren Beschäftigungen nachgehen können. Welche Bedeutung haben Spielplätze und was können sie bewirken? Wie sollten sie beschaffen sein und vor allem wie stellen sich Kinder ihren Spielplatz vor? Diese u.a. Fragen sollen im folgenden aufgegriffen werden.

4.1 Bedeutung und Funktion

Zunächst ist festzustellen: Kinderspielplätze werden nicht nur als **Schutzräume** angelegt. Sie sollen gleichzeitig als **künstlich geschaffene Umweltráume** Ersatz sein für den Mangel an Spielmöglichkeiten (Schottmayer/ Christmann 1977). In diesen "Spiel-Umwelt-Räumen" können Kinder wichtige Erfahrungen machen, die in unserer heutigen städtischen Umwelt nicht mehr überall bzw. schon gar nicht risikolos möglich sind. Kinderspielplätze stellen zunächst ein Angebot zum Spielen dar. Ein Angebot ohne Nachfrage, wie Forsch (1980) formuliert, weil an Bedürfnissen und Wünschen der Kinder meist vorbeigeplant wird, pädagogische und psychologische Aspekte zu wenig beachtet werden. Und dennoch sind wir der festen Überzeugung, daß bei einer ausgewogenen Gestaltung Spielplätze nicht nur jene o.g. Funktionen (Schutz und Umwelterfahrungsersatz) erfüllen können, sondern darüber hinaus wichtige andere **Entwicklungsfunktionen** haben.

Warum sind also Spielplätze für die kindliche Entwicklung so bedeutsam? Unseres Erachtens sind hier mehrere Gründe anzuführen, nämlich weil sie:

- ein relativ gefahrloses, vom Straßenverkehr abgegrenztes Spiel ermöglichen,
- zum selbstbestimmten Tun anregen,
- vielfältige Bewegungs- und Spielformen ermöglichen und fördern,
- sozialer Begegnungsort und Kommunikationsstätte für Kinder sind und zum gemeinsamen Spiel anregen und dadurch auch die Altersgruppenintegration erleichtern können,

- verschiedene Tätigkeiten des Beobachtens, Erkundens und Probierens anregen,
- Erfahrungszuwachs auf allen Gebieten ermöglichen, z.B.
  * Natur- und Sinneserfahrungen
  * Selbsterfahrungen (eigene Kräfte erproben)
  * soziale Erfahrungen (Kooperation, Konfliktbewältigung, flexible Über-, Unter- und Einordnung in kleinere und größere Gruppen, Toleranz und gegenseitige Rücksichtnahme),
- einen körperlichen Ausgleich ermöglichen (als Gegensatz zu ruhigen Spielen drinnen bzw. zu bewegungsarmen oder einseitig geistigen Tätigkeiten).

Inwieweit ein Spielplatz echte Entwicklungschancen für Kinder bietet, hängt, wie bereits betont, von der Art der Gestaltung ab. Deshalb soll im folgenden über Probleme der Spielplatzgestaltung reflektiert werden.

4.2 Aspekte der Spielplatzgestaltung

4.2.1 Allgemeine pädagogisch-psychologische Aspekte

Es war nicht immer selbstverständlich, daß bei der Planung und Einrichtung von Spielplätzen primär von pädagogischen und psychologischen Kriterien ausgegangen wurde. Meist dominierten technische, hygienische und Sicherheitskriterien sowie die Angebote der Spielgeräteindustrie als Orientierungsgrundlagen für die Spielplatzgestaltung. Seit Mitte der 70er Jahre hat sich jedoch eindeutig ein Wandel vollzogen. Es gibt seither viele **Bemühungen, eine Spielplatzpädagogik zu entwickeln**, z.B. Schottmayer & Christmann (1975, 1977), Forsch (1980) oder Bartsch/Otto/Schmidt/ Sotamaa & Upanne (Hrsg.,1985). Probleme bestehen vor allen Dingen darin, daß hygienische und Sicherheitskriterien mit pädagogisch-psychologischen Gesichtspunkten in Einklang gebracht werden müssen. In Anbetracht der vielen Umweltprobleme kommt man außerdem nicht umhin, auch ökologische Aspekte mit einzubeziehen. Im folgenden sollen aber erst einmal einige allgemeine pädagogisch-psychologische Probleme der Gestaltung von Spielplätzen im Mittelpunkt stehen. Otto (1985) ist der Ansicht, daß es bei der Beachtung von Planungskriterien zwangsläufig zu inneren Widesprüchlichkeiten kommt. Die Kunst der Spielplatzgestaltung besteht darin, **spezifische gegensätzliche Tendenzen in eine optimale Beziehung zu bringen**. Diese

Tendenzen stellt Otto dar als (1985, S. 17):

"**Dialektik** von

Sicherheit	und	Risiko
Betreuung	und	Selbständigkeit
Altersgruppenintegration	und	Altersgruppentrennung
Weiträumigkeit	und	Binnengliederung
Konstanz	und	Variabilität
Technik (Planung)	und	Natur (Zufall)
Ordnung	und	Unordnung"

Diese dialektischen Kriterienkombinationen sollen kurz erläutert werden. Mit der Dialektik von **Sicherheit und Risiko** will Otto herausstellen, daß zwar Sicherheit gewährleistet werden muß, aber zugleich auch, daß man diesen Aspekt nicht verabsolutieren darf, weil dies unter Umständen zu Eintönigkeit und Langeweile sowie zum Aufsuchen anderer attraktiver Plätze (evtl. Baustellen) führt. Spielplätze brauchen genügend Raum für Mutproben, Abenteuer, Spannung, Wagnisse, also für Risiken, die Kinder kalkulieren lernen sollten. *"Die Grenze eines zumutbaren Wagnisses muß durch möglichst genaue Abschätzung der Leistungsfähigkeit der betreffenden Altersgruppen gefunden werden"* (ebenda, S. 17). Schon an anderer Stelle wurde darauf hingewiesen, daß sich Kinder auf Spielplätzen frei bewegen und nicht unter ständiger Aufsicht von Erwachsenen sein wollen. Demgegenüber gibt es verbindliche gesetzliche Bestimmungen, die in Kindereinrichtungen die Aufsichtspflicht vorschreiben. Damit werden also Kinder auf dem Kindergartenspielplatz niemals ohne pädagogische Betreuung sein, was sich nicht durchweg als Nachteil erweisen muß. Denn Kinder wünschen sich z.T. auch anleitende und stimulierende Hilfe und möchten je nach Situation die Erzieherin als Mitspieler. Damit **Betreuung und Selbständigkeit** in einem ausgewogenen Verhältnis stehen, sollte die Spielplatzgestaltung so erfolgen, daß es einige natürliche Rückzugsmöglichkeiten für Kinder gibt und die Spieleingriffe des pädagogischen Personals sehr behutsam und zurückhaltend geschehen. Es sollten stets solche spielpädagogischen Handlungsformen entwickelt werden, die kindliches Spiel anregen und unterstützen, ohne daß - wie Heimlich formuliert - *'dessen spontaner, phantasiebezogener und selbstkontrollierter Charakter verloren* *ginge"* (1993, S. 79). In Kindergarteneinrichtungen gehört es heute zum Alltag, daß 2- bis 6jährige Kinder miteinander spielen können. Das Prinzip der **Altersmischung** macht es möglich, daß sowohl der Umgang mit Gleichaltrigen als auch mit Älteren und Jüngeren gepflegt werden kann. Auf diese Weise wird die soziale Entwicklung der Kinder, besonders ihre soziale Flexibilität gefördert. Mit der **Dialektik von Weiträumigkeit und Binnengliederung** stellt Otto ganz klar heraus, daß ein Spielplatz *"weder nur aus großen, ungegliederten Flächen bestehen noch nur in viele kleine Teilflächen zerstückelt"* werden sollte (ebenda, S. 19). Dies hängt zum einen damit zusammen, daß sich unterschiedlich große Gruppen zum Spielen zusammenfinden und zum anderen mit den Anforderungen, die verschiedene Spielarten stellen (vgl. Kap. 3.2.4). Zwar müssen Spielplätze eine gewisse Stabilität bzw. **Konstanz** aufweisen, dennoch sollten sie zugleich auch Möglichkeiten zur **Variation** bieten. Allzu häufig ist es noch so, daß den Kindern fertige und unveränderbare Spielplätze (meist fest verankerte Spielgeräte) übergeben werden. Kinder haben aber das Bedürfnis, aktiv verändernd auf ihre Umwelt einzuwirken. Diesem Bedürfnis sollte man Rechnung tragen, indem z.B. einige Spielelemente multifunktionalen Charakter tragen, transportabel, veränderbar usw. sind. Außerdem können verschiedene Kleinmaterialien bereitgestellt werden. Mit der Dialektik von **Technik und Natur** bzw. Planung und Zufall weist Otto darauf hin, daß künstlich geschaffene Spielplätze nicht voll und ganz symmetrisch, mit rechtwinklig abgezirkelten Bereichen, leblosen Metall- bzw. Holzgeräten, klar überschaubar angelegt werden sollten. Solch ein Spielplatz hält kaum Überraschungen bereit. Kinder aber wollen Unbekanntes erforschen, Neues entdecken. Dies ist sehr gut möglich, wenn natürliche Elemente mit einbezogen werden. Bäume, Sträucher, Wiesen mit Blumen und Gras sind etwas Lebendiges, das sich in ständiger Veränderung befindet. Die Ausgewogenheit von planmäßig Gestaltetem und Natürlichem auf dem Spielplatz steht in enger Beziehung zur Dialektik von **Ordnung und Unordnung**. Natürlich sollte verhindert werden, *"daß Spielplätze in einen verwahrlosten und verschmutzten Zustand geraten", aber übertriebene "Ordnung und Sauberkeit wirken steril und können zur Verarmung der Umgebung, zur Einengung der Bewegungsfreiheit sowie des schöpferischen Denkens und Handelns führen"* (Otto 1985, S. 20). Dem - so denken wir - ist nichts mehr hinzuzusetzen.

4.2.2 Wünsche und Vorstellungen von Kindern

4.2.2.1 Literaturanalyse

Die Spielplätze sollen für die Kinder Orte sein, an denen sie ihren Wünschen und Bedürfnissen nachgehen können. Erwachsene glauben stets zu wissen, was Kinder brauchen und sich wünschen. Einige Autoren haben Untersuchungen verschiedener Art durchgeführt, um herauszufinden, wie sich Kinder ihre Spielplätze vorstellen. Die **Untersuchung von K. Brachmann (1974)** in Ludwigshafen wurde unter dem Motto: "Wie wünsche ich mir meinen Spielplatz?" durchgeführt. Aufsätze, Zeichnungen und Modelle von Kindern wurden mit folgenden Ergebnissen ausgewertet:

Größe: die Kinder wünschten sich größere Spielflächen, die in kleinere Spielräume aufgegliedert sind, damit verschiedene Betätigungen möglich werden; außerdem eine große Wiese und Kletterbäume;

Abgrenzung: die meisten Kinder wünschten sich Zäune oder Büsche um den Spielplatz herum, damit sie ungestört und ohne Aufsicht von Erwachsenen spielen können;

Geräte: die Wünsche der Kinder waren sehr unterschiedlich, dennoch gab es eine gemeinsame Grundtendenz: die Kinder fanden die meisten Geräte auf den Spielplätzen der Stadt langweilig und phantasielos und wünschten sich Geräte, wie z.B. Achterbahnrutschen, Lokomotiven zum Spielen und Klettern; es lagen also Wünsche nach solchen Spielgeräten vor, die von den üblichen erheblich abweichen, Geräte, die Wagnisse darstellen.

Übereinstimmend kam in allen Aufsätzen, Zeichnungen und Modellen das Bedürfnis nach Freiheit auf Spielplätzen zum Ausdruck. Die Kinder wünschten sich eine **natürliche Umwelt** und wollten **Aktionsräume**, in denen sie vielen Betätigungen nachgehen können (K. Brachmann 1974). **Schottmayer/Christmann (1977)** nutzten eine andere Methode, nämlich die Befragung, um Wünsche der Kinder nach Angeboten und Ausstattungen auf Spielplätzen herauszufinden. Die Ergebnisse dieser Studien (in zwei verschiedenen Städten) sollen im folgenden kurz dargestellt werden. In einer **Befragung** von 1.662 Kindern im Alter von 6 bis 14 Jahren wünschten sich 92% mehr Spielflächen. 96% der Kinder wünschten sich Spielgegenstände, die von den traditionellen Spielgeräten abweichen, z.B. alte Autos, Hütten und Werkzeuge. Die Kinder sahen Spielplätze als Rückzugsgebiet, in dem sie vor Eingriffen von Erwachsenen geschützt sind (Schottmayer/Christmann 1977). Ähnliche Ergebnisse ergab die Befragung von 336 Schülern in Hamburg. 74% der Kinder waren hier der Meinung, daß man sie als Kinder unbedingt in den Bau von Spielplätzen einbeziehen müßte. Auch diese Kinder wünschten sich Spielplätze, wo sie aktiv und kreativ tätig sein können und lehnten jegliche Eingriffe von Erwachsenen ab (Schottmayer/Christmann 1977). Die Befragungsergebnisse weisen deutlich darauf hin, daß Kinder ein **starkes Bedürfnis nach Eigenständigkeit** haben. Außerdem wollen sie einen **Kontrast zur täglichen Lebenswelt** (urwüchsiges Gelände und veränderbare Spielgegenstände). Die Untersuchung zeigte allerdings auch, daß Kinder nur schlecht in der Lage sind, Alternativen konkret zu nennen. Sie äußern sich relativ allgemein und viele der Vorstellungen sind unrealistisch. Kinder zeigen ihre Unzufriedenheit, können sich jedoch nicht vorstellen, an der Spielplatzsituation wirklich etwas ändern zu können (vgl. Schottmayer/Christmann 1977). In einer dritten **Untersuchung von Oberholzer/Lässer (1991)** finden wir eine völlig andere Methode, um die Wünsche der Kinder herauszufinden. Die Autoren sind ebenfalls der Meinung, daß Kinder in die Spielplatzplanung einbezogen werden sollten. Nach Erfahrung der Autoren zeigen sich jedoch Probleme, wenn man Kinder nach ihren Wünschen fragt oder sie bittet, diese aufzuzeichnen. Die Kinder geben oftmals genau die Dinge an, die sie bereits kennen. Die Autoren bezogen aus diesem Grund Kinder in die Spielplatzplanung ein, indem sie verschiedene Altersgruppen beim **freigewählten, spontanen Spiel an Spielgeräten oder in der naturnahen Umgebung beobachteten**. Dabei stellten sie sich folgende Fragen: Was tun die Kinder, womit spielen sie, wie lange verweilen sie beim Spielen? Die auf diese Weise gewonnenen Fakten bestätigten dem Beobachter jene Dinge, die Kinder zum Spielen wirklich brauchen.

Die Beobachtungen gaben also indirekt Aufschluß über die Wünsche der Kinder. Oberholzer/Lässer (1991, S. 30) haben die Ergebnisse ihrer Studien wie folgt zusammengefaßt, wobei unsererseits geringfügige Kürzungen vorgenommen wurden:

Wünsche von Kindern:

<u>Unbelebte Natur erfahren, Umgang mit Materialien</u>

Wasser	Wasseranschluß mit Schlauch, Weiher, Brunnen, Tümpelgraben, Wasserbecken
Feuer	Feuerstelle
natürliche Materialien	Materialecke mit Holz, Laub, Backsteinen usw.
bauen und graben	möglichst große unversiegelte Flächen, wenig Hartfläche, Sandanlage, Kiesfläche, Gartenecke für Kinder, Lehmgrube, Niemandsland ohne Auflagen

<u>Sich auseinandersetzen mit dem eigenen Körper, sich bewegen</u>

spazieren gehen, rennen, hüpfen	Rasenwege, Wege aus Kies, Holzschnitzeln, flaches und hügliges Gelände
kriechen, hindurchschlüpfen	Weidengang, Strauchgang
sich verkriechen, verstecken, anschleichen	Hügel, Wall, Mulde, Graben, Weidenhaus, Strauchhaus, Strauchgruppe, Hecke, hohes Gras
sich balgen	Wiese, Rasen, Platz mit Holz- oder Rinden-schnitzeln
sich wälzen, tollen, rutschen	Grasböschung, Hügel
klettern, hinaufsteigen, hinunterspringen	Böschung, Steinblöcke, Balkengestelle, Strickleiter oder Seil am Baum, Netz, Holzhütte, Weidenhaus, Graswall

hangeln, hängen	Seil am Baum, Netz
balancieren, überqueren	Balken, Bretter über Mulde, Balkengestell am Hügel, Rundholz, Bretterschaukel
schaukeln	Seil am Baum, Schaukel, Hängematte
schweben	Seil am Baum
Steine werfen	Kies, Wasserfläche
Fahren mit Dreirad, Fahrrad, Roller, Skateboard	Hartflächen
aufgemalte Spiele, mit Kreide zeichnen	Hartflächen
Geschwindigkeit, Schwerelosigkeit erfahren, fliegen	Seilbahn, Rundlauf
Ballspiel	mehr oder weniger ebene Flächen
Rollenspiele	vielgestaltiges Gelände

Anhand dieser Untersuchungsergebnisse wird deutlich, das Kinder ein starkes Bedürfnis haben, Natur hautnah zu erleben.

4.2.2.2 Untersuchungen im Erfurter Kindergarten "Am Nordpark"

Von Anfang an hatten wir uns bei der Spielplatzplanung für den konkreten Kindergarten das Ziel gesetzt, weitestgehend kindliche Wünsche und Vorstellungen zu berücksichtigen. Deshalb wurden in dieser Einrichtung entsprechende Untersuchungen geplant und durchgeführt. Der 1. Versuch, der unter pädagogischer Leitung der Erzieherinnen dieser Einrichtung durchgeführt wurde, bestand darin, die Kinder zu stimulieren, damit sie ihre Wünsche bezüglich des Kindergartenspielplatzes aufzeichneten. Es liegen Zeichnungen von 28 Kindern im Alter von 3 - 6 Jahren vor. Dabei zeigte sich jedoch, daß die Kinder häufig etwas zeichneten, was sie schon kannten. So wurden oftmals Rutschen, Wippen, Holzhäuser und Klettergerüste abgebildet. Einige Kinder ließen sich von den Medien derart beeinflussen, daß sie sich relativ unrealistische Dinge, wie z.B. Kletterdinos, Raketen und Heißluftballons wünschten. Auf den Zeichnungen der Dreijährigen konnte man kaum etwas Konkretes erkennen, was u.E. mit dem Entwicklungsstand der zeichnerischen Fähigkeiten zusammenhängt. In einigen Gruppen befragten die Erzieherinnen die Kinder nach ihren zeichnerischen Darstellungen und ließen sich erklären, was auf den Bildern gemalt wurde. Dabei kamen recht realitätsferne Wünsche zum Vorschein. Zusammenfassend läßt sich zu diesem Versuch sagen, daß kaum ein Kind originelle **und** zugleich realisierbare Vorschläge für den Spielplatz des eigenen Kindergartens zeichnete. Es war zu erkennen, daß drei- bis sechsjährige Kinder noch nicht ausreichend in der Lage sind, neue Vorschläge und Alternativen für Spielplätze zu entwickeln und diese dann zeichnerisch umsetzen zu können. Auch eine Befragung zu dieser Thematik scheint in diesem Alter nicht effektiv genug zu sein - wie Erfahrungen anderer bereits zeigten (vgl. Kap. 4.2.2.1). Es ist bekannt, daß Kindergartenkinder noch nicht so gut in der Lage sind, ihre Gedanken verbal zu äußern. Demzufolge hat eine Befragung dieser Kinder über ihre Vorstellungen wohl wenig Sinn, zumal schon anhand der Zeichnungen versucht wurde, mit ihnen ins Gespräch zu kommen. Aus diesen Gründen haben wir uns entschlossen, durch Beobachtungen der Kinder beim Spielen im Freien darauf zu schließen, welche Bedürfnisse vorhanden sind, um auf diese mehr indirekte Weise die Kinderwünsche zu erkennen. Diese Beobachtung wurde als **Feldbeobachtung**[2] angelegt, womit wir deutlich machen wollen, daß die natürliche Situation der Kinder beim Spiel auf dem Außengelände des Kindergartens weitestgehend erhalten bleiben sollte. Dies betraf räumliche, zeitliche und pädagogische Bedingungen. Als Beobachtungsort wurde die umzugestaltende Freifläche mit dem angrenzenden Sandspielbereich gewählt, also jenes Areal, welches die Kinder bei guter Witterung ohnehin täglich zwischen 10.00 und 11.00 Uhr zum Spielen im Freien aufsuchen können. Für die systematischen Beobachtungen nutzen wir die jeweils vorhandene Population, d.h. es wurden jene Kinder einbezogen, die zur alltäglichen Spielzeit auf der Freifläche anwesend waren. Zum Erhalt der natürlichen Situation gehörte auch, daß die pädagogische Betreuung der Kinder während des Spielens im Freien möglichst wie an jedem anderen Tag erfolgte (Herstellung der pädagogischen Alltagssituation).

---

[2] Die ausführliche Darstellung dieser Untersuchung findet sich bei Wagner 1994.

Die Beobachtung wurde an zwei verschiedenen Tagen im September durchgeführt, wobei ein Zeitraum von einer Woche dazwischen lag, um zu vermeiden, daß die Kinder gleiche Spielthemen aufgreifen.

Die Protokollierung erfolgte durch zwei Personen, um keine der Spielhandlungen zu übersehen. Die Auswertung erbrachte einige wichtige Konsequenzen.

Diese sind in der nachfolgenden Tabelle zusammengefaßt.

Übersicht über die Beobachtungsergebnisse und die Rückschlüsse für die Planung

Beobachtete Wünsche und Bedürfnisse der Kinder	Rückschlüsse für die Spielplatzplanung	Konkrete Umsetzungsmöglichkeiten
1. Kinder zeigten starkes Interesse an dem auf der Freifläche befindlichen Hügel, bezogen ihn in viele Spiele ein, z.B. ins Fußballspiel, ins Versteckspiel und in viele Bewegungsspiele.	Hügel sollte erhalten bleiben und möglichst noch attraktiver gemacht werden.	- Aufstellen einer Rutsche integriert an den Hügel - Treppen an den Hügel anlegen
2. Kinder zeigten den Wunsch nach dunklen, ruhigen, abgeschiedenen Ecken und Winkeln. Diese sind für manche Spiele nötig, weil sie Platz zum Alleinsein bieten.	Hecken und Sträucher bieten Platz für diesen Wunsch. Zäune des Kindergartens müssen noch weiter bepflanzt werden, um die Kinder vor neugierigen Blicken zu schützen.	- vorhandene Hecken erhalten und so verschneiden, daß man gut hinein- und heraus gehen kann - Weidenhaus anpflanzen - weitere lauschige Ecken schaffen
3. Kinder zeigten hohe Spielaktivität im Sandspielbereich. Es wurden verschiedene Spielarten gespielt, z.B. Bauspiele und Rollenspiele.	Sandspielflächen müssen erhalten, aber so umgestaltet werden, daß sie ihre Einseitigkeit und zugleich auch ihre Abgetrenntheit von der übrigen Freifläche verlieren.	- Schaffung einer Sandfläche, die in die Freifläche integriert ist, z.B. "Sandsee" - Wasserspielbereich
4. Kinder zeigten starkes Interesse an den vorhandenen Naturmaterialien, z.B. Holz, Blätter und Steine.	Naturmaterialien sollten in ausreichendem Maße bereitgestellt werden.	- Material- und Bastelecke einrichten, in der die Kinder mit Werkzeugen und Naturmaterialien arbeiten und werkeln können
5. Kinder zeigten ein stark ausgeprägtes Bewegungsbedürfnis.	Kinder benötigen ausreichend Platz, um diesen Bewegungsdrang ausleben zu können.	- Freifläche nicht völlig zubauen bzw. in kleine Bereiche strukturieren, sondern ausreichend freien Platz für Bewegungsspiele lassen (Bewegungsfläche)

6. Kinder zeigten ein starkes Neugierverhalten, wollten viel entdecken und mit allen Sinnen erfahren, z.B. betasteten sie einen Käfer.	Spielplatz sollte viele Entdeckungen möglich machen und die Chance bieten die Natur zu erleben und zu erfahren.	- Erlebnislandschaft aus verschiedenen Elementen anlegen, z.B. Kiesfluß, Steinstufen und Sandecken - Hecken und Bäume sind Lebensräume für Kleinstlebewesen, die gern beobachtet werden - "Schnupperort" anlegen, der verschiedene Düfte verströmt
7. Kinder suchten Herausforderungen und Risiken auf der Freifläche.	"Schwierigkeiten" in den Spielplatz einbauen, die für die Benutzer berechenbar sind.	- Wackelbrücke - Erlebnisstrecke mit Balancierbalken, Findlingen und Baumstümpfen anlegen (Kindern Höhenunterschiede überwinden lassen)

4.3 Naturnahe Gestaltungskonzepte als neue Alternative

Wie die Analyse bisher zeigte, ist die Planung und Gestaltung von Kinderspielplätzen heute unter gezielter Einbeziehung der natürlichen Umwelt aus verschiedenen Gründen angezeigt. Mit Beginn der 90er Jahre mehren sich Publikationen, in denen es Anregungen zur Neuorientierung in Richtung Naturspielplätze gibt (Oberholzer/Lässer 1991; Hoff 1992; Strätz/Gloth 1992; Brühl 1992; Horst 1993; Bachmann 1994; Seeger 1994). Der naturnahe Spielplatz ist ein Raum für das gemeinsame Spiel im Freien, das den Kindern die Möglichkeit bietet, Erfahrungen mit und um die Natur zu machen. Die Kinder können auf diesem Spielplatz Pflanzen und Tiere zu verschiedenen Zeitpunkten des Tages und der Jahreszeiten sowie bei unterschiedlichem Wetter erleben (Brühl 1992). Auf diesen Spielplätzen verzichtet man fast völlig auf die typischen industriell gefertigten Spielgeräte und -systeme. Einzelne, besonders bei Kindern ausgesprochen beliebte Spielgeräte sind selbstverständlich auch auf einem naturnahen Spielplatz geeignet (z.B. Schaukel, Rutsche). Den größten Anteil sollten jedoch natürlich gestaltete Elemente, z.B. Hügel, Hecken, Mulden, Höhlen, Bäume, Sträucher usw. besitzen sowie vielfältige Naturmaterialien, wie Holz, Wildfrüchte, Steine, Reisig, Stöcke, Blätter, u.a.m. Durch die Vielfalt der Natur, die lebendig ist und deshalb auch wachstumsbedingten Veränderungen unterliegt (z.B. jahreszeitliche Unterschiede), wird ein naturnaher Spielraum immer von Interesse für die Kinder sein. Blüten, Blumen, Grashalme können abgepflückt, genau untersucht und als Spielmaterial mit veränderter Gegenstandsbedeutung genutzt werden (z.B. können Blütenblätter das "Gebäck" für ein "Kaffeekränzchen" symbolisieren). Sinnes- und Naturerfahrungen werden ständig und zu allen Jahreszeiten ermöglicht, und zwar zum größten Teil mehr oder weniger unbewußt im Spiel. Aus der bisherigen Darstellung lassen sich u.E. zwei wichtige Anforderungen an einen naturnahen Spielplatz ableiten:

(1) Er gestaltet sich primär mit und durch Natur, deshalb sollte eine Einbeziehung anderer (künstlicher) Elemente nur im Einklang mit der Natur erfolgen.

(2) Es sollten Vielfalt und Komplexität von Natur mit all ihren Erscheinungen, Gegensätzen und Besonderheiten erlebbar gemacht werden.

Nach unserem bisherigen Verständnis weist ein naturnah gestalteter Spielplatz sowohl Vorteile als auch Nachteile auf, die im folgenden zusammengefaßt dargestellt werden (vgl. Siptroth 1994):

VORTEILE, die dieser Spielplatztyp bietet:

- Fehlende natürliche Lebensräume werden besonders in den Städten ersetzt.
- Er ist im Vergleich zu den teuren Abenteuer- und Gerätespielplätzen entschieden kostengünstiger in der Gesamtanschaffung bzw. -gestaltung.
- Durch das ständige Wachstum der natürlichen Gestaltungselemente gewinnt der Spielplatz im Laufe der Jahre immer mehr an Wert.
- Veränderungen und Umgestaltung seitens der Kinder sind möglich, weil die Natur nie eine starre unveränderbare Gegebenheit ist.
- Er regt durch seine Vielfalt zur Entwicklung von Phantasie, Kreativität, Schöpfertum an und wird demzufolge nicht langweilig.
- Er ermöglicht vielfältige Sinnes- und Naturerfahrungen.
- Die Kinder lernen auf dem Spielplatz einheimische Tiere und Pflanzen kennen und erwerben Wissen über deren Lebensräume.
- Die Unfallgefahr liegt im Vergleich zu Gerätespielplätzen wesentlich niedriger (Seeger 1994).

- Das Aggressionspotential ist weitaus geringer als auf Gerätespielplätzen (Oberholzer/Lässer 1991).
- Der Spielplatz kann u.E. Raum für die Realisierung aller wichtigen Spielarten bieten.
- Dieser Spielplatz besitzt vielfältige psychische und motorische Entwicklungspotenzen.
- Der Spielplatz bietet zu jeder Jahreszeit verschiedene Nutzungs- und Spielmöglichkeiten.

MÖGLICHE NACHTEILE, die dieser Spielplatztyp mit sich bringt:

- Das Anlegen eines solchen Spielplatzes ist relativ zeitaufwendig und ohne Elterninitiative sowie persönlichen Einsatz aller Beteiligten (auch der Kinder) nicht realisierbar.
- Der Spielplatz erfordert eine beständige Wartung und Pflege.
- Durch eine stärkere Binnengliederung (mittels Büschen, Hecken, Hügel, Weidenhäusern) sind möglicherweise nicht alle Spielbereiche einsehbar (Aufsichtspflicht).
- Es kann häufiger vorkommen, daß die Kinder ihre Kleidung schmutzig machen.

Die Zusammenstellung zeigt sehr deutlich, daß trotz einiger möglicher Nachteile die Argumente eher für einen Naturspielplatz sprechen. Die vorhandenen natürlichen Gegebenheiten des konkreten Planungsobjektes, dem Kindergarten "Am Nordpark", bieten zudem günstige allgemeine Voraussetzungen für die Anlage eines naturnah gestalteten Spielplatzes.

5 Planungskonzept für die Gestaltung eines naturnahen Spielplatzes im Kindergarten

5.1 Vorgehen bei der Konzepterstellung für den Erfurter Kindergarten "Am Nordpark"

Oberholzer & Lässer (1991) und Seeger (1993) entwickelten Grundsätze und Planungsschritte für naturnahe Spielplatzkonzepte. Wir haben uns davon anregen lassen und sind bei der Konzeptentwicklung in folgenden Schritten vorgegangen:

1. Ausführliches und intensives Studium einschlägiger Publikationen in allen Phasen des Projekts.
2. Vorstellen des Gesamtvorhabens in der Elternsprecherversammlung und Gewinnung einiger Helfer.
3. Erstellen eines ersten Lageplanes mit Hilfe eines Elternteils im Maßstab 1:250.
4. Teilnahme an einem Seminar der Forschungsstelle für Spielraumplanung unter Leitung von R. Seeger in Leipzig. Dort wurde der Kontakt zur Forschungsstelle ausgebaut und ein intensiver Informationensaustausch geführt.
5. Feinanalyse des Kindergartenfreigeländes, z.B. Bestimmung der vorhandenen Pflanzenarten, Fotografieren der lokalen Gegebenheiten und Entwicklung erster Gestaltungsideen.
6. Erfassen weiterer Bedingungen des Kindergartens, z.B. Anzahl der Kinder, Zufahrten, Personalstruktur usw. (mit Hilfe der Kindergartenleiterin).
7. Durchführung von systematischen Beobachtungen beim Spielen auf der Freifläche, um die kindlichen Wünsche und Vorstellungen indirekt zu erfassen.
8. Darstellung der Konsequenzen aus den theoretischen und empirischen Analysen, auf deren Basis unter Einbeziehung objektiv vorhandener Gegebenheiten konkrete Gestaltungselemente ausgewählt wurden.
9. Entwicklung des Gesamtkonzeptes auf den o.g. Grundlagen.
10. Planungsskizze.
11. Erstellung des Kostenplanes.

5.2 Gegebenheiten des Kindergartens "Am Nordpark"

Der Kindergarten befindet sich in einem Erfurter Altbauviertel. Er besteht seit dem 01.04.1985, vorher waren auf dem Gelände eine Kinderkrippe und eine Einrichtung für behinderte Menschen. Der Kindergarten besteht aus einem Gebäude und ist von einer Freifläche umgeben, auf der noch ein Geräteschuppen steht.

Der Kindergarten verfügt über eine Kapazität, die es erlaubt, insgesamt 90 Kinder aufzunehmen. Zum 01.09.1994 waren 81 Kinder angemeldet (41 Jungen und 40 Mädchen). Die Kinder wurden in 6 **altersgemischte Gruppen** eingeteilt.

Die Altersstruktur aller Kinder gliedert sich wie folgt:

* jüngere Kinder (bis 4 Jahre):	35 Kinder
* mittlere Kinder (bis 5 Jahre):	18 Kinder
* ältere Kinder (bis zum Schuleintritt)	28 Kinder

Die pädagogischen Kräfte des Kindergartens (Leiterin, 6 Gruppenleiterinnen und 4 sogenannte "Springer", die die Gruppenleiterinnen nach Bedarf unterstützen) haben jeweils eine Arbeitszeit von 34 Wochenstunden. Das pädagogische Personal weist eine gute Altersmischung (24 bis 53 Jahre) auf. Die Zusammenarbeit der Erzieherinnen wird als sehr gut eingeschätzt.

Ein Hausmeister und eine Küchenkraft gehören zum technischen Personal.

Der Kindergarten liegt an einer mäßig befahrenen Straße. Um den Kindergarten herum befinden sich hohe Wohnhäuser, aus deren Fenster man direkt auf das Gebäude und Freigelände schauen kann.

In der Nähe des Kindergartens befindet sich eine Schule.

Zum überwiegenden Teil verbringen die Kinder selbstverständlich ihren Aufenthalt auf dem Innen- und Außengelände des Kindergarten. Dennoch gibt es eine günstige Gelegenheit für Spaziergänge, nämlich der nahegelegene Nordpark, der dazu recht häufig genutzt wird. Auch dort können die Kinder relativ gefahrlos spielen und umhertollen.

Im Kindergartengebäude gibt es 6 Gruppenräume, 3 Garderoben, Waschräume und einem Turnraum sowie ein Leiterinnenzimmer und eine Küche. Der Gesamtzustand der Innenräume ist sehr gut, weil diese mit Hilfe der Eltern renoviert wurden.

Sämtliche Personen, die im Kindergarten zu tun haben, gelangen über den Haupteingang (vorderer Teil des Kindergartens) in das Gebäudeinnere. Für den Havarie- und Katastrophenfall gibt es im Gebäude 8 Fluchttüren.

Der vordere Teil des Kindergartens verfügt über eine Terrasse, an der ein Plattenweg angrenzt. Dieser Bereich wird von den Kindern häufig auch für Spielaktivitäten genutzt, besonders zum Fahren mit Fahrrädern, Dreirädern usw. In diesem Teil des Geländes befinden sich zudem eine kleine Grünfläche und mehrere kleinere Sandkästen.

Am hinteren Teil des Gebäudes gibt es einen Wirtschaftseingang, dessen Zufahrt sich direkt neben der Freifläche (parallel zu ihr verlaufend) befindet. Deshalb ist die Freifläche auch durch einen ca. 0,95 m hohen Zaun von der Zufahrt abgegrenzt. Kanaldeckel und Abflußgitter befinden sich im Wirtschaftshof, stören also nicht beim Spielen.

Das gesamte Kindergartengelände ist von einem ca. 1,60 m hohen Zaun umgeben.

Der Kindergarten verfügt über eine relativ große Freifläche, die umgestaltet werden soll. Diese ist mit unterschiedlich großen Bäumen bewachsen, und zwar sind es vorwiegend Pflaumenbäume, Apfelbäume und Akazien. Auf der Freifläche stehen außerdem größere und kleinere Hecken, z.B. Fliederbüsche, diese sind z.T. auch an den Außenzäunen zu finden.

Der höchste Punkt der Freifläche ist der etwa in der Mitte befindliche Hügel. Er ist der Hauptaktivitätspunkt auf der Freifläche. Eine große Hecke, die sich neben dem Hügel befindet, wird von den Kindern ebenfalls sehr gern zum Verkriechen genutzt. Als Gestaltungselemente finden sich z.Z. noch einige in den Boden gelassene Gummireifen.

Unmittelbar neben der Freifläche gibt es einen von Betonplatten eingefaßten relativ großen Sandspielbereich. In unmittelbarer Nähe befindet sich ein Geräteschuppen, in dem Spielgeräte aufbewahrt werden (Puppenwagen, Tische, Stühle und Sandspielzeuge), die die Kinder für das Spiel im Freien nutzen.

Der Kindergarten verfügt insgesamt über sehr gute Bedingungen. Allerdings ist es dringend notwendig, die Freifläche neu zu gestalten, um ihren Spielwert zu erhöhen.

5.3 Konzeptbeschreibung

5.3.1 Grundprinzipien des Gesamtkonzepts

Auf der Grundlage unserer Analyseergebnisse haben wir die folgenden **Grundprinzipien** einer naturnahen und zugleich kindergerechten Spielplatzgestaltung entwickelt, die jeweils exemplarisch an konkreten Elementen des Konzeptes für den Erfurter Kindergarten "Am Nordpark" erläutert werden sollen (siehe die entsprechende Anordnung der Gestaltungselemente auf der Planungsskizze unter 5.4).

1. Der Spielplatz sollte den verschiedenen Grundbedürfnissen von Kindern Rechnung tragen. Dieses wichtige Prinzip soll etwas ausführlicher erläutert werden.

   * *Bedürfnis nach sozialem Kontakt und Kommunikation*

   Diesem Bedürfnis werden auf dem Spielplatz fast alle Elemente gerecht. Im Weidenhaus, in den Hecken, auf der Hängemattenschaukel, auf dem Hügel usw. können die Kinder in Ruhe miteinander reden. Materialecke, Sandspielbereich, Hügelrutsche regen zum gemeinsamen Spielen an. Einige Spielplatzelemente fordern gegenseitige Rücksichtnahme und Unterstützung bzw. gegenseitiges Ermutigen beim Überwinden von Hindernissen heraus (z.B. Erlebnisstrecke und Wackelbrücke).

   * *Bedürfnis nach Bewegung und Aktivität*

   Da der Bewegungsdrang von Kindergartenkindern im allgemeinen sehr hoch ist, muß ein großzügiger Raum zum Ausleben vielfältiger Bewegungsaktivitäten bereit gestellt werden. Die völlig ohne Gestaltungslemente belassene große Bewegungsfläche im Zentrum der Freifläche bietet ausreichenden Platz für viele weitläufige Bewegungsspiele. Kinder wollen aber auch verschiedene Bewegungsformen ausführen. Der Hügel ermöglicht z.B. Steigen und Klettern, Rollen und Wälzen, die Erlebnisstrecke das Balancieren, Springen und Klettern, auf der Rutsche kann man allein oder auch zu zweit rutschen, an den Bäumen bieten sich beispielsweise das Schwingen und Hängen an, die Bewegungsfläche ermöglicht schnelles Rennen, Hüpfen, Ballwerfen, Fangespiele und vieles mehr.

   * *Bedürfnis nach vielseitigen Spielen*

   Der Spielplatz ist so konzipiert, daß Voraussetzungen für verschiedene Spielarten geschaffen werden. Für Rollenspiele sind ruhige und abgeschiedene Ecken (Weidenhaus) sowie vielfältiges Kleinmaterial (Materialecke) eingeplant. Konstruktionsspiele sind besonders im Sandspielbereich und in der Material- und Bastelecke möglich. Für vielfältige Regelspiele (z.B. "Katz' und Maus") steht die Bewegungsfläche zur Verfügung, aber auch

Tisch und Stühle bzw. andere mobile Sitzgelegenheiten aus der Materialecke.

* *Bedürfnis nach Selbständigkeit und Selbsterprobung*

Der Spielplatz dient vor allem dem "Freien Spiel". Bei der Benutzung der einzelnen Spielplatzelemente sollen die Kinder ihren spontanen Wünschen nachgehen können, sich dabei ausprobieren und ihre Handlungen selbst kontrollieren. Die pädagogische Betreuung sollte primär stimulierenden Charakter tragen und keinesfalls zu starken Reglementierungen führen. Die im Geräteschuppen aufbewahrten zusätzlichen Spielmaterialien sollten ebenfalls jederzeit zur freien Verfügung stehen.

* *Bedürfnis nach Realitätsveränderung und -gestaltung*

Neben fest installierten Gestaltungselementen erhalten die Kinder eine Reihe von Möglichkeiten, bestimmte Bereiche nach ihren aktuellen Vorstellungen zu verändern, z.B. kann Material hin- und hertransportiert und zu Wällen aufgeschichtet werden, lassen sich aus Sträuchern Höhlen bauen, können Bretter zum Balancieren über Gräben (Erlebnisstrecke) gelegt werden, kann aus Sand und Wasser ein großangelegtes Tunnel- und Burgensystem geschaffen werden.

* *Bedürfnis, die Natur mit allen Sinnen zu erleben*

Unsere Beobachtungen zeigten das hohe Interesse der Kinder an Naturerscheinungen und Naturmaterialien. Bereits die vorhandenen Hecken, Bäume, Sträucher geben den Kindern die Möglichkeit, vielfältige Naturerfahrungen zu machen. Die neuen Elemente, wie Benjeshecke, Mischhecke, Weidenzaun bauen diesen Bereich noch weiter aus. Kinder erleben so immer deutlicher, wie sich die Natur mit den Jahreszeiten wandeln kann, sehen und hören kleine Tiere, die sich in den Hecken ansiedeln und können die heruntergefallenen Äste, Blätter, Früchte anschauen, betasten, beriechen, können Blüten und Rispen auseinanderpflücken und auf diese Weise genauer untersuchen. Durch die verschiedenen Untergrundmaterialien, die in der Erlebnisstrecke eingearbeitet werden, erkennen die Kinder feine Unterschiede zwischen Moos, Sand, Kies, Gras und Erde usw. Der sogenannte "Schnupperort", mit seinen verschiedenen

Blumen und Kräutern läßt die Kinder die Gerüche und das Aussehen solcher Pflanzen wahrnehmen, wie z.B. Pfefferminze, Nelken, Zitronenmelisse, Wicken. Kinder lernen auf dem Spielplatz auch, wie unterschiedlich Holz sein kann. Insgesamt gesehen, ist dieser Spielplatz so konzipert, daß er vielfältige Sinnes- und Naturerfahrungen ermöglicht.

Man erkennt sehr deutlich, daß die meisten Gestaltungselemente (vgl. Planungsskizze und nachfolgendes Kap. 5.3.2) verschiedene Bedürfnisse befriedigen können.

2. Der Spielplatz ist stets aus der Perspektive der Kinder und deren Körperproportionen zu planen. Zum Beispiel sind die Einzelelemente der Erlebnisstrecke, wie Gräben, Mulden, Auf- und Abstiege (Kletterfelsen), Balanciermöglichkeiten entsprechend den Körpermaßen von 2- bis 6jährigen Kindern anzulegen.

3. Der bewegungsaktive Teil ist vom Ruhebereich des Spielplatzes zu trennen. Der vordere Teil der Freifläche ist mit Weidenhaus und Material- und Bastelecke vorwiegend als Ruhebereich angelegt, während die Erlebnisstrecke und der Hügel mit Rutsche in der Mitte der Freifläche Raum für eine hohe Bewegungsintensität bieten.

4. Die Ausstattung eines Spielplatzes muß abwechslungsreich sein, ohne daß er mit Gestaltungselementen überhäuft wird. Die Auswahl der Gestaltungselemente erfolgte mit der Absicht, daß sie jeweils verschiedene Handlungen zulassen, selbst für die Hecken trifft dies zu: z.B. sind hier Rollenspiele, Bewegungsspiele (Verstecken), Naturerkundungsspiele möglich, bieten sich Gelegenheiten für Muße und Erholung.

5. Der Spielplatz sollte trotz aller Sicherheitsbestimmungen, gewisse berechenbare Gefahren und Risiken enthalten, damit zum einen Kinder diese kalkulieren lernen und zum anderen der Spielplatz interessant und anregend bleibt. Beispiele für die Realisierung dieses Prinzips gibt es genug. Besonders günstige Gestaltungselemente sind in diesem Zusammenhang die Erlebnisstrecke mit ihren verschiedenen Höhen und Tiefen, die Wackelbrücke über den Kiesfluß, die Hängemattenschaukel.

6. Der Spielplatz sollte hinsichtlich jahreszeitlicher Besonderheiten eine Mehrfachnutzung zulassen. Zum Beispiel kann der Hügel zu jeder Jahreszeit genutzt werden: im Winter zum Rodeln und im Sommer zum Rutschen.

5.3.2 Beschreibung der einzelnen Gestaltungselemente

5.3.2.1 HECKEN

Hecken werden durch reihenartige Pflanzung meist strauchförmiger Gehölze gebildet und können ein sehr unterschiedliches Aussehen besitzen sowie verschiedene Eigenschaften aufweisen (Ehmke 1975). Sie sind ein spannendes und schönes Gestaltungelement, weil sie sich im Jahreslauf verändern und immer wieder durch Farben und Vielfalt faszinieren (Oberholzer/Lässer 1991).

Werden gemischte Hecken angelegt, blühen die einzelnen Sorten zu unterschiedlichen Zeiten, z.B. sind Weiden und Hasel im Februar/März die ersten Blüher während Efeu im September/Oktober der Nachzügler ist. Bevor die letzten Gehölze verblüht sind, leuchten bereits die ersten Beeren an der Hecke, z.B. Ende Juni die Traubenholunderbeeren gefolgt von den Hagebutten, die bis zum nächsten Frühjahr zu sehen sein können. So finden sich in einer Hecke aus verschiedenen einheimischen Arten zu jeder Jahreszeit Blüten oder farbige Früchte (Oberholzer/Lässer 1991).

Nicht nur der Betrachter kann sich an der Hecke erfreuen. Die Hecke bietet den verschiedenen einheimischen Tieren, z.B. Insekten (besonders Bienen, Käfern), Vögeln (besonders Amseln und Wachholderdrosseln) und Schnekken, über das ganze Jahr hinweg Lebensraum (Oberholzer/Lässer 1991). Da die Hecken Lebensräume für einheimische Tiere bilden, sollten auch nur einheimische Gehölze bei einer Heckenpflanzung verwendet werden. Denn fremdländische Pflanzen, wie etwa die Forsythia bietet keiner einzigen Tierart Lebensraum (Oberholzer/Lässer 1991).

Auf dem zu gestaltenden Kindergartenspielplatz sollen - so schlagen wir vor - neben einer Hecke aus verschiedenen Gehölzen (Mischhecke) auch noch eine Benjeshecke und ein Weidenzaun entstehen. Sie alle können Lebensraumgrundlage für einheimische kleine Tiere sein. auf Besonderheiten der einzelnen Heckenarten wird im folgenden noch genauer eingegangen. Das allgemeine Vorgehen beim Pflanzen ist in Anlage 1 beschrieben.

BENJESHECKE

BESCHREIBUNG:

Eine unkonventionelle und zudem sehr preiswerte Hecke.

Baumabschnitte werden zu einer Gestrüppbarriere errichtet, daraus entsteht im Laufe der Jahre und mit Hilfe der Natur eine Krauthecke. Bereits im ersten Jahr schießt das Kraut im allgemeinen recht üppig in die Höhe und packt die toten Äste ein. Auf diese Weise entsteht ein neuer Lebensraum mit vielfältiger Flora und Fauna. Mit der Zeit zerfallen die Äste, ohne daß es der Beobachter wahrnimmt. Bald danach stoßen die ersten Gehölze aus der Krautschicht. Der Wind hat die ersten Samen angeweht, und die Vögel haben das ihre beigetragen.

Diese Methode der Entstehung von Hecken wurde von den Gebrüdern Benjes (1986) entwickelt und von Oberholzer/Lässer 1991) aufgegriffen und ausprobiert.

WOHIN ?

Die Benjeshecke soll an dem 20m langen Zaun, der die Freifläche von dem angrenzenden Fußweg der Adalbertstraße trennt, entstehen.

WARUM ?

Da sich die Kinder durch die vorbeigehenden Passanten und durch die Bewohner der gegenüberliegenden Häuser beobachtet fühlen, suchten wir nach einer schnell umzusetzenden Methode, den Zaun blickdicht zu machen. Außerdem schafft die Hecke neue Lebensräume und macht den Kindern die "Wunder" der Natur deutlich. Die Kinder erleben und beobachten - so Oberholzer/Lässer (1991) - wie sich der ursprüngliche Gestrüpp- und Asthaufen verändert, Jahr für Jahr das Gesicht wechselt, bis schließlich eine ausgewachsene Hecke entstanden ist.

Ein weiterer Grund für die Auswahl dieser Hecke waren die niedrigen Kosten (siehe Kostenplan).

UMSETZUNG:

Für das Anlegen dieser Hecke benötigt man von Straßenmeistereien Baumabschnitte. Das Material wird auf die gewünschte Länge der Hecke geschichtet. Eine 3 bis 4 Meter breite und etwa 1 Meter hohe Gestrüppbarriere kann so entstehen. Die restliche Arbeit erledigt die Natur.

KOSTEN:

Das Baumgestrüpp stellt jede Straßenmeisterei kostenlos zur Verfügung, da jedes Jahr sehr viel Material anfällt und dies nur mit sehr großen Energieaufwand vernichtet werden kann (Oberholzer/Lässer 1991).

ANMERKUNGEN:

Wichtig ist es, genügend grobes Material aufzuschichten, damit die Kinder es nicht allzu leicht wegschleppen können. Denn Kinder werden von dem Gestrüpphaufen begeistert sein und dieses Material sofort in ihr Spiel einbeziehen wollen (vgl. Oberholzer/Lässer 1991).

MISCHHECKE

BESCHREIBUNG:

Es ist eine Hecke, die sich aus verschiedenen einheimischen Sträuchern zusammensetzt. Durch den Artenreichtum der nebeneinander gepflanzten Sträucher und den daraus folgenden unterschiedlichen "Gesichtern" der Mischhecken läßt sich dieser Typ nicht so eindeutig beschreiben.

WOHIN ?

Diese Mischhecke soll im hinteren Bereich der Freifläche angepflanzt werden, am 23 m langen Zaun, hinter dem in etwas Abstand der Fluß "Gera" fließt.

WARUM ?

Unmittelbar an diesem Zaun führt ein Gehweg entlang. Dieser wird vor allem von Jugendlichen der in der Nähe befindlichen Schule genutzt. Eine Abgrenzung in Form des Metallzaunes läßt nur bedingt ungestörtes, unbeobachtetes Spiel der Kindergartenkinder zu. Eine Begrünung des Zaunes bietet sich in Form einer Mischhecke an. Außerdem können die Kinder dort vielfältige Erfahrungen, Entdeckungen und Beobachtungen machen. Eine solche Hecke bleibt immer interessant, da sie durch ihre Pflanzenverschiedenheit ständig etwas Neues zu bieten hat.

UMSETZUNG:

Der Zaun wird mit unterschiedlichen Gehölzen (50 bis 150 cm hoch) und zwar entweder solche mit einem Trieb (sogenannte Einhieber) oder mit einigen wenigen Trieben bepflanzt. Diese kleinen Gehölze eignen sich deshalb so gut, weil sie billig sind, sich leicht pflanzen lassen und sich rasch entwikkeln (Oberholzer/Lässer 1991). Für die Hecke setzt man zwei Reihen Sträucher, die einzelnen, unterschiedlichen Exemplare jeweils versetzt und 50 bis 80 cm voneinander entfernt.

Welche Sträucher eignen sich für eine Mischhecke?

Alle einheimischen Sträucher können verwendet und angepflanzt werden. Eine genaue Auflistung besonders geeigneter Sträucher findet sich in Anlage 2.

KOSTEN:

Etwa 100 benötigte Heckenpflanzen sind in Baumschulen für ca. 600,00 DM erhältlich.

ANMERKUNGEN:

Nach drei bis fünf Jahren ist die Hecke vollständig geschlossen d.h. der Zaun ist völlig zugewachsen. Die Hecke sollte in den ersten Jahren auf keinen Fall mit Sichel oder Sense vom sogenannten Unkraut befreit werden. Die Sträucher werden dadurch nur beschädigt.

5.3.2.2 WEIDENZAUN

BESCHREIBUNG:

Weidenstecklinge werden an den Zaun gepflanzt. Bereits im zweiten Sommer sind die Weiden soweit gewachsen, daß man sie miteinander und am bestehenden Zaun verknüpfen kann, ein Weidengeflecht entsteht. Der Zaun wird auf diese Weise sehr rasch dicht (siehe Anlage 3).

WOHIN ?

An den ca. 0,90 m hohen und etwa 55 m langen Zaun, der die Freifläche von der Wirtschaftseinfahrt trennt, werden die Weiden gepflanzt.

WARUM ?

Aus Sicherheitsgründen kann dieser Metallzaun nicht entfernt werden, deshalb sollte er angemessen in die Gestaltung einbezogen werden. Die Bepflanzung des Zaunes mit Weiden ist u.E. eine gute Lösung. Die Abgrenzung bleibt erhalten, und zwar in Form eines lebendigen Zaunes. Außerdem ist eine solche Variante relativ kostengünstig, beansprucht wenig Raum und stellt trotzdem ein kostbares Biotop für den naturnahen Spielplatz dar.

UMSETZUNG:

Die Weiden werden im Abstand von 30 cm entlang des bestehenden Zaunes gepflanzt. Die Länge des Stecklings bestimmt die Pflanztiefe. In nährstoffreichem Boden wachsen sie äußerst schnell. Nach dem zweiten Sommer beginnt man mit dem Verknüpfen der Weiden. Dünne Weidenrütchen werden geschnitten und die langen Triebe hinunter gebogen, dann dicht über den Boden gegen den Stamm der anderen Weide gehalten und mit dem geschnittenen Rütchen mehrmals um den zu verflechtenden Trieb und Stamm verknüpft. Aus den hinuntergebundenen Trieben wachsen später neue Äste nach oben.

Der vorhandene Zaun eignet sich hervorragend als Gitter bzw. Stütze für die Weiden. Die Triebe können auch von den Kindern ohne Probleme an den Zaun geknüpft werden.

Welche Weidenarten eignen sich am besten zum Verflechten?

Eigentlich alle Arten, obwohl die Ruten nicht bei allen Sorten gleich weich sind. Es gibt mehr als 10 verschiedene Weidenarten, die sich meist nur durch ihre Blüten unterscheiden. Aus ökologischer Sicht ist es sinnvoll, verschiedene Weidenarten zu nutzen, denn je mehr Arten ein solcher Weidenzaun enthält, desto reichhaltiger wird der Lebensraum (Oberholzer/Lässer 1991).

KOSTEN:

Für den 55 m langen zu bepflanzenden Zaun werden etwa 190 Weidenstecklinge benötigt.

1 Bund Stecklinge (25 Stück) kosten ca. 33,00 DM (Bachmann 1994).

Die Materialkosten für den Weidenzaun liegen deshalb etwa zwischen 250,00 DM und 300,00 DM.

ANMERKUNGEN:

Der Zaun bedarf einer regelmäßigen Pflege:

Zurückschneiden auf die gewünschte Höhe und immer wieder neues Verflechten der langen Triebe. Diese Arbeiten sind einfach und können ohne weiteres von Laien ausgeführt werden (Oberholzer/Lässer 1991).

Haben die abgeschnittenen Triebe eine bestimmte Länge (mindestens 25-30 cm) können diese als Stecklinge weiter verwendet werden. Ist der Eigenbedarf an Weiden gedeckt, finden sich sicherlich viele andere Abnehmer für Weidenstecklinge.

5.3.2.3 WEIDENHAUS

BESCHREIBUNG:

Weiden werden in einem Kreis gepflanzt und an den oberen Enden miteinander verknüpft. Mit den Jahren sowie mit zunehmendem Wachstum der Weiden entsteht so ein Weidenhaus (siehe Anlage 3).

WOHIN ?

In den vorderen Bereich der Freifläche.

WARUM ?

Das Weidenhaus soll den Kindern die Möglichkeit bieten, sich zurückzuziehen, miteinander zu spielen, sich einfach nur zu unterhalten oder auch auszuruhen. Sind die Weiden dicht gewachsen, kann das Weidenhaus von Erwachsenen und anderen auch nicht mehr eingesehen werden. Eine "intime" Sphäre ist entstanden. Daß die Kinder auch solche Orte für ihre Entwicklung benötigen, wurde bereits mehrfach betont.

UMSETZUNG:

25 Weiden pflanzt man kreisförmig (Radius etwa zwei Meter). Die Weidentriebe und Zweige müssen oben und seitlich miteinander verflochten werden, damit "dichte Wände" entstehen.

Während des Wachstums sind die Triebe regelmäßig festzustecken. Hat das Weidenhaus seine endgültige Größe und Dichte erreicht, können Triebe abgeschnitten und für andere Zwecke verwendet werden.

KOSTEN:

25 Weidenstecklinge kosten ca. 33,00 DM.

ANMERKUNGEN:

Da ein Weidenhaus in den ersten Jahren noch sehr unfertig aussieht und für Kinder wenig attraktiv ist, haben wir uns folgende Alternative überlegt:

Ein Bohnenhaus ist ein einjährig angepflanztes "Haus". An einem Holzgerüst (lange Stangen kegelartig ineinander verkeilt) werden Stangenbohnen gesät. Diese ranken sich innerhalb kurzer Zeit um das Gerüst. Ein dichtes grünes "Kleid" deckt sehr bald das ganze Holzgerüst zu. Die Kinder können sehr deutlich die schnellen Veränderungen der Bohnen miterleben. Vom ersten Sprießen über die Blüte bis hin zur Ernte der Bohnen, die dann auch noch zu einer Mahlzeit bzw. zur Samengewinnung verwendet werden können.

5.3.2.4 HÜGELRUTSCHE

BESCHREIBUNG:

Die Rutsche ist, wie der Name schon sagt, an den auf der Freifläche befindlichen Hügel, integriert. Diese Rutsche muß von einem Spielgerätehersteller bezogen werden. Die von uns ausgewählte Rutsche ist eine Wellenrutsche aus Metall. Die Rutschfläche besteht aus Edelstahlbelag und ermöglicht, daß zwei Kinder gleichzeitig rutschen können. Die Seitenteile sind aus feuerverzinktem Stahlblech und mit Handlauf.

Die Montage ist relativ leicht. Die Befestigung erfolgt mittels Bodenankern oder Schwerlastdübeln im Fundament.

Die Größe der Rutsche ergibt sich aus der Hügelhöhe, die ca. 1,20 m beträgt. Die gewählte Rutsche ist 1,00 m breit und hat eine Rutschlänge von 5,00 m (siehe Analge 3).

WOHIN ?

Die Rutsche wird an der Vorderseite des Hügels angebracht, so daß die Kinder in Richtung Freifläche rutschen.

WARUM ?

Der Hügel ist in seiner natürlichen Form schon immer ein attraktiver Platz für die Kinder gewesen, konnte jedoch nur einseitig genutzt werden. Aus diesem Grund haben wir uns entschlossen, ihn durch eine Hügelrutsche für die Kinder reizvoller zu gestalten. Ein weiterer Grund für diese Entscheidung lag darin, daß die Kinder sehr gern rutschen, was wir aus Gesprächen mit Kindern und Erziehern schließen konnten.

UMSETZUNG:

Die Umsetzung erfolgt durch den Spielgerätehersteller, der das Gerät liefert und montiert. Die Sicherheitsbestimmungen sind durch die Vorschriften der Hersteller bereits geregelt.

KOSTEN:

Aus einem Spielgerätekatalog haben wir einen ungefähren Preis für eine Metallhügelrutsche mit den angegebenen Maßen von 1,00 m Breite, 5,00 m Länge und 1,50 m Höhe von 4.000,00 DM entnommen.

5.3.2.5 KIESFLUSS MIT WACKELBRÜCKE

BESCHREIBUNG:

Der Kiesfluß entsteht auf der Freifläche und mündet in den angrenzenden Sandsee. Für den Kiesfluß muß ein "Flußbett" ausgehoben werden, in welches dann der Kies (mit unterschiedlicher Konsistenz - von sehr grob bis ganz fein) eingefüllt wird.

An der Stelle, wo an dem Kiesfluß der Sandsee angrenzt, wird eine Wackelbrücke angebracht (siehe Anlage 3). Die ausgewählte Wackelbrücke ist mit Aufgang. Die Brücke besteht aus kesseldruckimprägnierten zylindrisch gefrästen Rund- und Halbhölzern, sie ist feuerverzinkt und hat eine Grundfläche von 7,10 m x 1,00 m bei einer Gesamthöhe von 1,30 m.

Die Gesamtlänge des Kiesflusses beträgt ca. 10,00 m.

WOHIN ?

Der Kiesfluß entspringt an der Nordseite des Hügels und schlängelt sich bis zum Sandsee. Die Wackelbrücke befindet sich am Ende des Kiesflusses, an seiner Einmündung in den Sandsee.

WARUM ?

Der Kiesfluß läßt sich gut in die Freifläche integrieren und ermöglicht den Kindern das Kennenlernen des Materials Kies. Die Kinder erfahren dadurch z.B. den Unterschied zwischen Sand und Kies. Die optische Wirkung dieses Kiesflusses regt die Phantasie hinsichtlich der Nutzung für verschiedene Spiele, besonders auch Rollenspiele, an und gestaltet somit die Spielfläche abwechslungsreicher.

Die Wackelbrücke mit ihren beweglich an Ketten gelagerten Laufhölzern stellt für Kinder ein Spielgerät dar, das als Hindernis einige Geschicklichkeit und Mut erfordert und in verschiedene Bewegungs- und andere Spiele einbezogen werden kann. Es ist wichtig, bestimmte Spielelemente einzubauen, die Kinder herausfordern und an denen sie Risiken kalkulieren lernen.

UMSETZUNG:

Der Kiesfluß entsteht, wenn ein ca. 0,50 m tiefer, 1,00 m breiter und 10,00 m langer Graben ausgehoben wird, in welchem Kies unterschiedlicher Körnung gefüllt wird. Diese Arbeit könnte ohne Probleme durch Eltern oder andere freiwillige Helfer erledigt werden.

Die Wackelbrücke wird vom Hersteller weitestgehend vormontiert geliefert. Dieser garantiert Wartungsfreiheit und Sicherheit.

KOSTEN:

Der Kiesfluß benötigt ca. 10 Tonnen Kies. Die Kosten dafür liegen bei etwa 400,00 bis 500,00 DM, wobei in dieser Summe eventuell anfallende Anfahrtskosten schon einkalkuliert sind.

Die Wackelbrücke hat einen Preis von etwa 3.800,00 bis 4.000,00 DM, was jedoch vom jeweiligen Hersteller abhängt.

ANMERKUNGEN:

Um eine Materialvermischung von Sand und Kies zu vermeiden, wird im Endbereich des Kiesflusses eine Trennwand eingesetzt.

5.3.2.6 SANDSEE

BESCHREIBUNG:

An den bereits beschriebenen Kiesfluß grenzt der Sandsee, ein Sandspielbereich, der normalerweise ohne Betoneinfassung in natürliche Gegebenheiten integriert sein sollte, was auf dieser Freifläche wahrscheinlich nicht so ohne weiteres möglich ist. Aus diesem Grund sollte versucht werden, ihn so gut wie möglich in den naturnahen Spielraum einzugliedern.

In den Sandsee wird außerdem ein kleiner Wasserspielbereich eingerichtet, indem eine Holzplatte, die mit Löchern für mehrere Eimer versehen ist, in die Erde des Sandsees gestellt. So können die Kinder "matschen".

WOHIN ? WARUM?

Er wird praktischerweise dort angelegt, wo sich bereits der jetzige Sandspielbereich befindet.

Auf einen solchen Spielbereich ist, wie aus Beobachtungen ersichtlich wurde, niemals zu verzichten. Beim Spielen im Sand können Phantasie und

Kreativität sowie Schöpfertum auf ganz unterschiedliche Weise ausgelebt werden. Dazu dient auch die Einbeziehung des Elements Wasser.

UMSETZUNG:

Im vorderen Bereich der Freifläche müssen die Betonplatten, sofern dies möglich ist, entfernt werden, um den Kiesfluß mit dem Sandsee zu verbinden und damit den Übergang von der Freifläche zum Sandspielbereich harmonischer zu gestalten. Ein weiterer Aufwand ist nicht nötig, da der Sand bereits vorhanden ist. Das Integrieren der Holzplatte für den Wasserspielbereich ist kein Problem.

KOSTEN:

Eventuell fallen Kosten für das Entfernen der Betonplatten an.

Kosten für den Wasserspielbereich:

Materialkosten	400,00 DM
Arbeitskosten	300,00 DM

Der Gesamtpreis liegt damit etwa bei 700,00 DM.

ANMERKUNGEN:

Sollte der Sand zu einem späteren Zeitpunkt erneuert werden, ist es ratsam, eine Drainageschicht zum besseren Abfließen des Wassers anzulegen.

Der Wasserspielbereich ist fest in den Sandsee integriert und hat einen Durchmesser von 1,50 m.

5.3.2.7 BEWEGUNGSFLÄCHE

BESCHREIBUNG:

Eine Bewegungsfläche ist ein relativ ebener und weitläufiger Bereich des Spielplatzes, wo die Kinder ungestört und ungehindert ihren Bewegungsdrang ausleben können, somit Raum für sehr bewegungsintensive Spiele haben. Diese Fläche ist ohne zusätzliche Gestaltungselemente vorgesehen, es ist in unserem konkreten Fall die schon vorhandene einfache Rasenfläche vor dem Kiesfluß. Diese Fläche ist etwa 50 m^2 groß und bietet genügend Platz zum Spielen.

WOHIN ?

Die Bewegungsfläche ist also in dem Teil der Freifläche vorgesehen, die vor dem Hügel und dem Sandsee liegt. Damit gliedert sich die Bewegungsfläche gut in die bewegungsaktiven Plätze der Freifläche ein.

WARUM ?

Der Raum zum Verwirklichen vielfältiger Bewegungen muß unbedingt vorhanden sein, da die Kinder ihren natürlichen Bewegungsdrang ausleben wollen. Kinder brauchen Platz für bewegungsaktive Spiele in größeren und kleineren Gruppen, demzufolge darf nicht jeder Teil der Fläche zugestellt bzw. in kleine Areale zerstückelt werden.

UMSETZUNG:

Diese Bewegungsfläche ist bereits vorhanden.

KOSTEN:

Entfallen.

ANMERKUNGEN:

Die Bewegungsfläche kann sehr gut für angeleitete Gruppenspiele, z.B. in Form von Sing- und Tanzspielen und vielen Kreisspielen genutzt werden.

5.3.2.8 ERLEBNISSTRECKE

BESCHREIBUNG:

Die Erlebnisstrecke enthält verschiedene Elemente , die in unterschiedlichen Höhen (Gräben, Wälle, Mulden, Terrassierungen u.a.m.) angeordnet sind. Diese Höhen und Tiefen sind mit verschiedenen Untergrundmaterialien unterlegt. Die Anordnung der Gestaltungselemente der Erlebnisstrecke richtet sich nach der Art dieser Elemente (z.B. Findlinge, Steinblöcke, Baumstämme unterschiedlicher Größe, Balken).

WOHIN ?

Die Erlebnisstrecke befindet sich in der Mitte der Freifläche. Sie grenzt an die Bewegungsfläche, gliedert sich demzufolge in den bewegungsaktiven Raum des Spielplatzes ein.

WARUM ?

Kinder sehnen sich nach Risiko und "Mutproben", die in der Erlebnisstrecke genügend geboten werden. Die Erlebnisstrecke schult Gewandtheit und Bewegungskoordination (Klettern, Springen, Verstecken usw.). Durch die verschiedenen Untergrundmaterialien werden die Sinne angesprochen, die Kinder erkennen deren Eigenschaften (Unterschiede und Gemeinsamkeiten).

UMSETZUNG:

Die Erlebnisstrecke wird angelegt, indem Findlinge, große Steine, ein Balancierbalken, Baumstümpfe, Wurzelstöcke usw. aneinander gereiht, gestapelt und z.T. fest miteinander verankert werden. Gräben und Mulden werden in unterschiedlicher Tiefe ausgehoben und befestigt. Als Untergrundmaterialien um und zwischen diesen Elementen werden Moos, Kies, Sand, Rindenmulch, Gras usw. genutzt.

KOSTEN:

Baumstümpfe und einen Baumstamm zum Balancieren sowie Findlinge können beim Förster besorgt werden. Ein Balancierbalken kostet bei Geräteherstellern ungefähr 300,00 DM.

ANMERKUNGEN:

Der Balancierstamm darf am Anstieg 20% Höhenunterschied nicht überschreiten, da sonst eine Abrutschgefahr für die Kinder besteht. Gestapelte Materialien dürfen nicht wackeln, Lücken müssen sorgfältig ausgestopft werden.

5.3.2.9 MATERIAL- UND BASTELECKE

BESCHREIBUNG:

In einer Material- und Bastelecke werden den Kindern verschiedene bewegliche Materialien (Holzstücke, Bretter, Stangen, Äste, Ziegelsteine, kleine Feldsteine, Stöcker, Kastanien, Laub u.v.a.m.) und Werkzeuge zur Verfügung gestellt, mit denen sie werkeln und großräumig bauen können. Damit die Werkzeuge nicht rosten oder verlorengehen, kommen sie in eine Werkzeugkiste. In dieser Ecke sollten Tische und Stühle aufgestellt werden, die allerdings nicht nur zum Basteln genutzt werden müssen.

WOHIN ?

Die Material- und Bastelecke kommt in den vorderen Bereich der Freifläche in eine relativ geschützte Ecke.

WARUM ?

Kinder zeigen großes Interesse an beweglichem Material und können oft stundenlang damit spielen. Durch das Basteln und Bauen mit verschiedenen Materialien und den Umgang mit Werkzeugen können die Kinder schöpferisch und kreativ tätig sein und ihre spezifischen Fähigkeiten und Fertigkeiten entwickeln.

UMSETZUNG:

In der ausgewählten Ecke der Freifläche werden verschiedene Materialien bereitgestellt (s.o.). Zum Basteln sollte man bestimmte Werkzeuge für die Kinder anschaffen, z.B. Hammer, Schraubenzieher, Schrauben, Nägel usw.

KOSTEN:

Die Werkzeuge können mit einem Kostenaufwand von ca. 200,00 DM eingekauft werden, falls es nicht möglich ist, sie mit Hilfe der Eltern kostenlos zu beschaffen.

Der finanzielle Aufwand für wetterfeste Tische und Stühle liegt zwischen 400,00 und 500,00 DM, je nach Angebot der Hersteller.

Die Materialien kann man mit Hilfe der Eltern oder der Handwerksbetriebe (z.B. Tischlerei) besorgen und z.T. auch gemeinsam mit Kindern sammeln (Naturmaterialien).

BEMERKUNGEN:

Die Entscheidung, ob spezielles Werkzeug für Kinderhände oder normales Werkzeug gekauft wird, muß vom Kindergartenpersonal getroffen werden.

In den Phasen, in denen die Kinder die Werkzeuge benutzen, sollte eine pädagogische Betreuung erfolgen, um den richtigen Umgang mit diesen Werkzeugen zu vermitteln.

5.3.2.10 "SCHNUPPERORT"

BESCHREIBUNG:

Kinder sind sehr empfänglich für verschiedene Gerüche. Die Anlage eines Ortes, in dem sich vielfältige Düfte ausgewählter Pflanzen vermischen, ist für einen naturnahen Spielraum empfehlenswert. Es werden verschiedene Kräuter und Blumen angepflanzt, die zu unterschiedlichen Zeiten riechen, blühen, Samen entwickeln und verwelken.

WOHIN ?

Ein solcher Ort kann an verschiedenen Stellen der Freifläche angelegt werden. Wir halten es für günstig, den "Schnupperort" in den Ruhebereichen der Freifläche anzulegen, da in diesen Zonen mehr Zeit und Muße vorhanden ist für das Riechen, Betasten oder Anschauen.

WARUM ?

Die Kinder sollen dadurch die Chance bekommen, die Natur mit allen Sinnen zu erleben. Gerüche und andere Erscheinungsformen von Blumen und Kräutern wecken Neugier und lassen intensive Erfahrungen zu. Der "Schnupperort" ermöglicht den Kindern sich zu entspannen.

UMSETZUNG:

In den ausgewählten Bereichen werden Kräuter und Blumen angepflanzt bzw. gesät. Wir halten z.B. die Pfefferminze, Zitronenmelisse, Sonnenblume, Nelke (verschiedene Sorten), Aster, Salbei, Dill und Wicken für sehr geeignet.

Die Auswahl ist nicht starr zu sehen, sie kann durchaus von Jahr zu Jahr variiert werden. Es sollten jedoch nicht alle Blumen gleichzeitig blühen, damit immer etwas zu entdecken bleibt.

MATERIALKOSTEN:

Für Saatgut im ersten Jahr nehmen wir eine Pauschale von ca. 100,00 bis 150,00 DM an.

ANMERKUNGEN:

Die Gartenkräuter, z.B. Pfefferminze und Dill, sind nutzbar, man könnte sie im Kindergarten mit den Kindern gemeinsam verarbeiten (Tee, Salate, Kräuterbutter o.ä.). Blumen und andere Staudengewächse können in den darauffolgenden Jahren auf unterschiedliche Weise vermehrt werden.

5.3.2.11 HÄNGEMATTENSCHAUKEL

BESCHREIBUNG:

Dieses Spielgerät (vgl. Anlage 3) besteht aus einer Hängematte (Netz mit einer Größe von etwa 1,60 m x 0,65 m), deren Enden in ein Einbaugerüst verankert werden. Durch eine Kardangelenk-Aufhängung kann diese Schaukel sogar in alle Richtungen schwingen, also nicht nur in Längsrichtung.

WOHIN ?

Zwischen den Baumgruppen (vgl. Planungsskizze), die Bewegungsfläche und Ruhebereich voneinander abgrenzen.

WARUM ?

Eine Hängemattenschaukel ist gegenüber einer herkömmlichen Schaukel aus mehreren Gründen zu bevorzugen. (1) Sie kann von Kindern für unterschiedliche Zwecke genutzt werden (für verschiedene Bewegungsaktivitäten und zum Ausruhen). (2) Sie fördert gemeinsame Aktivitäten und bietet Gelegenheit für Kommunikation, denn es können mehrere Kinder zugleich schaukeln und dabei gemeinsam Freude und Spaß haben. (3) Eine solche Schaukel fördert die Phantasie und regt zu Rollenspielen an (z.B. Kind wird schlafen gelegt).

UMSETZUNG:

Das Gerüst der Hängematte muß im Boden fest verankert werden. Hinweise für die Fundamenterstellung gibt der Spielgerätehersteller.

KOSTEN:

Bei der ABC-TEAM Spielplatzgeräte GmbH kann eine solche Schaukel unter dem Namen Indio-Schaukel komplett mit Einbaugerüst für etwa 3.055,00 DM erworben werden.

ANMERKUNGEN:

Für diese Schaukel wird eine Schutzfläche von etwa 6,80 m x 7,00 m empfohlen.

5.4. Lageplan mit Planungsskizze

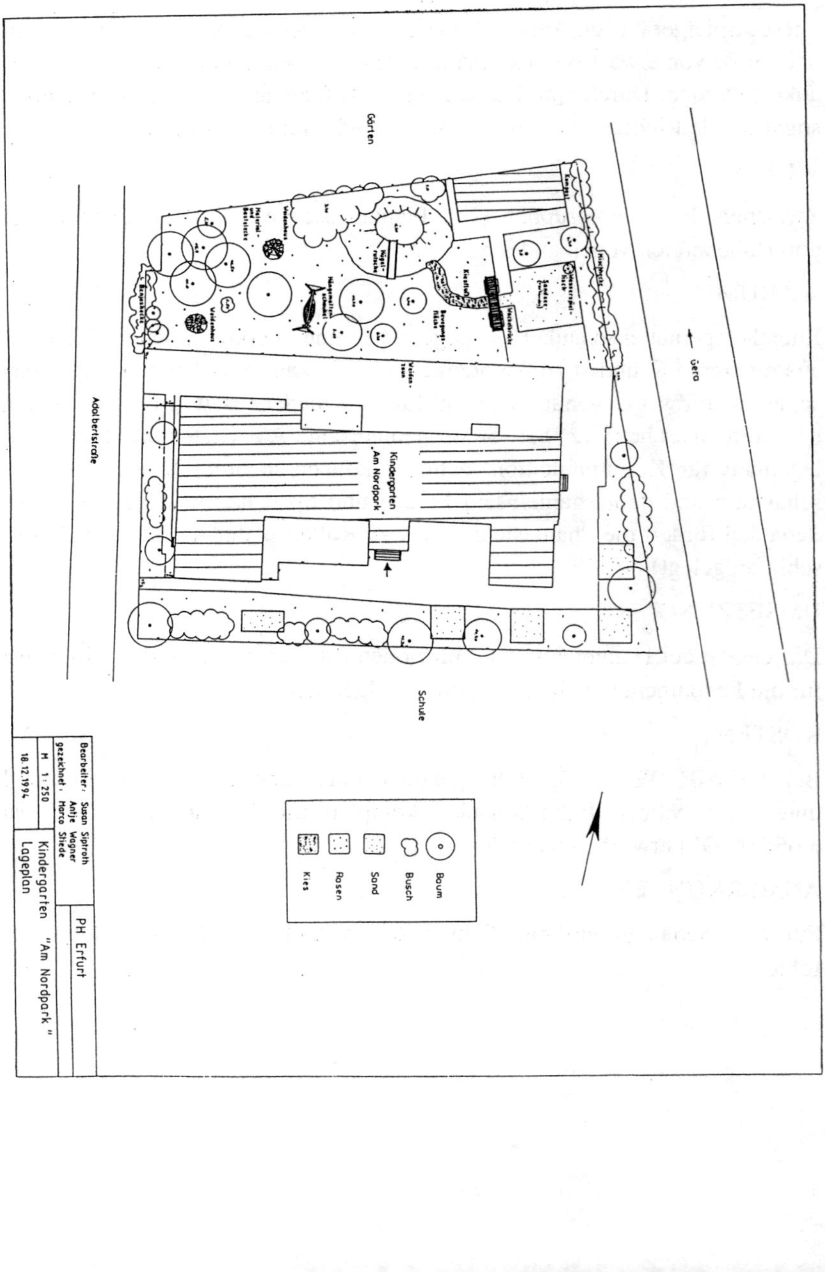

5.5 Wichtige TÜV - Bestimmungen

Für Kinderspielplätze gelten bestimmte Vorschriften, die in

der DIN 7926 - Kinderspielgeräte;

der DIN 18034 - Freiflächen zum Spielen und

der DIN 31001 - Schutzeinrichtungen

aufgeführt sind.

Im folgenden wird auf einige wesentliche Grundsätze hingewiesen.

Die **DIN 7926** trifft Aussagen darüber, welche sicherheitstechnischen Regeln es für die Planung, Herstellung, Prüfung, Aufstellung und Unterhaltung von Kinderspielgeräten und Spieleinrichtungen gibt.

Zweck dieser Norm ist es, die Anforderungen festzulegen, die bei bestimmungsgemäßen Gebrauch der Geräte, den Benutzer vor Gefahren schützen kann.

Die Spielgeräte, die direkt von Spielgeräteherstellern bezogen werden, sind TÜV-geprüft, so daß hier im allgemeinen die Sicherheitsbestimmungen gewährleistet sind.

In den anderen Dokumenten werden weitere wichtige Grundsätze genannt:

- Kinderspielplätze sind von übrigen Bereichen abzutrennen, wobei natürliche Mittel diese Abgrenzung verwirklichen sollten. Eine Abgrenzung zu evtl. angrenzenden Straßen muß also unbedingt erfolgen.
- Die Bodenbeschaffenheit des Spielplatzes soll verschiedenartig sein, Asphaltierungen und Pflasterungen sind nur in Sonderfällen angebracht.
- Bei einer Bepflanzung der Spielplatzfläche ist auf eine mögliche toxikologische Wirkung der Pflanzen zu achten.
- Für die Spielplatzgestaltung sind alle Werkstoffe geeignet, wenn sie in Festigkeit und Oberflächenqualität den Anforderungen entsprechen.
- Zwischen den einzelnen Spielgeräten sind genügend Sicherheitsabstände einzuplanen.
- Die Bestimmungen zum Fallschutz sind unbedingt einzuhalten.

Sämtliche Normen und Vorschriften sind in den umfangreichen **"Richtlinien zur Kinderspielplatzprüfung"** bei der **DEKRA** nachzulesen.

5.6 Kostenplan

Folgende finanzielle Mittel sind einzuplanen:

Mischhecke	600,00 DM
Weidenzaun	300,00 DM
Weidenhaus	33,00 DM
Hügelrutsche	4.000,00 DM
Kiesfluß	400,00 DM
Wackelbrücke	4.000,00 DM
Saatgut	150,00 DM
Bastel- und Materialecke	200,00 DM
Balancierbalken	300,00 DM
Wasserspielbereich	700,00 DM
Hängemattenschaukel	3.055,00 DM
Sonstiges/Reserve	700,00 DM
Gesamtbetrag	**14.438,00 DM**

Alle von uns ermittelten Kosten sind grob kalkuliert. Bei aktiver Unterstützung von Eltern und vielen anderen Kräften (aus Wirtschaft und Politik) könnten die Kosten für die Umgestaltung der Freifläche auf ca. 14.500, 00 DM begrenzt werden.

6. Schlußbemerkungen und Ausblick

Das Anliegen dieser Studie bestand, wie bereits einleitend betont, in der Erarbeitung angemessener Orientierungsgrundlagen für die Gestaltung von Kinderspielplätzen, und zwar unter besonderer Berücksichtigung von kindlichen Wünschen und Bedürfnissen.

Unsere theoretischen Analysen, die Auswertung verschiedener empirischer Untersuchungen sowie eigene Beobachtungen legen eine primär an der Natur orientierte Spielplatzgestaltung nahe, in der ebenfalls einige ausgewählte industriell gefertigten Spielgeräte integriert werden können und sollten. Auf der Basis unserer Einsichten und Erkenntnisse sowie unter Einbeziehung der konkreten Gegebenheiten des Erfurter Kindergartens "Am Nordpark" bemühten wir uns um die Entwicklung eines kindergerechten Planungskonzepts, das Schritt für Schritt gemeinsam mit Eltern, vielen anderen Helfern und sogar mit den Kindern umgesetzt werden kann.

Selbst beim Prozeß der Konzeptrealisierung erweist sich eine naturnahe Gestaltungsalternative in mehrfacher Hinsicht von Vorteil: (1) Es muß nicht das gesamte Konzept auf einmal umgesetzt werden, sondern je nach vorhandenen Kapazitäten (z.B. finanzielle Mittel, Art und Umfang der Hilfeleistungen Dritter) können einzelne Spielbereiche nach und nach gestaltet werden. (2) Außerdem läßt sich ein solches Konzept während der Umsetzung selbst noch ausdifferenzieren bzw. beständig erweitern, können aktuelle Gestaltungsvarianten eingebracht werden (z.B. wären folgende Varianten denkbar: großzügige Begrünung des Wackelsteges, Einbeziehung von weiteren Naturelementen für die Erlebnisstrecke, Anbringen von Tafeln am Geräteschuppen zum Zeichnen mit Kreide usw.). (3) Auch dann, wenn das Konzept schon vollständig umgesetzt wurde, besteht nachträglich ohne großen Aufwand die Möglichkeit, immer wieder Veränderungen vorzunehmen. Auf diese Weise kann man immer offen und flexibel sein für neue Ideen.

Wir betrachten die Entwicklung dieses Spielplatzkonzepts für die genannte Kindereinrichtung und deren Umsetzung als ein Thüringer Modellprojekt, denn wir wollen auch den Prozeß der Spielplatzneu- und -umgestaltung wissenschaftlich begleiten, indem beispielsweise vor Ort videogestützte Analysen kindlicher Spielaktivitäten durchgeführt werden. Damit sollen einzelne Gestaltungselemente entsprechend den kindlichen Wünschen angepaßt und weiter vervollkommnet werden.

Da das entwickelte Konzept auf allgemeinen Grundprinzipien und damit im Zusammenhang stehenden kindlichen Grundbedürfnissen beruht (vgl. 5.3.1), besteht in Abhängigkeit von bestimmten Bedingungen durchaus die Möglichkeit, Transformationen bezogen auf andere Spielorte (z.B. Schulhöfe, öffentliche Kinderspielplätze) und verschiedene Altersgruppen vorzunehmen.

Literatur

Bachmann, R. (1994). Ökologische Außengestaltung in Kindergärten - Praktisches Handbuch für Neubau und Umgestaltung. Sonderausgabe für das Ministerium für Bildung, Jugend und Sport des Landes Brandenburg. Berlin: Fipp Verlag.

Baeseler, H. & Andrä, E. (1985). Wie sollten Spielplätze künftig gestaltet werden? In E. Bartsch, K. Otto, K. Schmidt, Y. Sotamaa & M. Upanne (Hrsg.), Plätze zum Spielen (S. 95-98). Berlin, Helsinki: AIF, ORNAMO.

Bartsch, E., Otto, K., Schmidt, K., Sotamaa, Y. & Upanne, M. (Hrsg.). (1985). Plätze zum Spielen. Berlin, Helsinki: AIF, ORNAMO.

Brühl, T. (1992). Natur erleben mit allen Sinnen. Kindergarten heute, 3, 16-24.

Brachmann, K. (1974). Kinderspielplätze - Kritik, Analyse, Zielvorstellungen. Kassel: Erich-Röth-Verlag.

Bühler, K. (1929). Die geistige Entwicklung des Kindes (5. Aufl.). Jena: Fischer.

Bühler, Ch. (1928). Kindheit und Jugend. Leipzig: Hirzel.

Château, J. (1974). Spiele des Kindes. Stuttgart: Ernst Klett Verlag.

Ehmke, F. (1975). Hecken, Zäune, Gartenmauern (2. Aufl.). Berlin: VEB Deutscher Landwirtschaftsverlag.

Einsiedler, W. (1991). Das Spiel der Kinder. Zur Pädagogik und Psychologie des Kinderspiels. Bad Heilbrunn: Klinkhardt.

Ettrich, K. U. (1991). Beobachtungen zum Freispielverhalten von Kindergartenkindern. Forschungsbericht Projekt Kinderwege. Unveröffentl. Manuskript: Fachbereich Psychologie, Universität Leipzig, Leipzig (BRD).

Flitner, A. (1972). Spielen - Lernen. Praxis und Deutung des Kinderspiels. München, Zürich: Piper.

Forsch, B.-D. (1980). Spielplätze - Spielangebot ohne Nachfrage? In N. Kluge (Hrsg.), Spielpädagogik. Neuere Beiträge zur Spielforschung und Spielerziehung (S. 120 - 134). Bad Heilbrunn: Klinkhardt.

Gage, N. L. & Berliner, D. C. (1979). Pädagogische Psychologie (Bd. 1). Grundlagen, Konzepte, Ergebnisse (2. durchgesehene Aufl.). München: Urban u. Schwarzenberg.

Garvey, C. (1978). Spielen. Stuttgart: Klett-Cotta.

Heckhausen, H. (1978). Entwurf einer Psychologie des Spielens. In A. Flitner (Hrsg.), Das Kinderspiel. (S. 138 - 155), München: Piper.

Heimlich, U. (1993). Einführung in die Spielpädagogik. Bad Heilbrunn: Klinkhardt.

Hetzer, H. (1948). Kind und Jugendlicher in der Entwicklung. Wolfenbüttel - Hannover: Wolfenbütteler Verlagsanstalt GmbH.

Hetzer, H. (1979). Entwicklung des Spielens. In H. Hetzer & E. Todt (Hrsg.), Angewandte Entwicklungspsychologie des Kindes- und Jugendalters (S. 68-94). Heidelberg: UTB.

Hobmair, H. (1993). Psychologie. Köln: Stam-Verlag.

Hoff, M. (1992). Naturnahe Spiel-und Lernorte. Der alltägliche Spielplatzspaß, 10, 10-14.

Horst, R. (1993). Begegnung mit den Naturphänomenen. Spielplatzgestaltung, 5, 162-164.

Keller, H. (1991). Der Himmel auf Erden. Ein Spielplatz nach entwicklungspsschologischen Konzept. Unveröffentl. Manuskript: Universität Osnabrück, Osnabrück (BRD).

Kluge, N. & Oberfrank W. (1984). Elterliche Spieleingriffe und kindliches Spielverhalten auf Gerätespielplätzen. Ergebnisse einer Pilotstudie. In K. J. Kreuzer (Hrsg.), Handbuch der Spielpädagogik (Bd. 3, S. 659-674). Düsseldorf: Schwann.

Kluge, N. (1981). Spielen und Erfahren. Der Zusammenhang zwischen Spielerlebnis und Lernprozeß. Bad Heilbrunn: Klinkhardt.

Meinel, K. & Schnabel, G. (1987). Bewegungslehre - Sportmotorik. Berlin: Volk und Wissen.

Niermann, J. (1984). Vom Spielplatz zum Freizeitpark. Zur pädagogischen Problematik gestalteter Spielumwelten. In K. J. Kreuzer (Hrsg.), Handbuch der Spielpädagogik (Bd. 3, S. 607-622). Düsseldorf: Schwann.

Nickel, H. & Schmidt-Denter, U. (1991). Vom Kleinkind zum Schulkind (4. Aufl.). München: E. Reinhardt, GmbH & Co.

Oberholzer, A. & Lässer, L. (1991). Gärten für Kinder. Naturnahe Schul- und Familiengärten. Stuttgart: Ulmer.

Oerter, R. (1987). Moderne Entwicklungspsychologie. (21. Aufl.). Donauwörth: Ludwig Auer.

Otto, K. (1985). Das Spiel auf Spielplätzen aus psychologischer und pädagogischer Sicht. In E. Bartsch, K. Otto, K. Schmidt, Y. Sotamaa & M. Upanne (Hrsg.), Plätze zum Spielen (S. 11-21). Berlin, Helsinki: AIF, ORNAMO.

Otto; K. (1979). Zum Wesen und zur ontogenetischen Bedeutung des kindlichen Spiels. Wiss. Zeitschr. der Päd. Hochsch. Erfurt/Mühlhausen 16, H. 2, 7 - 30.

Otto, K. & Riemann, S. (1990). Zur handlungstheoretischen Analyse des kindlichen Regelspiels. In Konferenzband des 16. ICCP-Kongresses in Suhl 1987. (S. 60 - 69), Sonneberg.

Otto, K. & Riemann, S. (1992). Vergangenheit - Gegenwart - Zukunft im kindlichen Spiel. Vortrag auf dem 18. ICCP-Kongreß (International Council for Children's Play) vom 12. bis 15. Mai 1992 in Paris, unveröffentl. Manuskript.

Piaget, J. (1969). Nachahmung, Spiel und Traum. Die Entwicklung der Symbolfunktion beim Kinde. Stuttgart: Klett.

Piaget, J. (1993). Probleme der Entwicklungspsychologie. (Neuaufl., Original 1972). Hamburg: Europ. Verl.-Anstalt.

Riemann, S. (1990). Zu einigen Besonderheiten des Regelspiels jüngerer Schulkinder und Konsequenzen für die pädagogische Führung. Ganztägige Bildung und Erziehung 28, H. 5, 129 - 133.

Scheuerl, H. (1990). Das Spiel. Untersuchungen über sein Wesen, seine pädagogischen Möglichkeiten und Grenzen (11. überarb. Neuausg.). Weinheim, Basel: Beltz.

Scheuerl, H. (1991). Das Spiel. Theorien des Spiels (11. überarb. u. erg. Neuausg.). Weinheim, Basel: Beltz.

Schenk-Danzinger, L. (1991). Entwicklungspsychologie (21. Aufl). Wien: Osterreichischer Bundesverlag.

Schmidtchen, S. & Erb, A. (1976). Analyse des Kinderspiels. Ein Überblick über neuere psychologische Untersuchungen. Königstein/Ts.: Athenäum.

Schottmayer G. & Christmann, R. (1975). DerAbenteuerspielplatz. Überlegungen zu einer Spielplatzpädagogik. Zeitschrift für Pädagogik, 3, 389-398.

Schottmayer G. & Christmann, R. (1977). Kinderspielplätze. Beiträge zur kindorientierten Gestaltung der Wohnumwelt (Schriftenreihe des Bundesministers für Jugend, Familie und Gesundheit, Bd. 44/1). Stuttgart, berlin, Köln, Mainz: Kohlhammer.

Seeger, C. & Seeger, R. (1993). Natur- und Sinnesspielbereiche im Kindergarten. Praktische Erfahrungen für Leiter/innen, Fachberater/innen und Erzieher/innen. KiTa, 5, 57-60.

Seeger, R. (1994a) Der Natur-Kindergarten - Ein Arbeitsheft zur Gestaltung von naturnahen Spielbereichen in Kindergärten und Kindertagesstätten mit Eltern und Kindern. Forschungsstelle für Spielraumplanung. Hohenahr-Altenkirchen.

Seeger, R. (1994b). Der Garten als Erleben. Kindergarten heute, 9, 26-32.

Seidel, G. S. (1975). Spielplatzausstattung und Gerätebenutzung. Zeitschrift für Pädagogik, 3, 399-401.

Siptroth, S. (1994). Konzeptentwicklung zur Gestaltung eines Naturspielplatzes im Kindergarten. Unveröffentl. Staatsexamensarbeit: Pädagogische Hochschule Erfurt, Erziehungswiss. Fakultät, Erfurt.

Spanhel, D. (1991). Können unsere Kinder noch spielen? Die Beeinträchtigung kindlicher Spielmöglichkeiten in der heutigen Lebenswelt und die Konsequenzen für die Schule. Unterstufe, 7/8, 195-199.

Strätz, R. & Gloth, V. (1992). Spielplätze. Lebensräume, 62, 16-17.

Sutton-Smith, B. (1978). Die Dialektik des Spiels. Schorndorf: Hofmann.

Thomas,I. (1984). Reintegration der Spielräume von Kindern in die Erwachsenengesellschaft. In K. J. Kreuzer (Hrsg.), Handbuch der Spielpädagogik (Bd. 3, S. 623-638). Düsseldorf: Schwann.

Wagner, A. (1994). Spielplatzgestaltung im Kindergarten unter Beachtung kindlicher Wünsche. Unveröffentl. Staatsexamensarbeit: Pädagogische Hochschule Erfurt, Erziehungswiss. Fakultät, Erfurt.

Anlage 1

Pflanzanleitung (vgl. Oberholzer & Lässer 1991)

1. Gehölze pflanzt man während der blattlosen Jahreszeit, also von Anfang November bis Ende März, jedoch nicht bei gefrorenem Boden.
2. Der Boden braucht nicht besonders vorbereitet zu werden. Sträucher können ohne Bedenken in den Rasen oder in die Krautschicht gesetzt werden. Düngen ist überflüssig, denn in der Natur wachsen die meisten Gehölzarten auf erstaunlich humusarmen, oft sogar felsigem Boden.
3. Die Sträucher werden je nach Art in einen bestimmten Abstand zueinander gesetzt. Je größer der Abstand der einzelnen Sträucher untereinander ist, je langsamer schließt sich die Hecke. Grenzt die Hecke an eine Straße oder an einen Weg, sollte ein Abstand von 50 bis 100 cm gewahrt bleiben, damit die Sträucher nicht allzuoft zurückgeschnitten werden müssen.
4. Sollen verschiedene Gehölze zu einer Hecke wachsen, mischt man die Arten gut untereinander. Mehrere Gehölze der gleichen Art sollten deshalb nicht nebeneinander gepflanzt werden.
5. Vor dem Pflanzen sollte jeder Strauch an jener Stelle liegen, wo er später wachsen bzw. stehen soll. Dann die Pflanze in das Pflanzloch setzen und mit Erde zuschütten und andrücken. Ein Angießen der frisch gepflanzten Sträucher ist nicht nötig, wenn in der blattfreien Jahreszeit und in feuchte Erde gesetzt wird.
6. Wenn an die Hecke eine Rasenfläche angrenzt, ist beim Rasenmähen sehr darauf zu achten, daß die Hecke durch den Rasenmäher nicht beschädigt wird.

Anlage 2

Gehölzauswahl für die Mischhecke (Oberholzer & Lässer 1991, S. 87)

Weiden:
Ohrenweide
Schwarzwerdende Weide
Grauweide
Purpurweide
Korbweide
Salweide

Hecken:
Hasel
Zweigriffeliger Weißdorn
Eingriffeliger Weißdorn
Hundsrose
Schwarzdorn
Pfaffenhütchen
Kreuzdorn
Faulbaum
Sanddorn
Hartriegel
Kornelkirsche
Liguster
Schwarzer Holunder
Traubenholunder
Wolliger Schneeball
Gemeiner Schneeball
Windendes Geißblatt
Rote Heckenkirsche
Berberitze

Anlage 3

Gestaltungselemente

Hügelrutsche

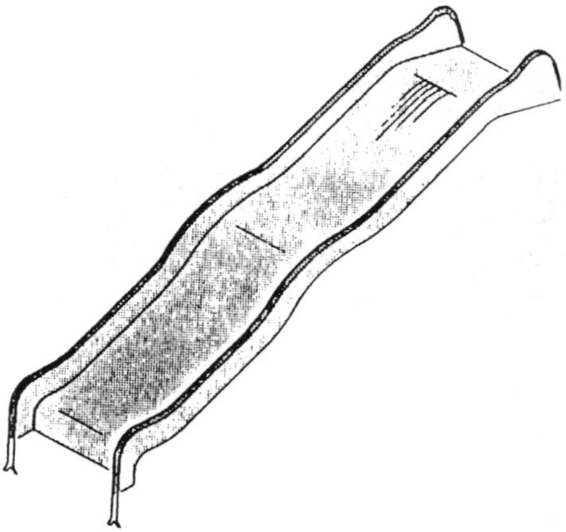

Weidenhaus[3]

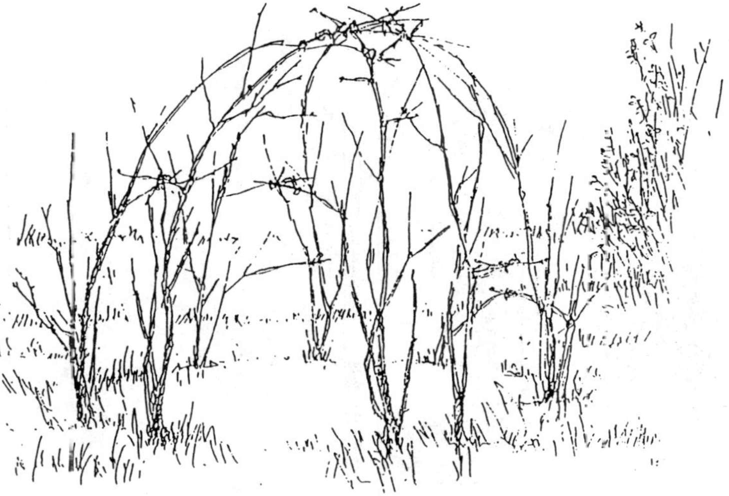

Weidenzaun[4]

[3] In: Oberholzer & Lässer 1991, S. 150

[4] In: ebenda, S. 97

Kiesfluß mit Wackelbrücke und Sandsee mit Wasserspielbereich

Hängemattenschaukel[5]

[5] Quelle: Angebotskatalog ABC-TEAM Spielplatzgeräte GmbH 1994

Register

U

V

W

Autorenverzeichnis

BAIER, Hans, Dr.rer.nat. Dr.paed.habil.

Dozent für Schulgarten- und Umwelterziehung an der Pädagogischen Hochschule Erfurt, Institut für Grundschulpädagogik und Kindheitsforschung seit 1991.

Geb. 1942 in Teplitz-Schönau; Studium Biologie, Chemie, Pädagogik, Didaktik an der PH Mühlhausen, der PH Potsdam und der Humboldt-Universität Berlin; mehrjährige Schulpraxis und Lehre am Institut für Lehrerbildung Eisenach. Lehrtätigkeit in Tanzania und Äthiopien. Mitarbeit im BLK-Modellversuch 'Umwelterziehung'.

Pädagogische Hochschule Erfurt, Institut für Grundschulpädagogik und Kindheitsforschung, Nordhäuserstr. 63, 99089 Erfurt

GÄRTNER, Helmut, Dr. phil.

Professor für Grundlegung Sachkunde/Umwelterziehung an der Pädagogischen Hochschule Erfurt, Institut für Grundschulpädagogik und Kindheitsforschung, seit 1993.

Geb. 1946; 1. und 2. Lehrerexamen, 3 Jahre Schulpraxis, Wiss. Assistent, Hochschulassistent und Vertr. Professor an der Universität Hamburg von 1975-1993. Wiss. Qualifikationen in den Bereichen: Biologiedidaktik, Sachunterricht und Umwelterziehung. Tätigkeit in der Hamburger Umweltbehörde und Mitarbeit im BLK-Modellversuch 'Umwelterziehung'.

Pädagogische Hochschule Erfurt, Institut für Grundschulpädagogik und Kindheitsforschung, Nordhäuserstr. 63, 99089 Erfurt

RENNER, Erich, Prof. Dr. phil. habil.

Direktor des Institutes für Grundschulpädagogik und Kindheitsforschung an der Pädagogische Hochschule Erfurt.

Geb. 1936; Lehrerausbildung mit beiden Staatsexamina; Promotion in den Fächern Erziehungswissenschaft, Ethnologie, Soziologie an der Universität Heidelberg, Habilitation an der Universität Koblenz-Landau. Forschungsschwerpunkte: Kulturvergleichende Sozialisationsforschung, Sachunterricht, Literarische Landeskunde.

Pädagogische Hochschule Erfurt, Institut für Grundschulpädagogik und Kindheitsforschung, Nordhäuserstr. 63, 99089 Erfurt

RIEMANN, Sabine, Dr. paed.

Wissenschaftliche Assistentin am Institut für Grundschulpädagogik und Kindheitsforschung an der Pädagogische Hochschule Erfurt.

Geb. 1957; Heimerzieher- und Lehrerausbildung; Psychologiestudium; Promotion in Entwicklungspsychologie. Forschungs- und Arbeitsschwerpunkte: Psychologie des Grundschulkindes, Pädagogik und Psychologie des Spiels, Theorie und Praxis der Einschulung.

Pädagogische Hochschule Erfurt, Institut für Grundschulpädagogik und Kindheitsforschung, Nordhäuserstr. 63, 99089 Erfurt

SIPTROTH, Susan

Studentin an der Pädagogische Hochschule Erfurt: Diplomstudiengang Erziehungswissenschaften mit der Studienrichtung Sozialpädagogik und Erwachsenenbildung.

Geb. 1973; erwarb im März 1995 das 1. Staatsexamen für das Lehramt an Grundschulen.

Straße der Freundschaft 68, 99326 Dienstedt

WAGNER, Antje

Absolviert zur Zeit an der Pädagogische Hochschule Erfurt den Diplomstudiengang Erziehungswissenschaften mit der Studienrichtung Sozialpädagogik und Erwachsenenbildung.

Geb. 1973; erwarb im März 1995 das 1. Staatsexamen für das Lehramt an Grundschulen.

Lucas-Cranach-Str. 72, 99610 Sömmerda

Umwelterziehung - Ökologisches Handeln in Ballungsräumen

Helmut Gärtner/Martin Hoebel-Mävers (Hrsg.)

Umwelterziehung - Ökologisches Handeln im Ballungsraum

UWE, *Band 1*, 228 Seiten, Kart., ISBN-3-926952-29-6, DM 38,--/öS 297/sFr 39,--

Unterschiedliche Zugänge, z.B. Biologie, Humanökologie, Didaktik, Ethik, Verkehr u.a., zur Umwelterziehung.

Martin Hoebel-Mävers (Hrsg.)

Ökologisches Gestalten im Ballungsraum

UWE, *Band 2*, 238 Seiten, Kart., ISBN 3-926952-30-X, DM 38,--/öS 297/sFr 39,--

Arbeitsbuch zur Umweltgestaltung: Wie kann Ökologie erkennbar, erlebbar, erfaßbar, erlernbar vermittelt werden?

Helmut Gärtner (Hrsg.)

Ökologische Partizipation im Ballungsraum

UWE, *Band 3*, ca. 200 Seiten, Kart., ISBN 3-926952-32-6, DM 38,--/öS 297/sFr 39,--

Die Probleme des Ballungsraumes bedürfen umfassender Mitplanung und Mitgestaltung von Beteiligten und Betroffenen; ökologische Vorsorgestrategien und pädagogische Intentionen lassen sich aufeinander abstimmen, miteinander verbinden. 'Nutzungskonflikte' werden offengelegt und diskutiert, alternative Lösungsmöglichkeiten gesucht.

Regina Marek

Praxisnahe Umwelterziehung

Handreichungen für Schule und Lehrerfortbildung

UWE, *Band 4*, 200 Seiten, ISBN 3-926952-31-8, DM 38,--/öS 297/sFr 39,--

Umwelt mit allen Sinnen wahrnehmen und aktives Umwelt-Handeln.

Michael Rösler

Ökologische Verkehrsplanung im Ballungsraum

UWE, *Band 5*, 172 Seiten, ISBN 3-926952-33-4, DM 38,--/öS 297/sFr 39,--

Ökologische Erfordernisse, technisch-technologische Möglichkeiten, rechtlich-organisatorische Bedingungen und soziologische Probleme einer ökologischen Verkehrsplanung im Ballungsraum.

Klaus Schleicher (Hrsg.)

Lernorte in der Umwelterziehung

Beiträge zur Schul- und Erwachsenenbildung

UWE, *Band 6*, 436 Seiten, ISBN 3-926952-62-8, DM 48,--/öS 375/sFr 49,--

In den einzelnen Abschnitten "Erschließung von Umweltwirklichkeit", "Erfahrungen beim Umweltlernen", "Veränderungen im Umweltbewußtsein", "Umweltreflexionen", werden die Möglichkeiten des Umweltlernens in außerschulischen Lernorten ausführlich und systematisch beschrieben.

Helmut Schreier (Hrsg.)

Die Zukunft der Umwelterziehung

UWE, *Band 7*, 276 Seiten, ISBN 3-926952-76-8, DM 48,--/öS 375/sFr 49,--

Die Zukunft der Umwelterziehung aus pädagogisch-didaktischer, psychologischer, (natur-)philosophischer, theologischer und ökologischer Sicht.

Klaus Schleicher (Hrsg.)

Umweltbildung von Lehrern

Studien- und Fortbildungsaufgaben

UWE, *Band 8*, 328 Seiten, ISBN 3-926952-78-4, DM 58,--/öS 452/sFr 59,--

Diskrepanzen zwischen Umweltverhalten und Umweltbewußtsein in der Lehrerbildung.